集人文社科之思　刊专业学术之声

集刊名：红色文化资源研究

主　办：教育部人文社会科学重点研究基地：井冈山大学中国共产党革命精神与文化资源研究中心

江西省 2011 协同创新中心：井冈山大学红色文化研究与传承应用协同创新中心

江西省高等学校人文社会科学重点研究基地：井冈山大学井冈山研究中心

RESEARCH ON RED CULTURAL RESOURCES

第16辑

集刊序列号：PIJ-2025-535

集刊主页：www.jikan.com.cn/ 红色文化资源研究

集刊投约稿平台：www.iedol.cn

红色文化资源研究

RESEARCH ON RED CULTURAL RESOURCES

第16辑

肖发生　主编

社会科学文献出版社
SOCIAL SCIENCES ACADEMIC PRESS (CHINA)

红色文化资源研究

【红色文化资源本体研究】

振兴发展大别山革命老区的要义与进路

·········· 丁俊萍　杨亚婷（1）

井冈山时期毛泽东对中国革命道路的独特贡献

·········· 常　胜　闫婉荣（13）

【红色文化资源与治国理政研究】

弘扬红色文化是习近平文化思想的重要内容

·········· 渠长根　姜羽晴（24）

【红色文化资源与文化强国研究】

红色文化遗存的空间共生与时代化弘扬研究

——以内蒙古自治区鄂尔多斯市为例 ····· 韩　冬　黄娅玲（39）

【红色文化资源与文化软实力研究】

中国红色戏剧：百年赓续、美学特质与当代表达

·········· 贾冀川　吴文格（50）

论"红色江西"电影叙事与文化自信 ·········· 王文勇　王青兰（59）

【红色文化资源与人才培养研究】

"红色剧本杀"融入高校思政课教学的三重理路

·········· 杨丽艳　张衍良（69）

第 16 辑

红色资源融入高校课程思政建设的现实样态与优化路径

································· 陈　刚　张旭坤　张泰城（85）

爱国主义教育的地方红色文化资源开发研究

　　——以"大陈岛垦荒精神"为例 ··········· 刘传雷　徐培林（96）

【红色文化产业化研究】

科技赋能红色旅游新业态建设与新场景打造

································· 黄细嘉　巫海宾（108）

基于模糊因果分析模型的贵州长征文化资源保护与开发利用研究

································· 董志鹏　敖海华（122）

革命文物高质量开发利用的路径探析 ··········· 曹开华　陈巧玲（141）

【红色文艺与报刊研究】

红色经典《长城烟尘》的版本校勘与意义阐释

································· 龚奎林　张　琪（154）

《劳动界》政治动员话语策略研究 ··········· 廖同真　莫凤妹（165）

《红色中华》标题用语考察 ················· 刘禀诚（175）

太行精神的传播与传承

　　——兼论《太行红色文艺作品选介（1939—1949）》的

　　　艺术特色与时代关切 ················· 彭　翠　徐兰英（195）

红色文化资源研究

【红色文化资源研究动态】

近 40 年来红色档案研究的溯源、嬗变和进路

.... 冯军成　刘　钊（206）

庆祝新中国成立 75 周年暨全国第十届红色文化资源研究理论研讨会

会议综述 .... 陈　岭　董佳慧（218）

传承红色基因，坚定文化自信

——《文化自信视域下红色基因的传承研究》评介

.... 剧永乐（226）

English Abstracts and Keywords of Main Articles ....（230）

投稿须知 ....（239）

【红色文化资源本体研究】

振兴发展大别山革命老区的要义与进路[*]

丁俊萍　　杨亚婷^{**}

【摘　要】习近平总书记曾先后四次考察大别山革命老区并发表系列重要讲话，为振兴和发展大别山革命老区指明了根本遵循和实践路径。振兴发展大别山革命老区，必须坚持以"高举红色的旗帜，坚定走中国特色社会主义道路"为原则指引；以"追求美好生活，是永恒的主题，是永远的进行时"为目标导向；以"解决群众最急最忧最盼的紧迫问题"为行动指南。坚持讲好红色故事和加强红色教育相融；坚持红色文化资源和绿色生态资源互济；坚持党中央重大任务和基层具体工作贯通。在进一步全面深化改革、推进中国式现代化的新征程上，要贯彻落实习近平总书记考察调研大别山革命老区时的重要讲话精神，为包括大别山在内的众多革命老区的未来发展注入新的灵感，促进大别山革命老区持续健康发展，深化对大别山精神的研究。

【关键词】大别山革命老区；振兴发展；红色基因；美好生活

大别山地处鄂豫皖三省交界，习近平在分别考察调研湖北省、安徽省、河南省时，先后四次来到大别山革命老区。早在 2010 年 1 月 21～24 日，时任中共中央政治局常委、中央书记处书记、国家副主席的习近平在湖北省调研时，专程前往位于大别山南麓的红安县，瞻仰红安县革命烈士陵园，缅怀革命先烈，并强调，"革命先辈们的丰功伟绩，革命老区人民作出的重大贡献，任何时候都不能忘记。

---

　*　基金项目：2024 年度全国红色基因传承研究中心重大委托课题"中国共产党人精神谱系的学理性研究"（项目编号：24ZXHYW03）。

　**　作者简介：丁俊萍，武汉大学马克思主义学院教授，博士生导师，湖北省大别山精神研究会会长，全国红色基因传承研究中心特约研究员，主要研究方向为中共党史党建；杨亚婷，博士研究生，主要研究方向为中共党史。

要大力弘扬革命老区的优良传统，把老区精神转化为科学发展的强大精神动力，推动老区建设又好又快发展，让老区人民过上更加幸福美好的生活"①。2016 年 4 月 24 日，习近平总书记考察曾被确定为大别山片区扶贫攻坚重点县的安徽金寨，他深入农村、企业，强调金寨人民对中国革命事业的伟大贡献，考察脱贫工作，指出，"脱贫攻坚已进入啃硬骨头、攻坚拔寨的冲刺阶段，必须横下一条心来抓"②。2019 年 9 月 16~18 日，习近平总书记在河南考察调研，走访了位于大别山腹地的信阳市新县和光山县。他在瞻仰鄂豫皖苏区首府烈士陵园时强调，要"把红色基因传承好，确保红色江山永不变色"③。同时，他深入乡村和油茶园等地，了解脱贫工作进展，提出要"增强致富内生动力，防止返贫"④。2024 年 11 月 4 日，习近平总书记考察位于大别山区的湖北省孝感市云梦县，参观了云梦出土秦汉简牍展，指出"要继续加强考古研究，提高文物保护水平，为弘扬中华优秀传统文化、增强文化自信提供坚实支撑"⑤。同时，他强调"湖北历史文化底蕴深厚、红色资源丰富，要在加强文化资源保护和推动文化创新发展上担当使命"，"大力弘扬大别山精神"⑥。在习近平总书记的关怀和指导下，大别山革命老区正焕发出新的生机与活力，向着更加美好的未来阔步前进。

一　振兴发展大别山革命老区的根本遵循

习近平总书记对大别山的考察调研和嘱托，为大别山革命老区的振兴发展提供了全面的战略指导，形成了推进这一事业的根本遵循。

---

① 《习近平在湖北调研时强调 坚持抓好学习实践科学发展观活动 为转变经济发展方式提供坚强保证》，《人民日报》2010 年 1 月 25 日。

② 《习近平在安徽调研时强调 全面落实"十三五"规划纲要 加强改革创新开创发展新局面》，《人民日报》2016 年 4 月 28 日。

③ 《习近平在河南考察时强调 坚定信心埋头苦干奋勇争先 谱写新时代中原更加出彩的绚丽篇章》，《人民日报》2019 年 9 月 19 日。

④ 《习近平在河南考察时强调 坚定信心埋头苦干奋勇争先 谱写新时代中原更加出彩的绚丽篇章》，《人民日报》2019 年 9 月 19 日。

⑤ 《习近平在湖北考察时强调 鼓足干劲奋发进取 久久为功善作善成 奋力谱写中国式现代化湖北篇章》，《人民日报》2024 年 11 月 7 日。

⑥ 《习近平在湖北考察时强调 鼓足干劲奋发进取 久久为功善作善成 奋力谱写中国式现代化湖北篇章》，《人民日报》2024 年 11 月 7 日。

（一）以"高举红色的旗帜，坚定走中国特色社会主义道路"为原则指引

"高举红色的旗帜"①，意味着要始终铭记革命历史，传承红色基因。党和国家始终高度重视红色传统文化的传承与弘扬，将其视为连接过去与未来、凝聚民族精神的宝贵财富。习近平总书记通过实地探访，"告诫全党同志不能忘记红色政权是怎么来的、新中国是怎么来的、今天的幸福生活是怎么来的"②，"宣示中国共产党将始终高举红色的旗帜，坚定走中国特色社会主义道路"③。无论未来面临多少挑战与考验，党都将团结带领全国各族人民，继承和发扬革命先辈的光荣传统，将先辈们开创的伟大事业不断推向前进，向着中华民族伟大复兴的中国梦奋勇前进，让红色旗帜在新时代高高飘扬。

"坚定走中国特色社会主义道路"④，要求在推动老区发展过程中，必须始终坚持中国特色社会主义的方向不动摇。在实施各项发展策略、推进经济转型升级、加强社会建设、促进文化繁荣以及推进生态文明建设等多个方面，都要紧密围绕中国特色社会主义理论体系，确保老区的发展既符合时代潮流，又彰显中国特色。具体而言，在推动文化发展的进程中，要坚持"传承、创新、发展优秀传统文化"⑤的理念，深入挖掘大别山革命老区的红色文化基因。不仅要保护和传承这些珍贵的文化遗产，更要将其融入现代旅游业的发展，打造出独具特色的红色旅游品牌。通过举办红色文化活动、建设红色文化景点、推出红色旅游线路等方式，吸引大量游客前来体验革命历史，感受红色文化的独特魅力。这不仅为老区带来了可观的经济收益，更在广大游客心中播下了红色文化的种子，传承和弘扬了革命精神，进一步丰富了中国特色社会主义的文化内涵。"坚定走中国特色社会主

---

① 《习近平在河南考察时强调 坚定信心埋头苦干奋勇争先 谱写新时代中原更加出彩的绚丽篇章》，《人民日报》2019 年 9 月 19 日。
② 《习近平在河南考察时强调 坚定信心埋头苦干奋勇争先 谱写新时代中原更加出彩的绚丽篇章》，《人民日报》2019 年 9 月 19 日。
③ 《习近平在河南考察时强调 坚定信心埋头苦干奋勇争先 谱写新时代中原更加出彩的绚丽篇章》，《人民日报》2019 年 9 月 19 日。
④ 《习近平在河南考察时强调 坚定信心埋头苦干奋勇争先 谱写新时代中原更加出彩的绚丽篇章》，《人民日报》2019 年 9 月 19 日。
⑤ 《习近平在河南考察时强调 坚定信心埋头苦干奋勇争先 谱写新时代中原更加出彩的绚丽篇章》，《人民日报》2019 年 9 月 19 日。

道路"① 旨在实现大别山革命老区经济社会的全面振兴，让大别山革命老区人民在共享改革发展成果的同时，深刻感受到中国特色社会主义道路的正确性和优越性。

（二）以"追求美好生活，是永恒的主题，是永远的进行时"为目标导向

"追求美好生活，是永恒的主题，是永远的进行时"② 这一理念，不仅为国家的发展指明了方向，更为大别山革命老区的振兴发展提供了根本遵循。它意味着，无论时代如何变迁，社会发展到何种阶段，满足人民对美好生活的向往，提升人民的幸福感和获得感，始终是党和国家不懈奋斗的目标。在大别山这片英雄辈出的土地上，这一理念正激励着广大干部群众，以更加饱满的热情、更加务实的行动，投身老区振兴的伟大实践，共同书写着新时代美好生活的崭新篇章。

在习近平总书记的多次讲话中，"美好生活""幸福"等表述频繁出现，它们不仅是温暖人心的口号，更是沉甸甸的承诺。习近平总书记的话语——"让老区人民过上更好生活"③ ——在这庄重场合下回荡，不仅传递了对革命老区的深切关怀，也是向老区人民许下的美好承诺。在金寨县的大湾村，习近平总书记踏进五户农家，与他们促膝长谈，深入了解革命老区扶贫的真实情况，目的就是"让老区人民过上幸福美好生活"④。在考察新县时，习近平总书记站在鄂豫皖苏区首府革命博物馆的庭院中，回顾了革命历史，并再次强调，"要把革命老区建设得更好，让老区人民过上更好生活"⑤。在 2019 年考察河南光山县时，习近平总书记在与当地脱贫致富带头人交流时，再次提及"美好生活"这一主题。他鼓励大家，"继续在致富路上奔跑，走向更加富裕的美好生活"⑥，"为实现美好生活而奋斗"，

① 《习近平在河南考察时强调 坚定信心埋头苦干奋勇争先 谱写新时代中原更加出彩的绚丽篇章》，《人民日报》2019 年 9 月 19 日。
② 《习近平在河南考察时强调 坚定信心埋头苦干奋勇争先 谱写新时代中原更加出彩的绚丽篇章》，《人民日报》2019 年 9 月 19 日。
③ 《习近平在河南考察时强调 坚定信心埋头苦干奋勇争先 谱写新时代中原更加出彩的绚丽篇章》，《人民日报》2019 年 9 月 19 日。
④ 《习近平考察安徽金寨》，新华网，http://www.xinhuanet.com//politics/2016-04/25/c_1118719711.htm。
⑤ 《习近平在河南考察时强调 坚定信心埋头苦干奋勇争先 谱写新时代中原更加出彩的绚丽篇章》，《人民日报》2019 年 9 月 19 日。
⑥ 《习近平在河南考察时强调 坚定信心埋头苦干奋勇争先 谱写新时代中原更加出彩的绚丽篇章》，《人民日报》2019 年 9 月 19 日。

"追求美好生活，是永恒的主题，是永远的进行时"。①

（三）以"解决群众最急最忧最盼的紧迫问题"为行动指南

在推进大别山革命老区振兴发展的过程中，要始终将"注重解决群众最急最忧最盼的紧迫问题"② 作为行动的出发点和落脚点，确保每一项决策、每一项措施都能够精准对接群众需求，真正惠及民生。习近平总书记提出："坚持尽力而为、量力而行，办好群众所急、所需、所盼的民生实事。"③ 广大党员干部要以此为指引，持续加大民生投入，不断优化资源配置，努力解决群众在教育、医疗、住房、就业等方面的实际困难，让老区人民在共享改革发展成果的过程中，拥有更多的获得感、幸福感和安全感，共同书写大别山革命老区全面振兴的新篇章。

二　振兴发展大别山革命老区的实践路径

（一）坚持讲好红色故事和加强红色教育相融，深入传承红色基因

深入传承大别山革命老区的红色基因，让红色故事深入人心，让红色教育成为常态，共同构筑起红色文化传承的桥梁。

第一，"要讲好党的故事、革命的故事、根据地的故事、英雄和烈士的故事。"④ 一是要充分挖掘并利用党和国家红色基因库的丰富资源。"革命博物馆、纪念馆、党史馆、烈士陵园等是党和国家红色基因库。"⑤ 它们不仅是历史的见证，而且承载着无数革命先烈的光辉事迹和英勇精神，是讲述红色故事和开展红色教育的宝贵资源。将这些红色资源打造成生动的课堂和鲜活的教材，通过组织

---

① 《习近平在河南考察时强调 坚定信心埋头苦干奋勇争先 谱写新时代中原更加出彩的绚丽篇章》，《人民日报》2019 年 9 月 19 日。

② 《习近平在河南考察时强调 坚定信心埋头苦干奋勇争先 谱写新时代中原更加出彩的绚丽篇章》，《人民日报》2019 年 9 月 19 日。

③ 《习近平在河南考察时强调 坚定信心埋头苦干奋勇争先 谱写新时代中原更加出彩的绚丽篇章》，《人民日报》2019 年 9 月 19 日。

④ 《习近平在河南考察时强调 坚定信心埋头苦干奋勇争先 谱写新时代中原更加出彩的绚丽篇章》，《人民日报》2019 年 9 月 19 日。

⑤ 《习近平在河南考察时强调 坚定信心埋头苦干奋勇争先 谱写新时代中原更加出彩的绚丽篇章》，《人民日报》2019 年 9 月 19 日。

参观学习、举办展览讲座、开展互动体验等多种方式，广大民众能够在身临其境中感受革命先烈的英勇事迹和崇高精神，从而更加深刻地认识到红色文化的价值与意义。将这些红色故事和革命精神融入日常教育、文化创作和社会实践，让红色基因在新时代的土壤中生根发芽，绽放出更加璀璨的光芒。二是要高度重视并充分发挥红军后代和革命烈士家属的独特作用。他们所肩负的，不仅仅是简单复述历史事件的任务，更承载着传承革命先辈们无惧艰难险阻、甘愿自我奉献、矢志不渝坚定信仰信念的崇高精神的使命。革命先辈们的崇高精神构成了新时代民族精神的宝贵财富，是推动社会前行、国家强盛不可或缺的力量源泉。作为革命历史直接参与者的后代，红军后代和革命烈士家属对某些历史细节的了解往往更为详尽，且因个人情感的纽带，他们对先辈们的缅怀与敬仰之情尤为深厚。在讲述那些荡气回肠的英雄故事时，他们的语言饱含深情、情感真挚动人，这使得他们的叙述极具说服力与感染力，能够深深触动人心。通过他们的亲身经历与流露的真挚情感，那些英勇事迹与崇高精神得以生动再现，让年轻一代在聆听中深刻体会到历史的分量与伟大，从而激发起对党的无限忠诚、对国家的深切热爱以及对民族复兴的坚定信念。这样的传承活动，不仅深化了年轻一代对党的辉煌历程及革命先烈伟大献身精神的理解，更激励他们在新时代的征途上，坚定信念、勇往直前，为实现中华民族伟大复兴的中国梦不懈奋斗。同时，这也是对红军后代和革命烈士家属的一种致敬与回馈，让他们感受到党、国家和社会对革命历史的尊重与铭记，进一步激发全社会对红色文化的认同与传承。

第二，"革命传统教育要从娃娃抓起，既注重知识灌输，又加强情感培育。"[1]一是红色教育对象需从娃娃抓起，意味着革命传统教育应当尽早纳入教育体系，成为孩子们成长过程中的必修课程。从幼儿园到小学，再到中学，每个阶段都应设置相应的革命历史与革命精神教育内容，让孩子们从小就在心中种下红色文化的种子。通过系统的课程设置、丰富的课外活动以及家庭与社会的共同参与，培养孩子们对革命历史的深厚情感，以及对革命精神的深刻理解与认同。二是红色教育方式需兼顾知识与情感的双重培育。在知识传授方面，应确保教育内容的准确性、全面性和系统性，通过生动的故事、真实的史料和多元的教学资源，让孩子们了解革命历史的基本脉络、重大事件和英雄人物。在情感培育方面，要注重

---

[1] 《习近平在安徽调研时强调 全面落实"十三五"规划纲要 加强改革创新开创新局面》，《人民日报》2016年4月28日。

激发孩子们的情感共鸣，引导他们通过角色扮演、情景模拟、实地考察等方式，亲身体验革命岁月的艰辛与伟大，感受革命先辈们的高尚情操与无私奉献。同时，还应鼓励孩子们进行反思与讨论，培养他们的批判思维和独立思考能力，让他们在了解历史的基础上，更加深刻地认识到革命传统对于个人成长和社会发展的重要意义，"使红色基因渗进血液、浸入心扉，引导广大青少年树立正确的世界观、人生观、价值观"①。

（二）坚持红色文化资源和绿色生态资源互济，扎实推进乡村振兴

大别山革命老区凭借其得天独厚的自然条件与历史沉淀，融合形成了该区域无可比拟的综合优势。在扎实推进乡村振兴中，要"依托丰富的红色文化资源和绿色生态资源"②。

第一，要"因地制宜、因势利导"③。一是要充分利用红色文化资源，精心打造具有鲜明地方特色的乡村旅游品牌，以此作为推动乡村振兴的强大引擎。2025年初，中共中央、国务院印发《乡村全面振兴规划（2024—2027年）》，强调要"分类推进乡村全面振兴"，"特色保护类村庄重点改善基础设施和公共环境"。④这一规划的实施，将为大别山革命老区乃至全国的乡村振兴事业注入新的强大动力，有助于推动农村地区实现高质量、可持续的发展。在发展乡村旅游的过程中，必须警惕盲目追求现代化和城市化所带来的潜在风险，应秉持对历史传统的敬畏之心，精心保护和传承传统村落的独特风貌与文化特色。同时，还需要深入挖掘红色文化资源的深厚内涵与独特价值，通过提升博物馆、纪念馆等文化设施的影响力，吸引更多游客前来参观体验，进而以提高民宿入住率、销售传统手工艺品与文创产品等方式，为乡村经济的蓬勃发展注入新的活力。湖北红安县高桥镇独山寨村开展"研学+"业务，将研学基地与红色旅游深度融合，新建共享菜园、儿童乐园等休闲娱乐场所，打造"生态农场+研学基地+红色旅游"新品牌，推广销售本地特色农产品，带动村民发展旅游经济，提供就业机会。这种模式不仅促

---

① 《习近平在安徽调研时强调 全面落实"十三五"规划纲要 加强改革创新开创新局面》，《人民日报》2016年4月28日。
② 《习近平在河南考察时强调 坚定信心埋头苦干奋勇争先 谱写新时代中原更出彩的绚丽篇章》，《人民日报》2019年9月19日。
③ 《习近平在河南考察时强调 坚定信心埋头苦干奋勇争先 谱写新时代中原更出彩的绚丽篇章》，《人民日报》2019年9月19日。
④ 《中共中央 国务院印发〈乡村全面振兴规划（2024—2027年）〉》，《人民日报》2025年1月23日。

进了红色文化的传承，还带动了当地经济的发展，为乡村振兴注入了新的活力。二是要紧跟时代步伐，积极拥抱数字化时代带来的变革，大力发展农村电子商务和快递业务，为传统手工艺品和农产品搭建起通往更广阔市场的桥梁。在数字化时代，互联网已经成为连接城乡、促进交流的重要纽带。要充分利用这一平台，将乡村的优质产品和服务推向更广阔的市场，让更多的人有机会了解和认可当地的产品和服务。同时，电子商务和快递业务的快速发展，不仅为乡村产品打开了新的销售渠道，也为农民提供了更多的增收机会，有助于提升他们的生活水平，实现乡村经济的可持续发展。

第二，"要坚持走绿色发展的路子。"[①] 一是要积极挖掘并利用丰富的绿色生态资源，为乡村振兴注入新的活力。在深入推进乡村振兴的伟大实践中，务必因地制宜，紧密结合大别山区各区域的独特气候特征和土地资源条件，进行科学周密的规划、合理高效的布局，以此为基础，广泛推广具有地域特色的种植业。具体来说，在风景秀丽、资源丰富的河南省信阳市光山县，当地百姓可以充分利用当地的自然条件，大力发展油茶种植这一绿色产业。油茶作为一种集经济效益与生态效益于一身的优质作物，不仅能够为当地民众提供在家门口就业创业的良好机会，有效带动他们摆脱贫困、迈向富裕，而且还能够显著优化当地的生态环境，实现经济发展与生态保护的双丰收。这种以绿色生态资源为依托，促进乡村振兴的发展模式，不仅高度契合了绿色发展的核心理念，更为乡村振兴战略的深入实施提供了坚实有力的支撑。二是要大力弘扬节约环保的先进理念，坚决抵制过度包装等不良现象，避免造成不必要的资源浪费和环境污染。在全面推进乡村振兴的过程中，必须始终坚守绿色发展的基本原则，高度重视资源的节约利用和环境的精心保护。对于农产品等各类商品，应当积极倡导简约环保的包装方式，大幅减少因过度包装而产生的资源浪费和环境污染。与此同时，还要进一步加强宣传教育工作，不断提升广大民众的环保意识和节约意识，引导他们从自身做起，从点滴小事做起，携手并肩共同守护赖以生存的美丽家园。通过一系列节约环保的实际行动，为乡村振兴战略的顺利实施提供更加持久稳固的发展环境，让乡村变得更加美丽动人、宜居宜业。

---

① 《习近平在河南考察时强调 坚定信心埋头苦干奋勇争先 谱写新时代中原更加出彩的绚丽篇章》，《人民日报》2019 年 9 月 19 日。

（三）坚持党中央重大任务和基层具体工作贯通，抓牢抓实抓出成效

党和国家致力于振兴发展大别山革命老区的初衷是明确的，但要实现更佳的发展成效，关键在于确保相关政策能够真正落地实施。"把党中央提出的重大任务转化为基层的具体工作，抓牢、抓实、抓出成效"①，以高度的责任感和使命感，将政策转化为实际行动，推动大别山革命老区实现跨越式发展。

第一，"要把基层党组织建设成为坚强的战斗堡垒"②。一是要不断提高党组织的内在实力，以确保其能够更好地肩负起落实党的政策的重任。党的政策，无论多么优越和完善，都需要通过广大党员干部共同努力转化为现实成效。要注重激发基层的积极性和创造性，鼓励基层组织和干部在政策框架内大胆探索、勇于创新，形成具有地方特色的发展模式和经验。同时，要加强宣传和教育，提高基层群众对政策的理解和认同度，形成上下一心、共同推动振兴发展的良好氛围。基层组织和干部要深刻理解和把握党中央的政策意图，明确自身在振兴发展大别山革命老区中的责任和使命。将这些政策细化、具体化，形成可操作性强的工作计划和实施方案，确保每一项任务都有明确的目标、责任人和时间节点。在执行过程中，要注重实效性和针对性。要根据大别山革命老区的实际情况和资源优势，制定符合当地特点的发展策略。同时，要加强监督和考核，确保政策执行不走样、不变形，真正落到实处。二是要切实为基层减负，让基层党组织能够轻装上阵，更好地发挥战斗堡垒作用。基层是党的全部工作和战斗力的基础，只有基层的负担减轻了，基层党组织才能有更多的时间和精力去专注于服务群众、推动发展。因此，我们要坚决杜绝形式主义、官僚主义等不良风气，切实减轻基层的负担，让基层党组织能够更加高效地开展工作，更好地满足人民群众的需求和期望。

第二，"切实把党中央关于主题教育的各项要求落到实处"③。一是主题教育的内容必须紧跟时代步伐、与时俱进，并且其开展过程应当具有持续性和连贯性。正如习近平总书记 2016 年在安徽调研时所强调的，在党内全面开展"两学一做"

① 《习近平在河南考察时强调 坚定信心埋头苦干奋勇争先 谱写新时代中原更加出彩的绚丽篇章》，《人民日报》2019 年 9 月 19 日。
② 《习近平在河南考察时强调 坚定信心埋头苦干奋勇争先 谱写新时代中原更加出彩的绚丽篇章》，《人民日报》2019 年 9 月 19 日。
③ 《习近平在河南考察时强调 坚定信心埋头苦干奋勇争先 谱写新时代中原更加出彩的绚丽篇章》，《人民日报》2019 年 9 月 19 日。

学习教育，"基础在学，首先要学好党章"①。2019 年，习近平总书记在河南考察时，又着重提出"不忘初心、牢记使命"主题教育，明确在当时的历史背景下，既要总结并充分运用好第一批主题教育的宝贵经验及成果，又要精心组织和实施好第二批主题教育，确保每一阶段的教育活动都能取得实效。二是必须坚决抵制形式主义、官僚主义等不良风气，确保主题教育的开展是实实在在、卓有成效的。开展主题教育的目的，是让广大党员干部在接受红色教育的过程中，更加深刻地理解和坚守初心，勇于担当使命，将革命先烈为之不懈奋斗、英勇牺牲的伟大事业继续奋力向前推进。这就要求在开展主题教育时，必须注重实效，避免走过场、搞形式，要让每一位党员干部都能真正从中受到触动，得到教育和提升。

三　重温习近平总书记关于大别山革命老区系列重要讲话精神的现实意义

（一）为包括大别山在内的众多革命老区的未来发展注入新的灵感

贯彻落实习近平总书记在大别山革命老区考察调研时的重要讲话精神，是一项至关重要的任务。深入学习四次重要讲话，力求提炼出关于振兴发展大别山革命老区的根本遵循和实践路径。这些内容不仅为鄂豫皖三省地方政府推进大别山革命老区振兴发展提供宝贵的思路与参考，同时也为其他革命老区振兴发展提供了可资借鉴的范例与学习机会。学习贯彻习近平总书记在大别山革命老区考察调研时的重要讲话精神，不仅要深刻学习领会精神本质，还要将其与其他革命老区的实际情况相结合，进行创造性转化与应用。例如，井冈山与大别山革命老区在革命历史地位、革命精神传承等方面具有相似性，在革命历史上，井冈山和大别山都是中国共产党领导下的重要革命根据地，井冈山是中国第一个农村革命根据地，大别山则是土地革命战争时期全国第二大革命根据地——鄂豫皖革命根据地的中心区域，它们都为中国革命的胜利作出了巨大贡献。在革命精神上，两者分别形成了井冈山精神和大别山精神，涌现出了许多可歌可泣的革命故事和英雄人物，对传承红色基因具有重要作用。但是它们在地理位置、人文景观、风俗习惯等方面又各有特色，这些对现代产业和经济发展具有影响。因此，井冈山革命老

---

① 《习近平在安徽调研时强调 全面落实"十三五"规划纲要 加强改革创新开创新局面》，《人民日报》2016 年 4 月 28 日。

区可以参考大别山革命老区深入传承红色基因的优秀实践方法。贯彻落实习近平总书记在大别山革命老区考察调研时的重要讲话精神，能为大别山革命老区的未来发展注入新的活力与动力，同时也能够为其他革命老区的建设与发展提供有益的借鉴，共同推动革命老区在新时代的全面振兴发展。

（二）促进大别山革命老区持续健康发展

习近平总书记围绕红色基因传承、民生改善、产业扶贫等方面提出一系列具体要求，形成了系统的政策指导体系。特别是在我国全面建成小康社会、迈上全面建设社会主义现代化国家新征程的历史节点上，党领导人民成功打赢了脱贫攻坚这场硬仗，大别山革命老区的众多县区也相继摘掉了贫困的帽子。这是全党全国各族人民共同努力的结果，也是大别山革命老区人民不懈奋斗的见证。然而，胜利的果实来之不易，我们更需倍加珍惜。"攻坚精神不能放松"①，这是习近平总书记对大别山革命老区人民的殷切嘱托。脱贫不是终点，而是新生活、新奋斗的起点。我们要深刻认识到，防止返贫的任务依然艰巨，必须持续巩固拓展脱贫攻坚成果，确保老区人民在乡村振兴的道路上不掉队、不走偏。同时，要从大别山革命老区的实际出发，积极探索适合自身特点的发展新路，不断激发内生动力，推动老区经济社会的全面振兴发展。在新的征程上，大别山革命老区必须始终保持奋发有为的精神状态，牢记使命、砥砺前行，不断开创老区发展新局面，为实现中华民族伟大复兴的中国梦贡献力量。

（三）深化对大别山精神的研究

学术地位再强化，大别山精神永流传。其一，党中央的高度关注为深化大别山精神的研究提供了明确的聚焦点。习近平总书记多次强调大别山革命老区的重要性，这不仅彰显了党和国家对大别山革命老区发展的重视，更为弘扬与传播大别山精神提供了强有力的政策支持与方向指导。在党中央高度重视下，社会各界对大别山革命老区的关注度显著提升，更多的人开始了解并认识到这片红色土地所承载的深厚历史底蕴和伟大精神力量。国家层面的重视不仅有助于提升大别山精神研究在学界的影响力，还通过发挥相应的辐射带动作用，进

---

① 《习近平在河南考察时强调 坚定信心埋头苦干奋勇争先 谱写新时代中原更加出彩的绚丽篇章》，《人民日报》2019年9月19日。

一步提升了该领域研究的学术地位，为大别山精神的传承与发展奠定了坚实的基础。其二，习近平总书记关于大别山精神的重要论述为学者们深入研究这一精神提供了丰富的研究文本和理论支撑。特别是在 2019 年河南考察调研期间，习近平总书记首次明确提出"大别山精神"这一概念，并高度评价了其在党史、国史中的重要地位。他指出，"鄂豫皖苏区根据地是我们党的重要建党基地，焦裕禄精神、红旗渠精神、大别山精神等都是我们党的宝贵精神财富"①。这一论述不仅深刻揭示了大别山精神的内涵与价值，更为学者们开展相关研究提供了重要的理论指引和研究方向。2024 年 11 月，习近平总书记在考察湖北时提出，要"大力弘扬大别山精神"②，这对进一步深入研究大别山精神提出了更高要求。2025 年元旦之际，《光明日报》发表了题为《大别山精神的丰富内涵及其启示》的文章，文中以"坚守信念、紧跟党走""顾全大局、团结奋斗""勇当前锋、不胜不休"③，高度概括大别山精神的丰富内涵并对其进行了深入阐述。这六个词语不仅生动展现了革命先辈们坚定的理想信念、无私的奉献精神和勇于担当的革命气概，也为新时代背景下的精神传承与实践创新提供了宝贵的思想资源。在未来的研究中，学者们应继续贯彻落实习近平总书记在大别山革命老区考察调研时的重要讲话精神，深入挖掘大别山精神的丰富内涵与价值，为推动其在新时代的传承与发展贡献更多的智慧与力量。

【责任编辑：陈　岭】

---

① 《习近平在河南考察时强调 坚定信心埋头苦干奋勇争先 谱写新时代中原更加出彩的绚丽篇章》，《人民日报》2019 年 9 月 19 日。

② 《习近平在湖北考察时强调 鼓足干劲奋发进取 久久为功善作善成 奋力谱写中国式现代化湖北篇章》，《人民日报》2024 年 11 月 7 日。

③ 丁俊萍：《大别山精神的丰富内涵及其启示》，《光明日报》2025 年 1 月 1 日。

井冈山时期毛泽东对中国革命道路的独特贡献[*]

常　胜　闫婉荣^{**}

【摘　要】 井冈山革命根据地是以毛泽东同志为主要代表的中国共产党人在总结大革命失败经验教训后，立足"山沟沟"，建立的第一个农村革命根据地。在井冈山时期，毛泽东在理论创新、党的建设、军队建设、经济建设、政权建设等方面作出了开创性贡献，为坚持和发展中国特色革命道路积累了宝贵的精神财富。

【关键词】 井冈山时期；毛泽东；中国革命

回望中国共产党百余年历史进程，站在"两个一百年"历史交汇点的今天，抚昔追今，我们不由自主地更加怀念以毛泽东同志为主要代表的中国共产党人为实现中国人民解放、中华民族伟大复兴所作出的卓越贡献。毛泽东早就指出："为什么要革命？为了使中华民族得到解放，为了实现人民的统治，为了使人民得到经济的幸福。"① 以毛泽东同志为主要代表的中国共产党人在井冈山时期开创了农村包围城市的革命道路。回顾毛泽东在井冈山斗争时期艰辛探索革命道路的历程，深刻感悟毛泽东对党的初心使命的历史性贡献，对创造未来、开辟未来、实现中华民族伟大复兴的中国梦具有重大意义。

一　首创和巩固中国农村革命根据地：井冈山革命根据地

鲁迅曾说："世界上本没有路，走的人多了便成了路。"他更称赞："第一个

---

* 基金项目：西昌学院教改项目"中国式现代化视域下民族高校思政课教师教学能力提升研究"（项目编号：西学院教 2023-16 号）；西昌学院教改项目"民族高校思政课中运用红色资源铸牢中华民族共同体意识研究"（项目编号：西学院 2024-49 号）。

** 作者简介：常胜，博士，西昌学院马克思主义学院副教授，硕士生导师，主要研究方向为红色资源与党建；闫婉荣，西昌学院马克思主义学院助教，主要研究方向为思想政治教育。

① 《毛泽东年谱（1893~1949）（修订本）》（上），中央文献出版社，2013，第 143 页。

吃螃蟹的人是很令人佩服的，不是勇士谁敢去吃它呢？"井冈山革命根据地是中国共产党创建的第一个农村革命根据地，是马克思主义中国化的开篇之作，书写了一个落后东方国家坚持马克思主义基本原理，根据中国国情创造性地开展革命，逐步推翻帝国主义、封建主义和官僚资本主义，成立新中国的史诗。它创造了科学社会主义发展史上具有重大意义的光辉伟业，充分证明了中国共产党与中国人民不但善于破坏一个旧世界，也善于建设一个新世界，为世界无产阶级革命运动贡献了中国智慧。这个农村革命根据地孕育了中国革命史上的诸多第一。

首先，井冈山革命根据地的建立为全国农村革命根据地的建立提供了样板田。中国共产党是以马克思主义理论为指导，在共产国际帮助下建立起来的无产阶级政党，因此，在中国共产党创立之初，一直都把工作的重心放在城市，例如，从五四运动到京汉铁路工人大罢工，主要活动都在城市进行。同样地，党中央的领导机构也集中在大城市上海和武汉。轰轰烈烈的大革命失败后，中国共产党人从血泊中吸取经验教训，在党的八七会议上确定了土地革命和武装反抗国民党反动派的总方针，为此，中国共产党先后举行了南昌起义、秋收起义和广州起义三大起义。但是，起义之初没有看清中国的国情，缺乏经验，只能照搬俄国十月革命攻打中心城市的革命模式，因而遭遇不同程度的挫折和损失。其实，回顾当时历史条件，中国共产党对如何进行武装斗争并没有清醒的认识和正确的指导，依然认为中国革命的中心在城市，要以城市武装暴动影响和领导农民暴动。如 1927 年11 月中共中央临时政治局扩大会议通过的《中国现状与共产党的任务决议案》，仍然认为，"城市工人暴动的发动是非常之重要"[1]，"党的责任是努力领导工人日常斗争，发展广大群众的革命高涨，组织暴动，领导他们到武装暴动，使暴动的城市能成为自发的农民暴动的中心及指导者"，"城市工人的暴动是革命的胜利在巨大暴动内得以巩固而发展的先决条件"。[2] 1928 年党的六大通过的《政治决议案》依然坚持认为，"城市领导作用底重要，和无产阶级群众底高潮，都将要表显它的决定胜负的力量"，[3] "党底主要任务是争取工人阶级底大多数"。[4] 显然，这些党的决议案是脱离大革命时期中国实际情况的。而事实是，大革命失败后，以蒋介石为首的国民党反革命政权在上海、武汉等中心城市建立了更为严密的反革

---

① 《瞿秋白文集：政治理论编》第 5 卷，人民出版社，1995，第 96 页。
② 《瞿秋白文集：政治理论编》第 5 卷，人民出版社，1995，第 96~97 页。
③ 《瞿秋白文集：政治理论编》第 5 卷，人民出版社，1995，第 639 页。
④ 《瞿秋白文集：政治理论编》第 5 卷，人民出版社，1995，第 683 页。

命统治，对中心城市的革命组织镇压更为凶残、暴烈，革命工作的基础已十分薄弱。因此，党的工作与斗争很难在中心城市开展，必须把工作重心转移到敌人统治力量较为薄弱的农村。

国民党是以军阀为基础建立起来的武装力量，各军阀派系分裂非常严重，利益纠缠不清，不断地混战以争夺地盘，这些客观因素削弱了蒋介石镇压广大农村人民革命的武装力量，导致其无暇顾及许多广大农村的革命斗争，为我党在农村建立革命根据地创造了客观条件。因此，1927年10月，秋收起义失败后，毛泽东决定引兵上井冈山。经过以毛泽东为书记的前委们共同努力和艰苦斗争，中国工农革命军先后帮助地方重建党组织，加强地方武装力量建设，动员和组织群众进行军事斗争，分别在茶陵、遂川、永新、宁冈等地开展打土豪筹款子等暴动，到1928年2月，已在茶陵、遂川、宁冈三个县建立了红色政权，打开了"工农武装割据"的新局面，第一个农村革命根据地由此诞生了。第一个农村革命根据地一经诞生，犹如黑暗中的明灯，照亮了革命前行的道路。贺龙领导的湘鄂西前委根据中央关于"在朱、毛军队中，党的组织是以连为单位，每连建立一个支部，连以下分小组，连以上有营委、团委等组织"①的有关精神，在军队建立了各级党组织，加强党对军队的领导，创建了湘鄂西革命根据地。基于"学江西井冈山的办法"，运用"分散游击""集中作战""十六字诀"等战术方法，我党成功地创立了以大别山为中心的革命根据地。邓小平等人发动"百色起义"后不久提出"学习朱毛红军""汇合朱毛红军"的口号，成立了红七军，在广西建立了左右江革命根据地。还有陕甘边革命根据地广泛地开展武装斗争，进行边界割据，分别开辟了以照金为中心的五县边界根据地和以南梁为中心的六县交界地区根据地。

其次，开启了中国共产党局部执政的最初尝试。习近平总书记曾指出："中国共产党正是顺应求民族独立、谋人民解放的历史使命，勇立社会历史发展的潮头，在南湖红船上宣告成立，从此使中国革命的历史翻开了崭新的一页。"②以毛泽东同志为主要代表的中国共产党人深刻总结大革命失败经验教训，勇立时代潮头，毅然选择了用武装的革命反对武装的反革命，坚持到敌人统治力量薄弱的农村开创革命根据地，在井冈山进行了政治建设、经济建设、军队建设等一系列具有独创性的局部执政成功探索。秋收起义失败后，毛泽东率领部队到达江西永新三湾

---

① 《周恩来选集》（上），人民出版社，1980，第16页。
② 习近平：《干在实处 走在前列——推进浙江新发展的思考与实践》，中共中央党校出版社，2016，第455页。

村，为了解决部队党组织不健全、思想混乱、战斗力不强等问题，进行了著名的"三湾改编"，创造性地建立了"支部建在连上""班排设党小组""士兵委员会"等制度。毛泽东指出，"红军所以艰难奋战而不溃散，'支部建在连上'是一个重要原因"①，"从军长到伙夫，除粮食外一律吃五分钱的伙食。发零用钱，两角即一律两角，四角即一律四角。因此士兵也不怨恨什么人。""红军的物质生活如此菲薄，战斗如此频繁，仍能维持不敝，除党的作用外，就是靠实行军队内的民主主义"②。毛泽东带领部队上山后，于1928年2月在井冈山茨坪成立了井冈山革命根据地第一个特区政府——中共（永）新遂（川）边陲特别区委员会和新遂边陲特别区工农兵政府，随后，毛泽东初步建立了以井冈山为中心的边区、县、区、乡四级基层政权。同年5月，第一个经贸部门——新遂边陲特别区工农兵政府公卖处在茨坪成立，随后大井、小井、下庄、白银湖4个乡工农兵政府也相继成立公卖处，这为根据地经济贸易交往提供了重要场所。为了便于根据地贸易结算，红四军在上井村创办了第一个造币厂，打造了自己的货币并在根据地内流通，为了使工农平民得到低利无抵押的借款，免除资本家地主的重利盘剥，根据地开办了信用合作社，这些措施有利于活跃根据地经济贸易、打破敌人经济封锁。同年12月，中国共产党制定的第一部比较成熟的土地法《井冈山土地法》正式颁布施行，该部法律明确了土地没收与分配、山林分配与竹木经销、土地税的征收与使用等问题，初步满足了广大贫苦农民对分得土地的强烈愿望，获得了广大贫苦群众的支持与拥护。与此同时，大革命失败的教训让中国共产党人深刻认识到军队的重要性，"没有文化的军队是愚蠢的军队，而愚蠢的军队是不能战胜敌人的"③。为此，中国共产党于1927年12月在宁冈县砻市（今龙市镇）创建了第一所军校——中国工农革命军第一军第一师第一团军官教导队。红军军官教导队为我军培养了一大批优秀的高级军事指挥人才，为井冈山根据地政权建设锻造了一支经验丰富、具有一定文化素质的干部队伍，也成为我党我军的军校摇篮。

以毛泽东同志为主要代表的中国共产党人在井冈山创造性地进行了政权建设、经济建设、军队建设和法治建设，成功地粉碎了敌人的4次"进剿"和2次"会剿"，建立了以宁冈为中心的第一个农村革命根据地。毛泽东指出："它是站在海岸遥望海中已经看得见桅杆尖头了的一只航船，它是立于高山之巅远看东方已见

---

① 《毛泽东选集》第1卷，人民出版社，1991，第65~66页。
② 《毛泽东选集》第1卷，人民出版社，1991，第65页。
③ 《毛泽东选集》第3卷，人民出版社，1991，第1011页。

光芒四射喷薄欲出的一轮朝日，它是躁动于母腹中的快要成熟了的一个婴儿。"①

最后，点燃了工农武装割据的"星星之火"。如何认识和怎样进行中国革命，对于幼年中国共产党人来说是一道需要艰辛探索的命题，也因此付出了惨痛的代价。以毛泽东同志为主要代表的中国共产党人在深入总结和思考秋收起义失败经验教训后，面对国民党反动派的残酷镇压，冷静地作出抉择，将革命火种播撒到井冈山上，在敌人控制薄弱的农村开创了"工农武装割据"的新局面，用革命实践证明了"山沟里有马克思主义"的科学真理。井冈山革命根据地的成功实践在1928年初通过各种途径逐步在全国范围内传播开来。到1930年夏，全国相继建立了赣南区、闽西区、湘鄂西区、鄂豫皖边区、湘赣边区、湘鄂赣边区、赣东北区、广西右江地区8个规模较大且相对稳固的战略区。此外，还建立了不稳固的小块红色政权，如广东的海南岛、东江地区，四川东部地区，浙江南部地区，江苏中部地区，覆盖人口数百万，全国红军已近7万人，群众武装赤卫队达10万人。井冈山革命根据地的成功开辟也引起了中共中央的高度关注，为此，在筹备召开1928年4月党的六大时，中共中央特意给了朱毛红军两个代表名额。1928年6月4日，中共中央在给朱德、毛泽东及红四军前委的信中指出："你们转战数千里与反动势力奋斗，中央对于你们在这种刻苦的劳顿的生活中而能努力不懈的工作甚为欣慰。"② 此后，中共中央在给各地党组织的指示、信件、党刊及一些重要会议上，都多次提及和推广井冈山革命根据地的成功经验。在中共中央的大力宣传和推广下，许多革命根据地非常注重学习井冈山的优秀经验。中国革命已成"燎原之势"。正是由此，刘志丹、习仲勋等共产党人在认真学习井冈山革命根据地成功经验的同时，也结合自己的客观实际，在不断总结成功与教训的过程中取得了斗争的主动权，打开了革命斗争的新局面，创建了陕甘边革命根据地，其也成为土地革命战争后期仅有的几个革命根据地之一，成为伟大长征的落脚点和伟大抗日战争的出发点。

井冈山是一座革命的山、战斗的山、英雄的山、光荣的山。以毛泽东同志为主要代表的中国共产党人在此辛勤耕耘，不断探索救国救民的道路，开辟了井冈山革命根据地，诞生了伟大的井冈山精神，开创了"农村包围城市，武装夺取政权"的革命道路。回望党的百余年历程，是为了重整行装再出发，继续走好新长

---

① 《毛泽东选集》第1卷，人民出版社，1991，第106页。
② 《建党以来重要文献选编（1921-1949）》第5册，中央文献出版社，2011，第223页。

征路。正如习近平总书记指出："井冈山斗争的伟大实践，对中国革命道路的探索和抉择、对中国共产党和人民军队成长具有关键意义。"① 跨越时空的井冈山精神昭示我们：不管未来我们面临多么复杂的国际风云变幻、多么艰巨的时代任务，坚持和发展马克思主义、继续推进马克思主义中国化的决心不能动摇，坚持党对军队绝对领导的军魂不能变，"江山就是人民，人民就是江山"，"全心全意为人民服务"的党的宗旨始终不能变。

二　奠基中国政治建军：三湾改编

1927 年大革命失败后，毛泽东在总结中国共产党失败经验教训后，得出党应该建立自己的军队的结论。在随后的八七会议上，毛泽东谈道："从前我们骂中山专做军事运动，我们则恰恰相反，不做军事运动专做民众运动。蒋、唐都是拿枪杆子起的……须知政权是由枪杆子中取得的。"② 此后，他又在中共湖南省委会议上特别指出："湖南的秋收暴动的发展，是解决农民的土地问题，这是谁都不能否认，但要来制造这个暴动，要发动暴动，单靠农民的力量是不行的，必须有一个军事的帮助。"③ 秋收起义失败后，毛泽东进而思考党应该建立一支什么样的军事武装力量来完成民族独立和人民解放这一重大历史使命。

综观中国历史，一支军队的成长和发展始终围绕军队指挥权这一核心问题而展开，与之相随的是刀光剑影、血流成河，为掌握军队最高指挥权而内讧的例子多如牛毛。因此，毛泽东在经过深入思考后深刻指出："党代表制度，经验证明不能废除。特别是在连一级，因党的支部建设在连上，党代表更为重要。他要督促士兵委员会进行政治训练，指导民运工作，同时要担任党的支部书记。事实证明，哪一个连的党代表较好，哪一个连就较健全，而连长在政治上却不易有这样大的作用……从表面看，似乎既称红军，就可以不要党代表了，实在大谬不然。"④ 产生这些问题的病根在于部队"完全没有抓住士兵"，此前党支部只在团级以上建立，党组织并不能实时掌握了解部队中士兵的思想政治状况，而这些怕苦怕累、理想信念不坚定、军阀习气等消极状况动摇和影响整个军队的政治意识和革命热

① 《习近平关于社会主义精神文明建设论述摘编》，中央文献出版社，2022，第 143 页。
② 《毛泽东文集》第 1 卷，人民出版社，1993，第 47 页。
③ 《建党以来重要文献选编（1921～1949）》第 4 册，中央文献出版社，2011，第 540 页。
④ 《毛泽东选集》第 1 卷，人民出版社，1991，第 64 页。

情。因此，必须在军队的基层建立党的组织，充分发挥党的基层组织的凝聚力、战斗力和创造力。秋收起义失败后，中国工农革命军辗转来到了江西永新县三湾村。当时部队自身面临着三大重要问题亟待解决。一是人员数量急剧减少，部队由原来的 5000 多人减少到不足 1000 人。二是部队的指挥权问题，在文家市前委会议上，毛泽东与师长余洒度存在争论，毛泽东主张"以保卫实力，应退萍乡"，余洒度则"仍主张取浏阳直攻长沙"，最后以票数多少决定工农革命军的去向。三是部队存在军阀习气、官兵不平等、旧军队不良作风等。起义部队中大多军官是从旧军队转变而来，残留旧军阀习气，随意打骂士兵，官兵在政治经济上很不平等。上述三大问题具有普遍性，敏感而复杂，事关整个部队的前途和命运。毛泽东牢牢抓住政治建军这个核心，始终坚持马克思主义的"具体问题具体分析"这一活的灵魂，有针对性地解决部队亟待解决的问题，创造性地建立了"支部建在连上""班排设党小组""营团以上设党委"的制度，强化部队基层组织建设，确保了党对军队坚强有力的领导。民主平等、官兵团结友爱和坚定的政治信仰，铸就了我军军魂。毛泽东指出："党代表制度，经验证明不能废除。特别是在连一级，因党的支部建在连上，党代表更为重要。他要督促士兵委员会进行政治训练，指导民运工作，同时要担任党的支部书记。事实证明，哪一个连的党代表较好，哪一个连就较健全，而连长在政治上却不易有这样大的作用。"① 随后，红四军辗转到了福建上杭县古田镇，召开了著名的"古田会议"。在古田会议上，毛泽东明确指出："以为红军的任务也和白军相仿佛，只是单纯地打仗的。不知道中国的红军是一个执行革命的政治任务的武装集团。"② 同时，古田会议决议重申："红军决不是单纯地打仗的，它除了打仗消灭敌人军事力量之外，还要负担宣传群众、组织群众、武装群众、帮助群众建立革命政权以至于建立共产党的组织等项重大的任务。"③ 由此可以看出，这次会议在我党我军建设史上占有极其重要地位，确立了"思想建党、政治建军"的重要原则，为新型人民军队指明了方向。

政治建军是毛泽东带领秋收起义部队进军井冈山时作出的一个重要抉择，也是中国共产党从思想上政治上开启人民军队建设的重大方略。其主要内容极为丰富，核心是初步明确了"党指挥枪"这一建军根本原则和制度，为人民军队未来的发展指明了方向。然而，中国共产党人并非从一开始就明白了党与军队的这种

---

① 《毛泽东选集》第 1 卷，人民出版社，1991，第 64 页。
② 《毛泽东选集》第 1 卷，人民出版社，1991，第 86 页。
③ 《毛泽东选集》第 1 卷，人民出版社，1991，第 86 页。

关系，就懂得如何处理党和军队的关系。党对军队绝对领导的原则与制度是在马克思主义理论与中国革命实际相结合的过程中，是在长期的建军实践摸索中，在与错误思想的斗争中，逐步确立和巩固起来的，进而成为新型人民军队的军魂。三湾改编是中国共产党建设新型人民军队的开端，是政治建军最早的一次成功探索和实践。三湾改编标志着毛泽东政治建军思想的初步形成，是我们党实行政治建军的起点。习近平总书记在庆祝中国人民解放军建军 90 周年大会上的重要讲话中指出："党对军队绝对领导的根本原则和制度，发端于南昌起义，奠基于三湾改编，定型于古田会议，是人民军队完全区别于一切旧军队的政治特质和根本优势。"①

三 探索和开辟中国革命道路：井冈山道路

1927 年大革命失败后，中国革命形势转入低潮，许多共产党员和党的领导干部被捕、被杀，党的组织不断遭到破坏，党的活动被迫转入地下，中国共产党遭遇前所未有的困难。摆在中国共产党面前迫切需要解决的两个根本性问题：一是敢不敢坚持革命，二是如何进行革命，即选择什么样的革命道路。中国共产党领导的三大起义响亮地回答了敢于革命的问题。可是，对于如何革命这一问题，开始并没有搞清楚。中国共产党人为此进行了艰辛而曲折的探索，付出了高昂的代价，才找到了一条符合中国国情的革命道路——"农村包围城市、武装夺取政权"。

毛泽东为中国革命新道路的探索作出了原创性的贡献。从 1927 年 8 月 1 日中国共产党领导打响国民党反动派第一枪的南昌起义，到 1928 年底，联合当地武装力量发动大小百余次武装起义，这些起义均以失败告终。根本原因在于照搬俄国十月革命的经验，以为只要攻打首都或中心城市，革命就能取得成功。周恩来就曾说过："要党不去用主要的力量与城市无产阶级联系，而把主要力量放在农村，这是史无前例的。共产国际的一切文献，一讲到无产阶级政党的领导，就是同工人运动联系在一起的。"② 毛泽东最先意识到了这一点。秋收起义失败后，面对强大的敌人，毛泽东毅然决然命令部队停止进攻，转向敌人薄弱的地方。井冈山斗争时期，有人提出"红旗到底打得多久"的问题，1 年多的井冈山革命斗争实践

---

① 习近平：《在庆祝中国人民解放军建军 90 周年大会上的讲话》，人民出版社，2017，第 6 页。
② 《周恩来选集》（上），人民出版社，1980，第 178 页。

让毛泽东觉得必须在理论上阐明这些问题。于是，他在 1928 年 10 月、11 月先后写下了《中国的红色政权为什么能够存在?》和《井冈山的斗争》两部光辉著作，回答了党内和红军中存在的"红旗到底打得多久"的疑问，排除了错误思想的干扰，统一了全党和红军的思想，进而提出了"工农武装割据"的思想，引导了党和根据地军民朝着胜利的道路前进。

首先，中国共产党真正找到了一条符合本国国情的新民主主义革命道路，使中国逐步走向民族独立和人民解放。为更好地理解这一命题的意义，有必要简要回顾近代以来中华民族所遭受的苦难与付出的艰辛。自近代以来，曾经辉煌世界几千年的中国社会日益脱离了历史发展的轨道，陷入了一系列悲惨命运，遭遇被人霸凌、领土被侵蚀、主权丧失的境地，"满族王朝的声威一遇到英国的枪炮就扫地以尽，天朝帝国万世长存的迷信破了产"[①]，中国逐渐沦为半殖民地半封建社会。摆在中国人民面前的迫切任务是争取民族独立和人民解放，但是如何实现这一伟大历史使命，没有现成答案。生活在最底层的中国农民阶级率先做出了反抗，轰轰烈烈的太平天国运动沉重打击了封建清王朝，也深刻地打击和教训了外国侵略势力。然而，农民阶级先天所具有的局限性注定了这样一场哪怕是中国最高峰的农民运动也必然以失败告终。两次鸦片战争的失败使清政府中的部分官僚逐步领悟到西方坚船利炮的威力，将目光转向了西方，主张"师夷长技以制夷"，力图维持风雨飘摇的清王朝统治，于是便有了历时三四十年的洋务运动。随着甲午中日战争北洋海军的全军覆没，洋务运动戛然而止。这一运动从一开始就注定将以失败告终，一方面洋务运动遭到了顽固派的强烈反对，另一方面，更重要的是，运动的目的是巩固旧政权，"连做梦也不曾想到政治的改革"[②]，洋务运动最终只停留在器物层面。洋务运动的失败唤醒了一批力主走君主立宪制的资产阶级改良派，戊戌变法的目的在于以新国民建立新国家，在中国建立君主立宪的资本主义制度，实现国家现代化。但是，这种变法寄托于一位没有实权的皇帝，且明知旧制度的腐朽、堕落却不敢否定，充分地证明资产阶级改良派先天具有软弱性和妥协性，也预示着这一变法必将胎死腹中。当辛亥革命结束了 2000 多年的封建帝制后，人们以为"只要把帝制推翻便可以天下太平……却发现自己所追求的民主还是那样的遥远"[③]。毛泽东说："资产阶级的共和国，外国有过的，中国不能有，

---

① 《马克思恩格斯文集》第 2 卷，人民出版社，2009，第 608 页。

② 何干之:《近代中国启蒙运动史》，生活·读书·新知三联书店，2012，第 52 页。

③ 林伯渠:《荏苒三十年》，《解放日报》1941 年 10 月 10 日。

因为中国是受帝国主义压迫的国家。"① 这一切都充分地证明，旧民主主义革命道路在中国走不通。正当中国人民在苦闷中思考、在黑暗里探索时，"十月革命一声炮响，给我们送来了马克思列宁主义"，随着这一理论与中国工人阶级相结合，中国共产党应运而生。中国共产党的诞生是开天辟地的大事变，它从诞生之初就高举马克思主义伟大旗帜，把实现民族独立、人民解放和国家富强、人民富裕两大历史任务扛在肩上，用铁的纪律严格约束党员行为，始终依靠人民群众，前赴后继、浴血奋战，取得了新民主主义革命的伟大胜利。毛泽东为民族独立、人民解放作出了卓越贡献。邓小平在1978年12月召开的中央工作会议闭幕会上说："一九二七年革命失败以后，如果没有毛泽东同志的卓越领导，中国革命有极大的可能到现在还没有胜利，那样，中国各族人民就还处在帝国主义、封建主义、官僚资本主义的反动统治之下，我们党就还在黑暗中苦斗。"② 习近平总书记指出："毛泽东同志创造性地解决了马克思列宁主义基本原理同中国实际相结合的一系列重大问题，深刻分析中国社会形态和阶级状况，经过不懈探索，弄清了中国革命的性质、对象、任务、动力，提出通过新民主主义革命走向社会主义的两步走战略，制定了新民主主义革命总路线，开辟了以农村包围城市、最后夺取全国胜利的革命道路。"③

其次，中国共产党以自己的革命道路为世界无产阶级革命提供了一种新的道路选择。"第一次帝国主义世界大战和第一次胜利的社会主义十月革命，改变了整个世界历史的方向，划分了整个世界历史的时代。"④ 中国共产党就是在这样一个历史条件下成立的，当时的中国正处在一个半殖民地半封建的社会，所面对的最强大的敌人是帝国主义与封建势力，中国共产党要担负起领导中国革命的历史重任，就要推翻这两个主要敌人，进行民族革命和民主革命。"在这以前，中国资产阶级民主主义革命，是属于旧的世界资产阶级民主主义革命的范畴之内的，是属于旧的世界资产阶级民主主义革命的一部分。"⑤ 因此，这一时期中国革命的性质决定了它不属于无产阶级社会主义革命，而是资产阶级民主主义革命，其革命的领导者是资产阶级。但是，资产阶级未能完成民族革命和民主革命的历史任务，

---

① 《毛泽东选集》第4卷，人民出版社，1991，第1471页。
② 《邓小平文选》第2卷，人民出版社，1994，第148页。
③ 《十八大以来重要文献选编》（上），中央文献出版社，2014，第689页。
④ 《毛泽东选集》第2卷，人民出版社，1991，第667页。
⑤ 《毛泽东选集》第2卷，人民出版社，1991，第667页。

中国共产党接过了革命的接力棒。正如毛泽东所说："我们完成了孙先生没有完成的民主革命，并且把这个革命发展为社会主义革命。我们正在完成这个革命。"①如何完成这样伟大的历史使命，中国共产党人面前没有现成答案，有的只是俄国十月革命的成功经验。党内部分同志受共产国际影响，一度坚持城市中心论，这反映了革命探索的复杂性。其问题的根源在于不了解中国的国情、中国的社会性质。这些探索为后续正确道路的形成提供了经验教训。"很清楚的，中国现时社会的性质，既然是殖民地、半殖民地、半封建的性质，它就决定了中国革命必须分为两个步骤。第一步，改变这个殖民地、半殖民地、半封建的社会形态，使之变成一个独立的民主主义的社会。"② 因此，中国革命道路是一条新型的革命道路，不同于马克思主义经典作家在《德意志意识形态》和《共产党宣言》里所论述的世界历史进程中的资产阶级民主革命和无产阶级社会主义革命，而是创造了第三种革命类型——新民主主义革命，为解决半殖民地半封建的落后国家的无产阶级怎样领导资产阶级民主革命这一问题提供了新的探索路径。

【责任编辑：陈　岭】

---

① 《毛泽东文集》第 7 卷，人民出版社，1999，第 156 页。
② 《毛泽东选集》第 2 卷，人民出版社，1991，第 666 页。

【红色文化资源与治国理政研究】

弘扬红色文化是习近平文化思想的重要内容[*]

渠长根　姜羽晴^{**}

【摘　要】 习近平总书记关于弘扬红色文化的重要论述产生于我们党带领全国人民创新发展中国特色社会主义新时代的伟大实践中，蕴藏在习近平总书记各地视察调研的红色足迹里，印证着人民是红色文化创造与弘扬的主体。红色文化作为伴随中国共产党一起发芽、成长、壮大的新型文化，在自身发展过程中连接着中华优秀传统文化和社会主义先进文化。今天，弘扬红色文化构成了习近平文化思想的重要一环，尤其是习近平总书记关于弘扬红色文化的重要论述所蕴含、表达的内容，将一以贯之地助力中华文明建设迈向新的远方，为实现共产主义远大理想提供强大力量。

【关键词】 弘扬红色文化；习近平文化思想；新型文化

习近平总书记强调："红色是中国共产党、中华人民共和国最鲜亮的底色。""用好红色资源、赓续红色血脉。"① 这是学术界开展红色文化研究一贯坚持的基本判断和重要思想来源。近些年来，红色文化研究日益成为学术热点，涌现出了一批长期致力于此的专家学者，如王炳林②、齐卫平、柴奕③、邱小云④等。综合相关解读，在本质上，红色文化即中国共产党带领人民在百余年历史进程中以马

---

　* 基金项目：国家社会科学基金重点项目"中国共产党红色文化发展史研究"（项目编号：19ADJ007）。

** 作者简介：渠长根，博士，浙江理工大学马克思主义学院教授，硕士生导师，主要研究方向为红色文化；姜羽晴，杭州电子科技大学信息工程学院教师，主要研究方向为红色文化。

① 《习近平关于社会主义精神文明建设论述摘编》，中央文献出版社，2022，第 166 页。

② 王炳林：《打造红色文化研究的学术精品》，《红色文化学刊》2017 年第 1 期。

③ 齐卫平、柴奕：《革命精神和红色文化：中国共产党人政治本色的写照及其传承》，《红色文化学刊》2017 年第 2 期。

④ 邱小云：《论中国红色文化百年发展史》，《红色文化学刊》2017 年第 2 期。

克思主义为指导创造并凝聚起来的文化成果，集中反映了中华民族百余年来从站起来的抗争、富起来的拼搏到强起来的奋进的伟大飞跃，映射出中华民族上下5000多年刻在骨子里的百折不挠、自强不息、艰苦奋斗、守正创新的基因和传统。党的十八大以来，以习近平同志为核心的党中央带领全国人民踔厉奋发、创新发展，酝酿、提出了一系列宣传思想文化工作的新观念、新方法、新论断、新思想，并于2023年10月正式提出习近平文化思想，其中就包括传承弘扬红色文化。

一 习近平总书记关于弘扬红色文化重要论述的主要内容

"党的历史是最生动、最有说服力的教科书。"① 中国革命历史是最好的营养剂。"② "要讲好党的故事、革命的故事、英雄的故事，把红色基因传承下去，确保红色江山后继有人、代代相传。"③ 在继往开来、砥砺前行的新时代，以习近平同志为核心的党中央高度重视红色文化的建设与弘扬，提出"要用好红色文化""生动传播红色文化"。习近平总书记关于弘扬红色文化的重要论述产生于党团结带领中国人民踔厉奋发、创新发展中国特色社会主义的伟大事业中，指明了当下及未来红色文化建设与弘扬的方向。

（一）指明弘扬红色文化的价值作用

习近平总书记强调要"生动传播红色文化"④，为红色文化的建设与弘扬指明了道路。红色文化是以马克思主义为指导，在新民主主义革命时期、社会主义革命与建设时期、改革开放和社会主义现代化建设新时期以及中国特色社会主义新时代的伟大实践中，中国共产党带领中国人民所创造的各种文化财富的总和，包括物质、精神和制度三个方面。红色物质文化是切实记录，革命遗址遗迹、文本文献、场地场所等是红色文化的显性部分，也是红色文化蓬勃发展的基础；革命精神（红色文化的精神层面）是灵魂所在，中国共产党人精神谱系以伟大建党精

---

① 《习近平谈治国理政》第4卷，外文出版社，2022，第545页。
② 《习近平关于社会主义精神文明建设论述摘编》，中央文献出版社，2022，第139页。
③ 《在新时代东北振兴上展现更大担当和作为 奋力开创辽宁振兴发展新局面》，《人民日报》2022年8月19日。
④ 《习近平关于社会主义精神文明建设论述摘编》，中央文献出版社，2022，第168页。

神为源头，激发引领中国人民奋勇前行，是红色文化的精神内核；红色制度文化是发展保障，规定了理论、方针、路线等，在某种意义上也决定着红色文化的发展方向和高度。① 红色文化是记录我们党带领人民走过不可磨灭之路的重要载体，"在我国九百六十多万平方公里的广袤大地上红色资源星罗棋布，在我们党团结带领中国人民进行百年奋斗的伟大历程中红色血脉代代相传"②。它见证了党带领人民团结奋斗艰辛而辉煌的历史，是我们党宝贵的财富资源。

2022 年 8 月 16 日，习近平总书记在辽宁考察时指出："要弘扬中华优秀传统文化，用好红色文化，发展社会主义先进文化，丰富人民精神文化生活。"③ 这是习近平总书记首次将红色文化置于与中华优秀传统文化、社会主义先进文化同等重要的位置④，辨明红色文化与革命文化的不同之处。党的二十大报告指出："发展社会主义先进文化，弘扬革命文化，传承中华优秀传统文化。"⑤ 将革命文化与中华优秀传统文化、社会主义先进文化并列。从历史时序上看，革命文化具有贯通性。广义的革命文化指从 1840 年鸦片战争开始，为改变半殖民地半封建社会的旧中国，中国人民奋起反抗、浴血奋战的历史；狭义的革命文化则是指形成于革命战争年代，即新中国成立之前的革命时期的文化，尚未包括社会主义革命与建设、改革开放和新时代的内容。时间维度上的纵深性使革命文化与中华优秀传统文化形成时序衔接，这种理论定位符合历史唯物主义关于文化发展的规律性认识。

红色文化一经诞生就与中国共产党血脉相连，它见证了从中共一大只有 13 位代表到成为如今世界上最大的马克思主义执政党的光辉历程，记载了中国人民在党的领导下奋发图强的 100 多年历史，谱写了中国人民虽饱受屈辱但绝不投降、虽探索艰辛但不畏风雨、虽存在差距但奋起直追的气壮山河诗篇。因此，在本质上，红色文化与革命文化有所不同。

在党史学习教育动员大会上的讲话中，习近平总书记提出："必须铭记光辉历史、传承红色基因。"⑥ 红色文化作为一个价值丰厚、涵盖领域广泛的宝库，承担

---

① 渠长根主编《红色文化概论》，红旗出版社，2017，第 7 页。
② 《习近平关于社会主义精神文明建设论述摘编》，中央文献出版社，2022，第 166 页。
③ 《在新时代东北振兴上展现更大担当和作为 奋力开创辽宁振兴发展新局面》，《人民日报》2022 年 8 月 19 日。
④ 渠长根、叶臻：《形、线、质：三维探究中国共产党红色文化发展史》，《思想教育研究》2023 年第 9 期。
⑤ 习近平：《高举中国特色社会主义伟大旗帜 为全面建设社会主义现代化国家而团结奋斗——在中国共产党第二十次全国代表大会上的报告》，人民出版社，2022，第 43 页。
⑥ 习近平：《在党史学习教育动员大会上的讲话》，人民出版社，2021，第 4 页。

着铭记与传承的责任和使命，具有深刻的社会意义。比如，红色文化印证历史，党的光辉历程、重大成就在每一历史事件、革命英雄、革命文物中彰显，这些都是红色文化的显性部分、忠实记录，无法磨灭，向前走不能忘记走过的路，红色文化印证着绵延不断"走过的路"。红色文化凝聚力量，"红色血脉是中国共产党政治本色的集中体现，是新时代中国共产党人的精神力量源泉"[1]。伟大建党精神、井冈山精神、西柏坡精神、苏区精神、长征精神等是精神指引，汇聚成我们党的红色血脉。红色文化坚定信仰，"一个国家、一个民族发展中更基本、更深沉、更持久的力量"[2]凝聚于文化自信，红色文化成为增强文化自信的中坚力量。红色文化在吸收、传承、创新中华优秀传统文化，抵制西方腐朽文化的侵袭，强化文化自信，激发爱国精神，建设社会主义文化强国方面，有着通今博古、无可替代的作用。

（二）揭示弘扬红色文化之于中华优秀传统文化和社会主义先进文化的重要性

党的二十大报告指出："发展社会主义先进文化，传承中华优秀传统文化，满足人民日益增长的精神文化需求。"[3] 一如"亦余心之所善兮，虽九死其犹未悔"的离骚、"粉骨碎身浑不怕，要留清白在人间"的于谦、"愿奴隶根除，智识学问历练就。责任上肩头，国民女杰期无负"的秋瑾……红色文化是有源头的泉水、有根基的松柏，它蕴含在中华文化上下5000多年的优良基因中，诞生在中华民族捍卫国家主权、民族独立、人民尊严的历史征程中，根植于因遭遇磨难而挺起脊梁奋起抗争、为打破阶级桎梏而展开广泛深刻的社会变革、因不甘落后而解放思想大力发展社会生产力的百余年党史中。

中华优秀传统文化成为促成红色文化发芽、发展、壮大的"根"。中华民族作为世界上唯一一个拥有5000多年连续文明的民族，形成了博大精深、独具特色、源远流长的中华文化。习近平总书记曾说："只有立足波澜壮阔的中华五千多年文明史，才能真正理解中国道路的历史必然、文化内涵与独特优势。"[4] 他深刻剖析

---

① 《习近平关于社会主义精神文明建设论述摘编》，中央文献出版社，2022，第166页。

② 《习近平关于全面从严治党论述摘编》（2021年版），中央文献出版社，2021，第198页。

③ 习近平：《高举中国特色社会主义伟大旗帜　为全面建设社会主义现代化国家而团结奋斗——在中国共产党第二十次全国代表大会上的报告》，人民出版社，2022，第43页。

④ 习近平：《在文化传承发展座谈会上的讲话》，人民出版社，2023，第5页。

并阐述了中华优秀传统文化的历史地位和价值旨归。近代以来，国家蒙受屈辱、人民遭受磨难、文化遭遇侵袭，传统文化也被视为旧文化、旧思想。在洋务运动、戊戌维新、辛亥革命相继失败后，救国心切的知识分子渴求一种新思想、新武器、新力量。马克思主义传入后，在中国革命的实践中生根发芽，为中华传统文化注入了新活力。中国共产党以马克思主义为理论武器，指导中国革命、建设、改革，创造了一系列伟大成就。红色文化随着共产党的诞生应运而生，在"两个结合"的过程中串联起了"根"与"魂"，红色文化之"果"便在马克思主义与中华优秀传统文化创造性转化的过程中结出。红色文化的内核承续着"天下为公、天下大同的社会理想，民为邦本、为政以德的治理思想……修齐治平、兴亡有责的家国情怀"① 等中华优秀传统文化基因。从范仲淹的"先天下之忧而忧"到赵一曼的"未惜头颅新故国，甘将热血沃中华"的精神传承，再到伟大建党精神、长征精神等的产生与发展，充分印证了中华文明"周虽旧邦，其命维新"的连续发展规律。红色文化既非对中华优秀传统文化的简单复刻，也非机械移植西方文化，而是借助马克思主义科学理论实现了创造性转化，升华了中华优秀传统文化的精髓，重构了中华文明成果的本土化表达。

社会主义先进文化以红色文化为"源"。社会主义先进文化，即在马克思主义指导下所产生的一系列面向现代化、世界化、未来的，民族的、科学的、大众的文化成果，在继承和发扬红色文化的基础上创出的符合时代精神和发展潮流的社会主义文化。② 红色文化是以马克思主义为"魂脉"、以中华优秀传统文化为"根脉"，中国共产党是其产生的指引，人民群众是其生发的根本基础，红色文化与社会主义先进文化同根同魂、同向同行，红色文化既是社会主义先进文化发展的保鲜剂，也是其创新的指引。习近平总书记指出："兴文化，就是要坚持中国特色社会主义文化发展道路。"③ 弘扬红色文化既为新时代文化强国建设提供强大精神力量，其本身也成为新时代中国特色社会主义文化建设的凝结成果。

红色文化产生于革命战争年代，以马克思主义为魂，在中国共产党的领导下，植根于中华优秀传统文化，与中华优秀传统文化形成一种新型文化关系，它们相

---

① 习近平：《在文化传承发展座谈会上的讲话》，人民出版社，2023，第2页。
② 黄建红：《"红三角"内源式发展：革命老区乡村振兴的衡山案例研究》，《中国农村观察》2023年第3期。
③ 张洋、鞠鹏：《举旗帜聚民心育新人兴文化展形象更好完成新形势下宣传思想工作使命任务》，《人民日报》2018年8月23日。

互促进、彼此融通，共同构成文化篇章的重要一环。① 马克思主义、中华优秀传统文化、社会主义先进文化融合并升华于红色文化，在新时代激励着中国人民以中国式现代化全面推进中华民族伟大复兴。

（三）展现红色文化参与中华文化宝库建构

习近平新时代中国特色社会主义思想是一个博大精深的宝库，涵盖政治、社会、经济、改革、民生、生态、文化、军事、外交等多个领域。党的十八大以来，习近平总书记多次强调："宣传思想文化工作事关党的前途命运、事关国家长治久安、事关民族凝聚力和向心力。"在宣传思想文化工作中，习近平总书记高度重视"红色"、不断强调"弘扬红色文化"。"我们要赓续红色血脉，把革命先烈流血牺牲打下的红色江山守护好、建设好，努力创造不负革命先辈期望、无愧于历史和人民的新业绩。"② 2023 年，他在上海提及"传承弘扬红色文化"③；2024 年，在福建漳州再次强调："传承弘扬红色文化"④。习近平文化思想以马克思主义为根本指导思想，在广泛践行社会主义核心价值观、充分实践"两个结合"尤其是"第二个结合"的过程中形成，这与红色文化的发展紧密联系。红色文化以中华优秀传统文化为养料，蕴含着浓厚的历史内涵和丰富的革命精神，用史实说话，引领我们走好新时代的长征路。精神凝聚力量，红色文化诞生于中国共产党为人民谋幸福、为民族谋复兴的艰苦奋斗中，其建设目标和价值旨归也是实现中华民族伟大复兴的中国梦。因此，在建设社会主义文化强国的途中，对红色文化的弘扬与传承不可或缺。

红色文化不断充盈习近平文化思想宝库，为坚定历史自信、树立文化自信添砖加瓦。习近平总书记指出，"中国共产党是具有高度文化自觉的党，党的百年奋斗凝结着我国文化奋进的历史。"⑤ 先有文化自觉才有文化自信，在传承中华优秀传统文化、推动实践创新发展的过程中，红色文化彰显着浓厚的中国特色、中国

---

① 魏勇：《中华优秀传统文化创造性转化和创新性发展的逻辑进路》，《中南民族大学学报》（人文社会科学版）2022 年第 7 期。

② 习近平：《用好红色资源 赓续红色血脉 努力创造无愧于历史和人民的新业绩》，《求是》2021 年第 19 期。

③ 《习近平在上海考察时强调聚焦建设"五个中心"重要使命加快建成社会主义现代化国际大都市返京途中在江苏盐城考察蔡奇陪同考察》，《台声》2023 年第 23 期。

④ 《扭住目标不放松 一张蓝图绘到底 在中国式现代化建设中奋勇争先》，《人民日报》2024 年 10 月 17 日。

⑤ 习近平：《在中国文联十一大、中国作协十大开幕式上的讲话》，人民出版社，2021，第 1~2 页。

味道、中国风格，红色文化发展史凝结着百余年来我们党带领人民奋进的历史。红色文化中蕴含着多重中华历史、传统、山河、精神、文明之美，在传承红色文化的同时，文化自信也融入全民族的精神品格和信仰信念，在发扬革命传统、传承红色基因的同时，坚定历史自信、强化文化自信，不仅是对璀璨中华文明的深刻认同，也是在新征程上推动国家富强、民族复兴的强大精神动力。

二 习近平总书记关于弘扬红色文化重要论述的实践向度

一位位革命英烈、一首首红色歌曲、一封封红色家书、一处处遗址遗迹，都生动形象地表明红色文化并非阳春白雪、空中楼阁，它们书写着中国人民在我们党的领导下对中外反动势力予以有力回击、在一穷二白时勒紧裤腰带搞建设、在改革开放后艰苦创业、在新时代下自信自强的历程。它们凝结着中国共产党带领人民探索民族救亡、民族复兴的成果，秉笔直书百余年岁月中从不低头、敢于拼搏的中国人民。与此同时，国家有关红色文化传承与建设文件、法律的颁布，为弘扬红色文化在制度上保驾护航。

（一）考察革命老区，祭奠缅怀先烈

2014 年 10 月，习近平总书记在古田考察时说"确保革命传统和优良作风薪火相传"[①]；2015 年 2 月，在陕甘宁革命老区脱贫致富座谈会上的讲话中，他说，"我们不能忘记我们是从哪里走来的"[②]；2016 年 1 月，他在视察第 13 集团军时感慨信仰的力量；2018 年 9 月，他在辽宁省抚顺市雷锋纪念馆参观时强调，"把雷锋精神代代传承下去"[③]；2022 年 8 月，他在辽宁锦州市提出："民心是最大的政治，决定事业兴衰成败"[④]；2023 年 9 月，他在黑龙江时强调"要大力弘扬东北抗联精神、大庆精神、北大荒精神"[⑤]；等等。

党代会作为红色文化史上的标志性事件，具有总结过去、展望未来的重要作

[①] 习近平：《论中国共产党历史》，中央文献出版社，2021，第 44 页。
[②] 习近平：《论中国共产党历史》，中央文献出版社，2021，第 56 页。
[③] 《解放思想锐意进取深化改革破解矛盾 以新气象新担当新作为推进东北振兴》，《人民日报》2018 年 9 月 29 日。
[④] 《在新时代东北振兴上展现更大担当和作为 奋力开创辽宁振兴发展新局面》，《人民日报》2022 年 8 月 19 日。
[⑤] 《牢牢把握东北的重要使命奋力谱写东北全面振兴新篇章》，《人民日报》2023 年 9 月 10 日。

用。2022 年，党的二十大闭幕后，习近平总书记带领新一届政治局常委去往延安，重温革命年代的峥嵘岁月。他指出："延安精神，是党的宝贵精神财富，要代代传承下去。"① 新民主主义革命时期，延安是中国革命的指导中心和总后方：整风运动在这里开展，实事求是的辩证唯物主义思想路线在全党确立；大生产运动的顺利进行，为革命根据地提供了丰富的粮食；中共七大确立毛泽东思想为党的指导思想并写入党章。在"窑洞对"中，毛泽东面对"如何跳出历史周期率"这一问题时提出"让人民来监督政府"②；党的十八大以来，结合全面从严治党的实践，习近平总书记找到了第二个答案——"自我革命"。

（二）大力倡导人民是红色文化创造与弘扬的主体

马克思恩格斯在《共产党宣言》中写道："无产阶级的运动是绝大多数人的、为绝大多数人谋利益的独立的运动。"③ 红色文化以中国共产党的诞生为其落地生根的起点，中国共产党从最开始就坚持了人民群众创造历史的唯物史观。习近平文化思想是新时代的马克思主义文化观，是继承和发展了的、在实践中形成并接受实践检验的马克思主义。人民是历史的主体、实践的主体，是一切革命、建设、改革工作的根源所在。在革命、建设、改革和新时代的过程中所留存的文献报刊、遗址遗迹、人物雕塑、纪念场馆都是党和人民在奋斗中创造的，人民是红色江山的书写者、继承者、传承者。一部红色文化史描绘了中国共产党与老百姓鱼水情深的事迹，红色文化是人民的红色文化，没有人民的支持和参与，红色文化也就无从谈起。

习近平总书记在河北省阜平县考察时说："革命老区和老区人民为中国革命胜利作出了重要贡献，党和人民永远不会忘记。"④ 在安徽金寨大湾村对乡亲们说："老区人民对党无限忠诚、无比热爱。老区精神积淀着红色基因。"⑤ 在辽宁锦州考察时说："我们的红色江山是千千万万革命烈士用鲜血和生命换来的。"⑥ 以人

---

① 《弘扬伟大建党精神和延安精神 为实现党的二十大提出的目标任务而团结奋斗》，《人民日报》2022 年 10 月 28 日。
② 《习近平著作选读》第 2 卷，人民出版社，2023，第 588 页。
③ 《马克思恩格斯选集》第 1 卷，人民出版社，1995，第 283 页。
④ 《习近平谈治国理政》，外文出版社，2014，第 189 页。
⑤ 《习近平：必须保持的革命精神》，共产党员网，https://news.12371.cn/2018/01/18/ARTI151626047740045l.shtml。
⑥ 《在新时代东北振兴上展现更大担当和作为 奋力开创辽宁振兴发展新局面》，《人民日报》2022 年 8 月 19 日。

民为中心的发展思想，使新时代弘扬红色文化有了新的载体、新的依托、新的表征。

江山是人民的江山，江山是红色的江山。没有人民的参与建设，红色文化就会成为泡影；没有人民的传承与弘扬，红色文化也无法接续绵延。人民是创造与弘扬红色文化的主体，中国共产党的赤诚之心永远是面向人民的，也永远和人民站在同一条战线上。党与人民密不可分，党能够克服一切困难、无往而不胜的法宝是人民的信任与支持①。"江山就是人民，人民就是江山。中国共产党领导人民打江山、守江山，守的是人民的心。"② 中国共产党人的一切奋斗、一切目标、一切宗旨都是维护人民的利益，实现人民对美好生活的追求。以人民为中心的发展思想也成为习近平文化思想萌发、生长、成熟的重要支撑，这与红色文化建设弘扬之路不谋而合。

（三）政策引领建设，推动红色文化传承

党史是一座丰富的宝库，中国共产党带领中国人民创造的奇迹不胜枚举，所遗留下的红色文化是我们宝贵的财富。中国共产党人就是这样靠着一代又一代的信仰与信念传承红色基因、弘扬优良传统。红色文化在政策支持下得以传承弘扬。

关于红色文化在青少年思想政治教育中的重要性，习近平总书记提出："要让孩子们知道自己是从哪里来的，红色基因是要验证的。"③ "把红色基因传承好，确保红色江山永不变色。"④ 2021年1月8日，教育部印发《革命传统进中小学课程教材指南》，首次对中小学革命传统教育的目标内容、载体形式、学段和学科安排、组织实施等进行了系统规划，确保青少年扣好人生第一粒扣子。⑤ 2022年3月21日，中共中央办公厅印发《关于推动党史学习教育常态化长效化的意见》，指出加强革命传统教育，用好中国共产党历史展览馆这个精神殿堂，用好革命遗

---

① 颜晓峰：《习近平新时代中国特色社会主义思想蕴含的人民观》，《党建》2023年第8期。
② 习近平：《高举中国特色社会主义伟大旗帜　为全面建设社会主义现代化国家而团结奋斗——在中国共产党第二十次全国代表大会上的报告》，人民出版社，2022，第46页。
③ 习近平：《"功成不必在我"意在打基础、谋长远》，新华网，http://www.xinhuanet.com/politics/2018lh/2018-03/08/c1122508047.htm。
④ 习近平：《论党的青年工作》，中央文献出版社，2022，第101页。
⑤ 《教育部关于印发〈革命传统进中小学课程教材指南〉〈中华优秀传统文化进中小学课程教材指南〉的通知》，教育部网站，http://www.moe.gov.cn/srcsite/A26/s8001/202102/t20210203_512359.html。

址遗迹、纪念馆、博物馆等红色资源，发挥革命英烈、时代楷模示范引领作用。① 在百多年党史中形成的红色文化指引着青少年沿着革命先辈的足迹奋起直追、不忘初心，这份初心不仅需要铭记，更需要不断传承、弘扬与践行。

习近平同志曾提出："把红色资源利用好。"② 在红色文化物质层面的保护与开发上，也有了新的法律规定。这一举措不仅有利于开发红色文化新的经济价值，更能推动红色文化建设在新时代更上一层楼。2023 年 10 月 24 日，十四届全国人大常委会第六次会议表决通过的《中华人民共和国爱国主义教育法》对红色文化资源的保护、开发、利用作了法律意义上的规定：县级以上人民政府应当加强对红色资源的保护、管理和利用，发掘具有历史价值、纪念意义的红色资源，推动红色旅游融合发展示范区建设，发挥红色资源教育功能，传承爱国主义精神。③ 法律的制定和实施有力地推动了红色文化资源的保存与管理，促进了红色文化的传播与弘扬，有助于人们深入了解红色文化的发展历程、革命先烈的英勇事迹以及红色政权的重要意义，增强人们的爱国主义情怀，坚定共产主义信仰。

习近平总书记强调："进一步发扬革命精神，始终保持艰苦奋斗的昂扬精神。"④ 相关政策从多维度、多层次推进，深入挖掘红色文化，传承红色基因，培育时代新人。2019 年 6 月，教育部办公厅发布《关于开展 2019 年"少年传承中华传统美德"系列教育活动的通知》，组织中小学生到革命历史遗址、革命历史博物馆、革命先辈纪念馆、烈士陵园等场所参观学习，引导学生了解、学习中国革命史和中国共产党历史，加深对革命传统和革命文化的感悟，传承红色基因。⑤ 2022 年 2 月，中共中央办公厅、国务院办公厅印发《关于加强新时代关心下一代工作委员会工作的意见》，实施传承红色基因工程，组织"五老"深入青少年，讲好党的故事、革命的故事、根据地的故事、英雄和烈士的故事，把红色故事中蕴含的革命文化和时代价值讲出来。这些革命文化在马克思主义的感召下，伴随着广大人

---

① 《中共中央办公厅印发〈关于推动党史学习教育常态化长效化的意见〉》，中国政府网，https://www.gov.cn/zhengce/2022-03/21/content_5680294.htm。

② 曹智、李大伟：《贯彻全军政治工作会议精神扎实推进依法治军从严治军》，《人民日报》2014 年 12 月 16 日。

③ 《中华人民共和国爱国主义教育法（2023 年 10 月 24 日第十四届全国人民代表大会常务委员会第六次会议通过）》，中国人大网，http://www.npc.gov.cn/npc/c2/c30834/202310/t20231024_432535.html。

④ 习近平：《在党史学习教育动员大会上的讲话》，人民出版社，2021，第 19 页。

⑤ 《教育部办公厅关于开展 2019 年"少年传承中华传统美德"系列教育活动的通知》，教育部网站，http://www.moe.gov.cn/srcsite/A06/s3321/201906/t20190614_385805.html。

民对中华民族伟大复兴的期盼与愿望，以及为之不懈的奋斗而弘扬发展。理想信念理解起来容易，但践行需要用一生。红色文化作为党百余年历程的承载者，发挥着无可比拟的作用。新征程上，我们要体会、找寻信仰与初心的力量，让红色基因在社会主义现代化建设的道路上代代相传、永不褪色。

三　习近平文化思想视域下弘扬红色文化的价值旨趣

不论是从广义上理解红色文化是世界社会主义和共产主义运动的总和，还是从狭义上定义红色文化为中国共产党领导人民群众在革命、建设、改革之路上所形成的物质、精神、制度文化成果，红色文化都是在马克思主义指导下形成的，具有鲜明的无产阶级属性，共产主义是其终极理想。中国共产党自成立起就以为人民谋幸福、为民族谋复兴、为世界谋大同为己任，以实现每个人自由而全面发展的共产主义为目标。

习近平总书记指出："每一个历史事件、每一位革命英雄、每一种革命精神、每一件革命文物，都代表着我们党走过的光辉历程、取得的重大成就，展现了我们党的梦想和追求、情怀和担当、牺牲和奉献，汇聚成我们党的红色血脉。"① 在中国特色社会主义建设的过程中，红色文化的精神推动力量惊人。以伟大建党精神为源头的革命精神引领、鼓舞、支撑着一代又一代中国人民不畏风雨、不畏强暴、不怕任何艰难险阻，有力地推动了革命战争年代最低纲领的实现和中国特色社会主义新时代第一个百年奋斗目标的完成。在中国特色社会主义进入新时代的今天，作为习近平文化思想的重要组成部分，红色文化将担起新的历史使命，助力文化自信自强、建设社会主义文化强国，成为实现国家富强、民族复兴、人民幸福和共产主义最高理想的重要武器。

（一）弘扬红色文化有利于筑牢精神基石

红色文化的孕育离不开中华优秀传统文化的滋养，红色文化的萌芽离不开中国共产党的浇灌，红色文化的发展壮大离不开实践的培育。习近平文化思想是中国特色社会主义在新时代实践的成果，马克思主义是其根本指导思想，中华优秀传统文化是其根脉所在，宣传思想文化工作的实践是其重要来源。在新时代社会

---

① 《习近平关于社会主义精神文明建设论述摘编》，中央文献出版社，2022，第166页。

主义文化强国建设道路上，弘扬红色文化有利于筑牢精神基石。

马克思主义是红色文化缔造的理论和信仰基础，红色文化记载了马克思主义指导下的中国革命。十月革命的炮火点燃了中国早期革命者的热切希望，带来了理想社会之光——共产主义社会，那里没有压迫与剥削，人人平等且自由。中国共产党选择了马克思主义，马克思主义为中国共产党树立了旗帜和指引。我们党从一开始就坚定地走马克思主义道路，为解放人民、创造一个没有压迫没有剥削的社会而努力。对马克思主义的信仰与信念是中国共产党不畏牺牲、英勇战斗的坚实灵魂，是任何困苦和考验都无法打倒的精神支柱，也是红色文化的灵魂所在。马克思主义是习近平文化思想的理论基础，习近平文化思想始终建立在马克思的人民性之上，在人民的实践中形成，接受人民实践的检验。习近平文化思想不仅是对马克思主义文化观的丰富与发展，也使得红色文化蓬勃发展。

中华优秀传统文化给红色文化打上鲜明的中华烙印，充实了马克思主义的文化生命，显示出浓厚的中国风格与中国气派。没有一种文化是凭空生成、从天而降的，红色文化以中国共产党的诞生为起点，孕育在中华上下 5000 多年的文化中，以其丰富内涵、宽阔视角、深厚底蕴，引领鼓舞着中国人民在中国共产党的带领下打破旧世界、创造新世界，忠实地记载了我们党团结带领人民传承中华优秀传统文化、弘扬红色文化，浴血奋战、不畏艰难、英勇顽强、自信自强、守正创新的革命史、英雄史、奋斗史。习近平文化思想是深入回答我国社会主义文化建设的时代课题而取得的重大理论创新成果[1]，始终以高站位继承发扬中华优秀传统文化，以丰富人民精神生活、满足人民精神文化需求、建设文化强国为目标。

党的百多年革命历程是不断开辟马克思主义中国化时代化新境界的实践基础和动力之源，也为红色文化的蓬勃发展提供了实践沃土。红色文化是在实践中生成的，在时间和实践的检验下得以落地生根、发展壮大。为人民谋幸福、为民族谋复兴是中国共产党的初心使命，深深地印刻在百多年党史和红色文化史的全部进程中。"理想之光不灭，信念之光不灭。"[2] 作为我党重要的文化财富、革命财富，红色文化书写了中国共产党和中国人民的牺牲与奋斗，独特而珍贵。习近平文化思想与传承弘扬红色文化密不可分，革命火种不断延续、生生不息。

红色文化是中国共产党人在实践中科学地运用马克思主义批判思维，吸收中

---

① 方世南：《习近平文化思想的理论创新和实践创新》，《学术探索》2024 年第 1 期。

② 习近平：《在庆祝中国共产党成立 95 周年大会上的讲话》，人民出版社，2016，第 11 页。

华传统文化中的精华部分，同中国具体实际相结合而产生的。马克思主义之"魂"经由中华优秀传统文化之"根"落地生根并有效发挥作用，通过与中华优秀传统文化之间深刻的"化学反应"，形成了"新的文化生命体"，即红色文化。传承和弘扬红色文化，不仅是理想信念的真实写照，也是信仰与决心的指引。身处为实现第二个百年奋斗目标而奋斗的时代潮流，红色文化更以其独特的社会价值，连接领导主体中国共产党与实践主体人民群众，有机融合中华优秀传统文化与社会主义先进文化，为实现理想指明方向、照亮前进的道路。

（二）以弘扬红色文化担当新时代文化使命

习近平文化思想创造性地提出"文化使命观"这一命题，为新时代中华文明建设提供了新的指南。红色文化作为串联起中华优秀传统文化与社会主义先进文化的重要一环，能够承担起印证历史、价值引领、助力发展等新时代文化建设使命。在新时代，充分认识"两个结合"，尤其是"第二个结合"，对发扬中华优秀传统文化和构建中国式现代化图景具有重要作用。中华优秀传统文化在红色文化孕育生发、发展壮大的过程中得以弘扬，也为红色文化赋予了中国属性。红色文化诞生于新民主主义革命时期，中华优秀传统文化是红色文化成长的本土土壤。一方面，中国共产党以马克思主义为根本指导思想，甄别、扬弃中华传统文化，在革命的过程中创造出了红色文化；另一方面，中华优秀传统文化本身就根植于中国共产党人的革命基因、革命血脉中，以其坚韧不拔的品质、勇往直前的勇气、义不容辞的责任感鼓舞着革命斗争中的人们不断前行。而红色文化在打上鲜明的中华印记后不断发展壮大，继承、传承、创新、弘扬了中华优秀传统文化。百多年来，红色文化在发展中吸收中华优秀传统文化的精髓，在中华优秀传统文化创新发展的过程中形成、发展、弘扬，彼此交融、相互支撑。在新时代，中华优秀传统文化借助红色文化的无产阶级属性、共产主义远大理想，进一步实现了创造性转化、创新性发展，红色文化为中华优秀传统文化的生命力和影响力增色添彩，共同为新事业提供了源源不断的活力和支撑。①

红色文化上接中华优秀传统文化，下承社会主义先进文化，为我国的政治、经济、文化和社会发展提供了深厚的精神底蕴。在马克思主义指导下、中华优秀传统文化滋养下，我们党在社会主义革命、建设、改革和新时代的征程中，不断

---

① 王丛霞：《推进党的理论创新要坚守好魂脉和根脉》，《红旗文稿》2023 年第 17 期。

传承、发展、弘扬红色文化，形成了鲜活而又有根基、有来源的社会主义先进文化。社会主义先进文化强调社会主义核心价值观，红色文化以其独特的表现形式，如英雄故事、革命历史题材的艺术创作等，既生动展现了革命历史的传承，又深刻体现了社会主义核心价值观的内涵，同时实现了对中华优秀传统文化的创新发展，起到了凝聚人心、培育历史自信和文化自信的作用。

中华优秀传统文化的继承创新、社会主义先进文化的接续发展都离不开红色文化的传承，它也成为连接社会主义先进文化和中华优秀传统文化的重要纽带。红色文化既继承了中华优秀传统文化中有利于人民解放、民族独立、社会进步的思想道德观念，又创新发展为适应时代特征、符合人民需要的社会主义价值体系，要在弘扬红色文化的过程中积极推动中华优秀传统文化的传承与发展，使之与中华文明相结合，为我国文化的繁荣发展注入源源不断的活力，承担起新时代文化建设的光荣使命。

（三）弘扬红色文化助力实现共产主义远大理想

从一开始，中国共产党就以实现共产主义社会为最高奋斗目标。红色文化是中国共产党最低纲领和最高纲领辩证统一的具体体现。毛泽东强调："我们共产党人从来不隐瞒自己的政治主张。"[①] 红色文化既有对远大理想的追求，又有对现实斗争的积极参与，它将党的阶段性目标与最高理想有机结合，使党员同志和人民群众能够在具体实践中不断深化对共产主义的理解，坚定信念，推动党的事业不断发展。追求共产主义的步伐从未停歇，红色文化虽然最终将在共产主义社会中失去其特定历史阶段特征，但它始终为助力实现共产主义社会而发展变化，迎合时代需求。

红色文化具有鲜明的阶级性，从一开始就坚定地站在无产阶级立场上。在革命战争年代，红色文化展现出革命英雄主义、革命乐观主义和革命集体主义精神。中国人民始终为民族独立、国家统一而奋斗，由此产生出一系列革命文化，书写了中国共产党人在革命战争年代"为有牺牲多壮志，敢教日月换新天"的英勇事迹。他们投笔从戎，用信念铸就新家园，建成了真正人民当家作主的新中国。在社会主义建设时期，红色文化得以创新升华，转化为勤劳节俭、艰苦奋斗、团结互助等社会主义新风尚，继续发挥着无产阶级文化的作用。传承弘扬红色文化，一方面加强了社会主义精神文明建设，另一方面使人民始终保持阶级警觉，维护

---

① 《毛泽东选集》第3卷，人民出版社，1991，第1059页。

无产阶级和劳动人民的根本利益。在新时代，红色文化不仅维护了党的先进性和纯洁性，夯实了党的阶级基础和群众基础，还不断激励人民群众为实现共产主义社会远大理想而不懈奋斗。

实现民族复兴和共产主义理想，不仅是中国共产党人的奋斗目标，也是人民对美好生活的期望与向往。在新时代，我们要加强对如何更好地弘扬红色文化的研究，运用现代科技手段创新红色文化的表现形式，使其更符合当代审美需求，为人民群众提供丰富的精神食粮，让红色文化在新时代焕发出更加璀璨的光彩。例如，依托社交媒体矩阵，拓展红色文化传播的广度与深度；实现其与教育体系的深度融合，大中小学思政课一体化为红色文化的传承和弘扬提供新的现实载体，同时红色文化也能为思政课内涵式发展注入生机活力[1]；促进红色文化与新时代文化产业协同创新，打造多元模式，满足不同受众的文化消费需求；等等。在新时代，多元路径传承弘扬、创新发展红色文化，既能丰富人民精神世界、增强中华民族凝聚力，也是赓续红色血脉、传承红色基因的时代使命。

最低纲领的实现已经彰显了红色文化的力量。共产主义能实现，共产主义一定会实现。在新时代的浪潮中，我们应举精神之旗、立精神支柱、建精神家园[2]，不断深入挖掘红色文化资源，丰富红色文化内涵，讲好红色文化故事，弘扬革命精神，以习近平文化思想为指引，实现中华民族伟大复兴的中国梦。

实现共产主义理想是红色文化的理想召唤，使红色文化在不断发展中价值深化、境界升华。习近平总书记常说："不忘初心、牢记使命。"[3] 何为初心使命？那就是为人民谋幸福、为民族谋复兴、为世界谋大同。这是始终站在无产阶级立场上的共产党人从出生成长到成熟壮大都从未改变的目标，也是习近平文化思想的价值旨趣。我们党的历史闪耀着璀璨的红色文化光芒——在艰难险阻中坚定理想信仰，从不言弃。在中国特色社会主义进入新时代的今天，我们要筑牢精神基石，沿着红色文化建设、传承与弘扬的道路接续奔跑，为实现民族复兴和共产主义理想而奋斗。

【责任编辑：陈　岭】

---

① 渠长根、贾雪娜：《以红色文化为抓手务实推进大中小学思政课一体化建设刍议》，《高校马克思主义理论教育研究》2025 年第 1 期。

② 胡浩、林晖、刘慧：《为党和人民继续前进提供强大精神激励》，《人民日报》2019 年 3 月 5 日。

③ 《习近平著作选读》第 2 卷，人民出版社，2023，第 302 页。

红色文化遗存的空间共生与时代化弘扬研究[*]

——以内蒙古自治区鄂尔多斯市为例

韩　冬　黄娅玲[**]

【摘　要】本研究基于实地调研数据，对鄂尔多斯市红色文化遗存的空间分布特征进行了分析，并同步探讨了资源活化利用情况。研究结果表明：①鄂尔多斯市红色文化遗存丰富多样，以展览馆和旧址遗迹为主；红色文化遗存区域间分布不均衡，呈现以"康巴什区—东胜区"为核心的"中心—外围"环状递增的总体特征。②鄂尔多斯市红色文化遗存的空间分布趋向于集聚模式，整体集聚程度较高。③红色文化遗存空间分布密度呈现"南高北低"的整体特征，其中鄂托克前旗和乌审旗交界地带的核密度值最高。④红色文化遗存的热点区域主要集中在西南部，而冷点区域则主要位于东北部。⑤红色文化遗存在空间分布上呈现南部密集、东部稀疏、西部和北部分散的格局，这很大程度上受抗日救国、解放战争等革命历史事件的影响。基于此，本研究对鄂尔多斯市红色文化遗存的保护与开发现状进行了梳理，并针对不足之处提出了一些建议，以期为鄂尔多斯市红色文化遗存的研究与实践提供理论支持。

【关键词】鄂尔多斯市；红色文化遗存；空间共生

　　红色资源是在新民主主义革命、社会主义革命和建设时期，中国共产党在领导各族人民进行革命斗争和现代化建设实践的过程中形成的，能够为我们今天所

*　基金项目：2023 年鄂尔多斯市社会科学课题"红色文化遗存的空间共生与时代化弘扬研究——以内蒙古自治区鄂尔多斯市为例"（项目编号：2023p327）、内蒙古自治区重点研发与成果转化项目"内蒙古红色文化旅游知识库和全景传播平台建设与推广"（项目编号：2022YFDZ0059）。

**　作者简介：韩冬，博士，内蒙古大学马克思主义学院副教授，主要研究方向为红色文化、文化和旅游数据等；黄娅玲，内蒙古大学历史与旅游文化学院旅游学系学生。

利用并具有重要价值意义的各种精神及其物质载体的总和。[①] 习近平总书记多次强调，"要把红色资源利用好、把红色传统发扬好、把红色基因传承好"[②]。红色资源贯穿于中国革命、建设、改革的各个时期，其蕴含的精神财富对国家、社会、个人具有重要的价值引领作用。[③] 红色资源是红色文化的鲜活载体，凝结着党的光辉历史，是新时代坚定文化自信的重要基础。[④] 红色资源为乡村文化振兴提供强大精神指引，是乡村振兴的重要内容，也是乡村社会治理的重要依托。[⑤] 红色资源与培育时代新人内在耦合、价值契合，是坚定理想信念的原动力，是增强文化自觉的着力点，是强化责任担当的关键点。[⑥]

近年来，关于红色资源保护与活化利用的研究逐渐增多，取得了丰硕的成果，主要集中于挖掘其思政教育价值。[⑦] 许丽、李伯华等学者从数字化保护视角出发，倡导运用数字化技术对红色资源进行采集、存储、展示、传播等；[⑧] 许徐琪在阐述红色资源内涵和时代价值的基础上，提出要从加强制度建设、壮大宣介力量、重视理论研究和发展红色旅游四个方面传承红色资源。[⑨] 虽然红色资源的研究取得了一定的成果，但是红色资源并未获得全面的活化利用，其活化利用仍面临诸多困境。例如，红色教育课程内容的供给和多样化需求之间的矛盾，红色资源开发利用的教育价值和经济效益之间的矛盾；[⑩] 大量红色资源以博物馆的静态陈列为主，没有进行深度挖掘与产业融合、立体开发，缺少大众认知度较高的红色文化网络

①　肖发生：《定位与提升："红色资源"的再认识》，《井冈山学院学报》2009 年第 1 期。
②　习近平：《贯彻全军政治工作会议精神 扎实推进依法治军从严治军》，《人民日报》2014 年 12 月 16 日。
③　苑晓杰、张桐：《党的十九大以来关于红色资源的研究述评》，《辽宁师范大学学报》（社会科学版）2023 年第 2 期。
④　马婷婷、石丹丹：《"红色+"赋能贵州高质量发展》，《文化产业》2023 年第 27 期。
⑤　张师莫、周军：《乡村振兴视域下红色文化资源的价值功能及传承路径》，《农业经济》2023 年第 4 期。
⑥　张馨、杨琳：《红色资源融入时代新人培育的现实考量》，《中国高等教育》2020 年第 9 期。
⑦　冯淑萍：《红色资源融入高校"大思政课"的价值意蕴与实践进路》，《思想理论教育导刊》2023 年第 7 期；王茜：《以红色资源加强大学生思想政治教育论析》，《中学政治教学参考》2023 年第 17 期。
⑧　许丽：《红色文化资源数字化保护与创新发展路径》，《人民论坛》2021 年第 1 期；李伯华等：《红色旅游资源数字化保护：理论认知与技术路径》，《资源开发与市场》2022 年第 2 期。
⑨　许徐琪：《试析红色资源的时代价值与传承路径》，《浙江档案》2021 年第 12 期。
⑩　王洪春、徐群、赵东来：《红色资源开发利用必须坚持教育本位——对几种不良现象的剖析》，《毛泽东邓小平理论研究》2021 年第 11 期。

平台。①

目前，对红色文化、红色资源等的研究多集中于革命史实梳理与精神挖掘、单体与区域资源利用、红色教育资源开发、专题展馆建设等方面，部分学者开展了红色资源空间分布格局的研究，但结合红色资源活化利用程度的研究有待进一步深化。本研究以鄂尔多斯市红色遗存中的实体遗存及红色文化主题展馆为研究对象，全面掌握全市红色资源的现状和活化利用情况，厘清区域整体红色资源与活化利用空间分布格局，探索红色资源空间分布与相应资源活化利用的差距，并探讨产生差距的原因。通过系统全面地梳理鄂尔多斯市红色文化遗存情况，揭示其空间分布特征，为进一步开展区域红色资源整合与深度活化利用奠定基础。

一 研究区概况

鄂尔多斯市与晋陕宁三省区接壤，部分地区属于国家第二批革命文物保护利用片区，是陕甘宁革命老区的坚实后方，是内蒙古自治区最早建立革命根据地的地区，也是民族统一战线的先行区和民族区域自治的试验区。② 作为中国共产党早期开展民族地区解放工作的先行试点区，鄂尔多斯地区革命历史悠久，各时期的红色文化遗存遗迹资源较为丰富。为了保护和利用好这些宝贵的红色资源，鄂尔多斯市持续开展红色资源摸底，并采取了有效的资源保护与活化利用措施，包括资源普查、规划编制、内涵挖掘和资源展示利用等，全面加强了基于革命遗址遗迹的一系列保护利用工作。

二 数据来源与方法

（一）数据来源及处理

本研究根据鄂尔多斯市相关部门报送资料、内蒙古红色文化旅游网公开数据以及实地调研走访统计，剔除无实体依托的红色文化资源，如"战斗遗迹"和"纪念广场"，以及非物质红色文化资源和可移动文物等，最终获取鄂尔多斯市红色文化遗存44处。

---

① 许丽：《红色文化资源数字化保护与创新发展路径》，《人民论坛》2021年第1期。
② 张晓艳、贺龙：《擦亮"红色鄂尔多斯"新名片》，《鄂尔多斯日报》2023年10月26日。

（二）研究方法

1. 最邻近指数

最邻近指数可判断点在空间上的分布类型，用来表示鄂尔多斯市红色文化遗存在地理空间中相互邻近程度。[①] 公式如下：

$$R = r_1 / r_E$$

$$r_E = \frac{1}{2 \ \sqrt{n/A}}$$

式中：R 为最邻近距离；n 代表点要素的总数；A 为研究区域面积。当 $R=1$ 时，点要素为随机分布；当 $R>1$ 时，点要素为均匀分布；当 $R<1$ 时，点要素为聚集分布。

2. 核密度估计法

核密度估计法能够反映红色文化遗存在空间上的集聚情况，点密集的区域事件发生概率高，点稀疏的地方事件发生概率低。[②] 运用核密度估计法对鄂尔多斯市红色文化遗存空间分布特征进行刻画。公式如下：

$$f_n(x) = \frac{1}{nh} \sum_{i=1}^{n} k\left(\frac{x - X_i}{h}\right)$$

式中：$k\left(\dfrac{x-X_i}{h}\right)$ 称为核函数；h 为带宽，且 $h>0$；$x-X_i$ 表示点 x 到 X_i 处的距离。

3. 热点分析法

热点分析法是一种局部自相关分析方法，用于识别鄂尔多斯市红色文化遗存具有统计显著性的高值（热点）和低值（冷点）的空间聚类，即分辨红色文化遗存分布的热点和冷点区域。[③] 公式如下：

$$G_i^* = \frac{\sum_{j}^{n} W_{ij}(d) X_j}{\sum_{j}^{n} X_j}$$

$$Z(G_i^*) = \frac{G_i^* - E(G_i^*)}{\sqrt{Var(G_i^*)}}$$

---

① 方叶林等：《中国特色小镇的空间分布及其产业特征》，《自然资源学报》2019 年第 6 期。
② 佟玉权：《基于 GIS 的中国传统村落空间分异研究》，《人文地理》2014 年第 4 期。
③ 李子辉等：《云南省植被固碳能力与产水、土壤保持服务冷热点识别》，《中国环境科学》2024 年第 2 期。

式中：E（G_i^*）、Var（G_i^*）分别为G_i^*的数学期望值和变异系数。W_{ij}（d）是空间权重。Z（G_i^*）值为正，表明空间上呈现高值的空间集聚态势；Z（G_i^*）值为负，则表明空间上呈现低值的空间集聚态势。

三　结果与分析

（一）区域分布差异性

依据《旅游资源分类、调查与评价（GB/T 18972-2017）》中旅游资源基本类型释义表，将44处红色文化遗存分为"烈士陵墓、名人故居、展览馆、单体纪念碑、旧址遗迹"五大类型（见表1）。

表1　红色文化遗存类型划分

亚类	基本类型
EAI 纪念地与纪念活动场所	名人故居
	展览馆
EBJ 陵墓	烈士陵墓
ECF 碑碣、碑林、经幢	单体纪念碑
HAB 地方事件	旧址遗迹

从红色文化遗存空间特征来看，鄂尔多斯市红色文化遗存整体呈现明显的"中心—外围"环状递增的总体特征。具体而言，康巴什区与东胜区作为鄂尔多斯市的城市核心区，仅有4处红色文化遗存；杭锦旗、伊金霍洛旗和准格尔旗的红色文化遗存均为4处。相比之下，乌审旗、鄂托克前旗和鄂托克旗的资源数量最为丰富。其中，乌审旗拥有15处红色文化遗存，鄂托克前旗有7处，鄂托克旗有5处，且这些区域与城市核心区距离较远。整体来看，鄂尔多斯市红色文化遗存在城市核心区分布数量相对较少，而在周边旗县区的非城区分布较多。

从红色文化遗存类型来看，全市红色文化遗存中，展览馆类资源和旧址遗迹类资源数量占比较大。展览馆类资源集中分布于"乌审旗—鄂托克前旗—鄂托克旗"片区，旧址遗迹类则主要分布在乌审旗，这三个区域内的红色文化遗存资源形成了优势集聚效应。全市各旗县区的烈士陵墓类、名人故居类、单体纪念碑类红色文化遗存分布数量相当。其中，烈士陵墓类和单体纪念碑类红色文化遗存呈离散分布；名人故居类资源则集中于乌审旗（见表2）。

表2　鄂尔多斯各旗县红色文化遗存数量

旗县区	红色文化遗存类型	红色文化遗存数量
达拉特旗	包头临时县政府旧址★	1处旧址遗迹
东胜区	东胜烈士陵园●、鄂尔多斯革命历史博物馆▲	1处烈士陵墓、1处展览馆
鄂托克旗	蒙西兵团知青博物馆▲、木凯淖尔革命历史展览馆▲、桃力民抗日根据地史实陈列馆▲、公其日嘎烈士纪念碑■、木凯淖尔革命烈士纪念碑■	2处单体纪念碑、3处展览馆
鄂托克前旗	马良诚顾寿山烈士纪念陵园●、杨宝山旧居✦、王震井纪念园▲、阳早寒春三边牧场陈列馆▲、三段地革命历史纪念馆▲、城川红色国际秘密交通站陈列馆▲、延安民族学院城川纪念馆▲	1处烈士陵墓、1处名人故居、5处展览馆
杭锦旗	红石头井★、生产建设兵团屯垦戍边史迹★、新井渠★、原北京军区内蒙古生产建设兵团二师二十五团团部旧址★	4处旧址遗迹
康巴什区	康巴什日兴红色收藏馆▲、鄂尔多斯党史党建教育基地▲	2处展览馆
乌审旗	乌审旗革命烈士陵园●、奇金山墓地●、奇国贤故居✦、奇金山旧居✦、席尼喇嘛故居✦、草原革命歌曲展厅▲、劳动模范殷玉珍展览馆▲、牧区大寨乌审召展览馆▲、奇国贤烈士纪念碑■、巴图湾民兵检查站驻地旧址★、独贵龙运动旧址★、嘎拉图庙革命遗址★、纳林河党小组谷家湾旧址★、西公商旧址★、中共乌审旗委办公旧址★	1处单体纪念碑、2处烈士陵墓、3处名人故居、3处展览馆、6处旧址遗迹
伊金霍洛旗	红庆河红色文化教育馆▲、郡王府博物馆▲、毕鲁图农会旧址★、新三师政治部旧址★	2处展览馆、2处旧址遗迹
准格尔旗	周毛秃旧居✦、中共马栅区委革命活动展览馆▲、长滩革命烈士纪念碑■、中共葫芦头梁党小组活动遗址★	1处名人故居、1处展览馆、1处单体纪念碑、1处旧址遗迹

注：★●▲✦■分别代表旧址遗迹、烈士陵墓、展览馆、名人故居、单体纪念碑。

（二）资源空间分布集聚性

红色文化遗存的空间集聚程度是开展片区式、联动式资源活化利用的重要前提。通常点状要素的空间分布类型有凝聚型、均匀型和随机型三种。借助 ArcGIS 10.8 软件的空间统计工具测算，得到鄂尔多斯市红色文化遗存的最近邻指数 $R = 0.599$（小于1），Z 值为 -5.15，P 值为 0，通过置信度 99% 的检验。分析表明，鄂尔多斯市红色文化遗存具有高度集中的空间分布整体特征，呈显著的"凝聚型"状态。

（三）资源空间密度异质性

利用 ArcGIS 10.8 的核密度分析工具，对鄂尔多斯市红色文化遗存进行核密度估计，探索其分布密度，生成了鄂尔多斯市红色文化遗存核密度结果。结果表明，全市红色文化遗存核密度在不同区域之间存在显著差异，呈现"南高北低""一核凝聚、双核集中"的总体特征。从片区差异的角度来看，红色文化遗存的空间分布密度呈现"片区式单核"的特征，主要集中在"鄂托克前旗—乌审旗"的交界地带，并以此处为核心呈圈层式扩散。这与早期中国共产党在陕甘宁地区建立革命根据地后，在该区域探索性地开展民族地区革命工作直接相关。此外，"乌审旗—伊金霍洛旗—鄂托克旗—杭锦旗"四旗交界地区，以及"伊金霍洛旗—康巴什区"交界地带呈现"次级双核"的特征。而杭锦旗中西部、鄂托克旗中西部和达拉特旗中东部的红色文化遗存分布密度较低。

鄂尔多斯市红色文化遗存的空间分布格局，受到历史背景和区域人文地理环境因素的双重影响。历史方面，近代鄂尔多斯地区发生的清末抗垦、反洋教、独贵龙、反分裂等史实，体现了民族地区人民自发的反对帝国主义、封建主义的爱国主义情怀；在中国共产党的领导下，"西乌审"地区较早地开展了党的组织建设和一系列革命运动，党在伊克昭盟（鄂尔多斯旧称）乌审旗先后建立了纳林河党小组、掌高图党支部、中共乌审旗工作委员会、巴图湾乡党支部，为党探索民族地区革命工作奠定了良好基础。尤其是在抗日战争时期，基于前期党在鄂尔多斯西部持续开展的革命工作和深入调研，1935 年，中共中央率领中央红军长征到达陕北后，于 10 月正式发布了《中华苏维埃中央政府对内蒙古人民宣言》，并在伊盟鄂托克旗先后成立了中共三段地工作委员会、中共鄂托克旗工作委员会，带领党员和各族人民共同抗日，为巩固陕甘宁根据地北方门户作出了贡献。解放战争时期，中共中央西北局根据伊盟地区政治、经济等方面的特点，应人民的要求，提出统战政策，团结带领各族人民推翻了国民党的统治，伊盟地区迎来和平解放。近代革命历史事件涉及较多重要的历史人物、重要活动发生地，如奇国贤故居、桃力民抗日根据地史实陈列馆、城川红色国际秘密交通站、新三师政治部旧址、奇国贤烈士纪念碑等，这些革命历史足迹为鄂尔多斯市的红色资源增添了丰富的内涵。陕甘宁革命根据地开展的区域革命斗争，为鄂尔多斯南部红色文化资源奠定了优势基础。

表3　鄂尔多斯市重大革命历史事件

时间	具体事件	事件发生地
1928 年	纳林河党小组建立	乌审旗
1934 年	乌审旗掌高图党支部建立	乌审旗
1935 年	巴图湾乡党支部建立	乌审旗
1936 年	三段地苏维埃政府建立	鄂托克前旗
1937 年	桃力民抗日根据地建立	鄂托克前旗
1938 年	中共伊克昭盟工委建立	鄂托克前旗
1941 年	城川蒙民自治区建立	鄂托克前旗
1943 年	"三·二六"事件（亦称"伊盟事变"和"札乌事变"）	伊金霍洛旗
1945 年	延安民族学院由定边迁到城川，成为城川民族学院	鄂托克前旗
1946 年	马良诚、顾寿山等人举行兵变	鄂托克旗

此外，鄂尔多斯地区的红色文化遗存分布不均，受区域人文地理因素影响明显。内蒙古地区为传统的牧业生产优势区域，而鄂尔多斯地区以黄土高原地质为主，地面建筑遗迹留存相对困难，部分红色文化遗存在城镇化发展过程中自然消亡。

综上所述，鄂尔多斯市抗日救国、解放战争等红色历史事件主要分布在南部地区，尤其是乌审旗和鄂托克前旗，红色文化遗存在空间上呈现集聚分布特征。相比之下，东部地区的红色历史事件较少，红色文化遗存的分布也相对稀疏。而在西部地区和北部地区，代表性革命历史事件相对较少，红色文化遗存的分布也最为分散。因此，鄂尔多斯市的革命历史背景因素在很大程度上影响了红色文化遗存的空间分布格局。

（四）空间冷热点差异性

为进一步探讨局部空间上红色文化遗存点的相似或相异情况，本研究通过热点分析法验证聚类的分布特征，弥补核密度法在量化分析上的不足，以进一步确定红色文化遗存的优势区域，以期进一步推动资源活化利用。根据计算所得的 GiZScore，采用 Jenks 自然断裂法将冷热点区域划分成 4 个层级，即热点区、次热点区、次冷点区、冷点区。

根据鄂尔多斯市红色文化遗存热点分析可以得出以下结论：红色文化遗存的热点区主要集中分布在鄂托克前旗、乌审旗和鄂托克旗区域；次热点区则位于杭锦旗和伊金霍洛旗；次冷点区分布于康巴什区、达拉特旗以及准格尔旗；冷点区则位于东胜区。

四 讨论

党的十八大以来，全国各地扎实推进红色资源保护和活化利用工作，持续强化社会主义意识形态的凝聚力和引领力建设。鄂尔多斯市委、市政府持续开展了聚焦红色文化资源系统性保护和大众化传播的资源活化工作，一是对全市革命遗址遗迹的种类、价值及保护现状进行全面普查，共调查与革命事件有关的遗迹 75 处；二是在全面普查的基础上，对革命遗址的保存现状、内在价值等进行全面评估，明确保护机构与管理职责；三是以鄂尔多斯市不可移动文物数据库为平台，创建鄂尔多斯市革命遗迹数据库，并绘制分布图；四是编制鄂尔多斯市革命遗迹遗物保护利用规划，使革命文物保护利用工作有章可循；五是强化革命文物的保护，建立全市革命文物保护修缮项目库；六是做好展示利用工作，重点完成鄂尔多斯革命历史博物馆等建设修缮及展览展示工程，以鄂尔多斯革命历史博物馆布展为契机，强化革命文物研究和阐释工作，讲好鄂尔多斯红色文化故事；七是开展"探秘暖城鄂尔多斯"博物馆日主题活动，利用新媒体平台进行线上推广；八是将城川"1+6"红色教育培训基地、桃力民红色文化教育基地及乌审旗革命讲习所等纳入旅游精品线路，设计红色研学产品，编制红色研学线路，推动开展研学活动。①

同时，鄂尔多斯市深入挖掘红色文化，传承红色精神，发展红色文化旅游，取得了显著成果。以红色文化为引领，鄂尔多斯市大力实施"旅游+"战略，积极推进"红色文化+旅游""红色旅游+农牧业""红色旅游+康养"等产业融合发展。依托"1+6"红色教育培训基地，充分运用革命历史文化遗存，开发红色旅游研学项目，推出以红色旅游资源为主体的红色小镇、红色研学体验点、红色文化演艺产品和红色文创产品等，打造红绿结合、红古结合、红俗结合的多样化、复合型旅游产品。鄂尔多斯市成功打造了一条"亮丽北疆·红色教育培训"旅游线路，该线路以丰富的红色文化旅游资源为核心，突出红色旅游的教育功能，是

---

① 《鄂尔多斯市多措并举开展革命文物保护利用工作》，鄂尔多斯市文化和旅游局网站，http://wlj.ordos.gov.cn/ztzl_138803/yhyshj/gzdt_yhys/202309/t20230928_3496329.html。

鄂尔多斯市红色旅游融合发展的重要体现。

鄂托克前旗和乌审旗红色文化遗存较多、资源品质相对较高，这是鄂尔多斯市在红色文化遗存保护、活化利用方面的核心优势，同时也是宝贵的资源。目前，鄂尔多斯市已初步形成以鄂托克前旗"1+6"红色教育培训基地为核心，以桃力民革命抗日根据地、中共乌审旗委办公旧址、鄂尔多斯革命历史博物馆等为节点的红色旅游产品体系；构建起了以城川镇为核心，辐射周边的民族干部培训、红色研学、红色旅游一体化发展格局；与陕西、甘肃、宁夏等红色旅游高地形成了资源互联共享的发展模式，红色品牌认知度不断提升，红色文化教育功能更加凸显。尽管鄂尔多斯市的红色旅游在一定程度上取得了发展，但相较于湘赣闽三省，其品牌知名度和影响力还相对较低。

与鄂托克前旗和乌审旗相比，鄂尔多斯市其他旗县区的红色资源数量较少，且大部分尚未得到充分挖掘，资源活化利用程度亟待提高。这主要归因于以下几点：一是红色资源分布较为零散且大多位于边缘地区，交通可达性差，基础设施不完善，限制了红色旅游资源的一体化利用，难以实现区域协同发展；二是红色旅游开发资金主要投入公共基础设施建设，民间力量难以打造设施完备、产品丰富的综合性景区，无法满足日益多样化的旅游市场需求；三是资源本体保护未能与资源活化利用形成耦合效应，将资源本体转化为有形有感的优秀文化供给的路径仍有待深化。

针对上述问题，本研究提出以下建议。

首先，加强基础设施建设，健全红色旅游配套体系。政府应发挥主导和协调作用，引导社会资本投资基础设施建设，完善"食、宿、行、游、购、娱"六大要素，为游客提供全方位服务，增强可持续发展的基础动力。

其次，红色资源数量较少的旗区应充分利用当地独特的自然、文化和生态环境，实施产业融合发展战略。深入挖掘旅游"1+N"发展内核，推动旅游多元化整合、全域发展和优质建设，塑造独特魅力，提升红色旅游吸引力。

最后，加强区域协同发展和联合营销。借助邻近的陕西、甘肃、宁夏等地区的经典红色品牌与市场优势，不断强化区域间红色文化主题合作，通过共同打造红色旅游线路、推出一体化体验产品等方式，提升整体影响力。

五　结论

本研究以鄂尔多斯市 44 处红色文化遗存为研究对象，将红色文化遗存划分成烈士陵墓、名人故居、展览馆、单体纪念碑、旧址遗迹五大类型，运用 ArcGIS 技术，对鄂尔多斯市红色文化遗存空间分布格局进行了相关研究，并综合区域革命历史发展与红色文化资源活化利用情况，得出了以下结论。

（1）鄂尔多斯市红色文化遗存有形遗存数量较多、类型丰富，以主题展览馆类和旧址遗迹类资源为主；红色文化遗存空间分布不均衡，呈现以"康巴什区—东胜区"为核心的"中心—外围"环状递增的总体特征；

（2）鄂尔多斯市红色文化遗存的最邻近指数 R 值为 0.599（小于1），检验值 Z 为 -5.15（小于 -1.645），表明红色文化遗存的空间分布趋于集聚分布模式，且资源整体凝聚程度较高，资源保护与活化利用的一体化程度良好；

（3）鄂尔多斯市红色文化遗存空间分布密度形态呈现"南高北低"的特点，具体表现为以"鄂托克前旗—乌审旗"为核心圈层式扩散，杭锦旗中西部、鄂托克旗中西部和达拉特旗中东部的红色文化遗存分布密度值较低；

（4）鄂尔多斯市红色文化遗存热点分析结果显示，热点区集中分布于鄂尔多斯市西南部，冷点区则主要位于东北部；

（5）历史背景因素对鄂尔多斯市红色文化遗存的空间分布格局产生了重要影响。鄂尔多斯抗日救国、解放战争等红色历史事件在很大程度上影响了红色文化遗存的空间分布，在新时代红色资源保护与利用的整体推动下，形成了"南部密集、东部稀疏、西部和北部分散"的整体空间格局。

本研究仅将实体有形依托的红色资源作为研究对象，并未完全获取鄂尔多斯市全部红色资源数据，存在样本数量不够多的问题。在分析鄂尔多斯市红色文化遗存空间分布特征的过程中，本研究仅阐述了历史与地理因素，未来将从更多角度进行深入分析。

【责任编辑：张玉莲】

中国红色戏剧：百年赓续、美学特质与当代表达*

贾冀川　吴文格**

【摘　要】在中国共产党领导下诞生的红色戏剧已历经百余年，历经苏区红色戏剧、左翼戏剧、解放区戏剧、十七年社会主义戏剧、新时期主旋律戏剧、新世纪主旋律戏剧等阶段，建构了人民性、时代性、民族性、经典性等美学特质。近年来，各地红色戏剧的创作立足时代新环境，积极回应人民的情感诉求和现实关切，在创作观、舞台形式和叙事风格方面进行了新的探索。

【关键词】中国红色戏剧；百年赓续；美学特质

中国红色戏剧是指，在中国共产党领导下，以马克思主义文艺理论为指导，结合中国革命斗争和社会主义建设的历史实践，所创作的旨在唤醒人民群众、激发人民群众革命意志，为人民服务、为社会主义服务的戏剧艺术作品。百余年来，在不同历史时期，"党领导下产生了苏区红色戏剧、左翼戏剧、解放区戏剧、十七年社会主义戏剧、新时期主旋律戏剧"①、新世纪新主旋律戏剧等，红色戏剧是这些刻有时代印记的戏剧艺术形态的统称。

近年来，在我国各地的戏剧舞台上，南京市话剧团的《雨花台》（2015）、辽宁人民艺术剧院的《干字碑》（2016）、西安话剧院的《柳青》（2018）、国家话剧院的《红色的起点》（2021）、上海话剧艺术中心的《浪潮》（2021）、北京广播电

---

*　基金项目：国家社科基金重大项目"百年中国红色戏剧经典剧目整理、史料收集与研究"（项目编号：23&ZD288）。

**　作者简介：贾冀川，南京师范大学文学院教授，博士生导师，南京师范大学中国戏剧研究创作中心主任，主要研究方向为中国现当代戏剧史；吴文格，南京师范大学文学院戏剧与影视学博士生，主要研究方向为当代戏剧与影视理论。

① 贾冀川、朱郁闻：《20 世纪中国红色戏剧精神的历史传承与嬗变》，载胡星亮主编《南大戏剧论丛》2023 年第 2 期，南京大学出版社，2023，第 106 页。

视台的《觉醒年代》（2022）、成都市京剧研究院的《微光》（2022）、多彩贵州文投的《伟大转折》（2024）等红色戏剧盛演不衰。它们融通新时代精神，立足时代新环境，坚持主旋律创作，积极回应人民的情感诉求和现实关切，自觉探寻新时代的美学特征，竭力拓展艺术形式的多种可能，谱写了属于新时代的红色文化新篇章。

一　百年赓续

中国红色戏剧的源头可以追溯到 20 世纪 20 年代初，湖南工人运动领袖庞人铨[①]在 1921 年创作了几部取材于工人生活、具有反封建军阀和反资本家剥削主题的新剧——《人道之贼》《金钱万恶》《社会福音》。中国共产党成立后，为满足革命宣传的需要，反映工农命运的戏剧演出不时出现在各种工农运动的集会上。在第一次国共合作时期，在黄埔军校学生军和讨伐陈炯明东征军中，也出现了由中国共产党支持的演剧活动。

1927 年，国民党反动派背叛革命，大革命失败，中国共产党开始独自领导中国革命。文艺，特别是戏剧艺术，作为一种可以及时反映社会变革并迅速向公众传播的艺术形式，受到党的高度重视。南昌起义胜利后，在部队南下转移途中，军事参谋团的几位女兵利用战斗间隙排演了小话剧《老祖母念金刚经》，讽刺批判了封建愚昧现象。这是中国共产党独自领导中国革命后有记载最早的一部红色戏剧。

秋收起义后，随着井冈山等革命根据地的建立，红军战士自发创作了《二羊大败七溪岭》（1928）和《毛委员的空山计》（1928）等作品。1929 年 12 月，毛泽东在古田会议上指出："红军的打仗，不是单纯地为了打仗而打仗，而是为了宣传群众、组织群众、武装群众，并帮助群众建设革命政权才去打仗的，离了对群众的宣传、组织、武装和建设革命政权等项目标，就是失去了打仗的意义，也就是失去了红军存在的意义。"他批评了"在宣传工作上，忽视宣传队的重要性"[②]

---

① 庞人铨（1897~1922 年），湖南湘潭人，湖南工人运动领袖。1920 年，与另一位湖南工人运动领袖黄爱在长沙共同组织湖南劳工会，建立女工新剧组。1921 年，创作有《人道之贼》、《金钱万恶》和《社会福音》等新剧。1921 年底，加入社会主义青年团。1922 年 1 月，湖南第一纱厂工人为要求年终加薪而罢工，他同黄爱一起代表劳工会与资方谈判，16 日夜两人遭军警逮捕，17 日凌晨被赵恒惕杀害于长沙浏阳门外。

② 《毛泽东选集》第 1 卷，人民出版社，1991，第 86 页。

的错误倾向。在毛泽东的推动下，具有强大宣传作用的"红色戏剧"在井冈山等革命根据地蓬勃发展起来。例如，红四军在罗荣桓的主持下成立了文艺宣传队，编演了《土豪取债》（1930）、《流氓末路》（1930）、《阶级决战的胜利》（1930）等10多个剧目。在赣东北革命根据地，方志敏同志创作的《年关斗争》（1929）是比较成熟的作品。这些戏剧作品既丰富了根据地军民的生活，又宣传了革命、鼓舞了斗志。

在国统区，几乎与苏区的红色戏剧同时，左翼戏剧在党领导下也蓬蓬勃勃地开展起来。沈一沉发表的《演剧运动的检讨》指出，"演剧是艺术的一种形式而且是武器艺术中最具有斗争力的"，"演剧是能给社会以一种正确批判的反射镜，同时也是引导社会到新时代的一只皮带枪"[①]。武器论确立了中国话剧的战斗传统。洪深创作的农村三部曲《五奎桥》（1930）、《香稻米》（1931）、《青龙潭》（1932）；田汉创作的《顾正红之死》（1931）、《乱钟》（1931）；于伶的《汉奸的子孙》（1936）；夏衍的《赛金花》（1936）、《上海屋檐下》（1937）；等等。这些都是重要的收获。随着这些作品大量演出，话剧艺术在中国的舞台上站住了脚跟。

全民族抗战爆发后，以延安为中心的抗日革命根据地成为红色戏剧生长的沃土。特别是在毛泽东发表《在延安文艺座谈会上的讲话》后，解放区的戏剧艺术工作者积极响应号召，深入农村、前线、敌后，红色戏剧的创作更加蓬勃发展起来，涌现出了一批红色经典。比如秧歌剧《兄妹开荒》（1943），歌剧《不死的老人》（1943）、《白毛女》（1945），秦腔现代戏《血泪仇》（1943），话剧《战斗里成长》（1949）等。这些体裁各异的剧作极大地丰富了根据地军民的生活，起到了寓教于戏的效果。

1949年新中国成立，红色戏剧的创作出现了新局面。新中国成立之初，广大劳动人民群众翻身做了主人，描写新社会火热现实生活的作品纷纷涌现，比如话剧《龙须沟》（1951）、《春风吹到诺敏河》（1953）、《明朗的天》（1954）等。一些反映妇女争取婚姻自由的戏曲作品也如雨后春笋般涌现出来，如被誉为开风气之先的"四大婚恋剧目"：评剧《刘巧儿》（1951）、《小女婿》（1952），沪剧《罗汉钱》（1952），吕剧《李二嫂改嫁》（1954）。1964年6~7月，"全国京剧现代戏观摩大会"在北京召开，各地方京剧团带着精品进京演出，盛况空前，其间

---

① 沈一沉（沈西苓）：《演剧运动的检讨》，载董健、胡星亮主编《二十世纪中国戏剧理论大系》第2卷上册，安徽教育出版社，2017，第382~383页。

上演的《奇袭白虎团》（1959）、《杜鹃山》（1960）、《芦荡火种》（1960，后来改名《沙家浜》）、《智取威虎山》（1964）、《红灯记》（1964）、《红嫂》（1964）等剧目堪称新中国红色戏曲现代戏创作成果的集中展示。

新时期以来，随着党的"双百"方针、"二为"方向文艺政策的确立，红色戏剧的创作也呈现新风貌。20世纪80年代表现工厂改革的话剧《血，总是热的》（1980），再现中国革命重大转折的话剧《决战淮海》（1988）；90年代展现革命领袖、开国元勋伟大探索和功勋的话剧《李大钊》（1993）和《虎踞钟山》（1997），以及经典民族歌剧《党的女儿》（1991）等，都以塑造了新时期社会主义新人为特点，成为这一时期红色戏剧的代表。进入21世纪，前10年的反映长征的话剧《马蹄声碎》（2007）和京剧《长征路上》（2009），近几年出现的表现革命烈士的话剧《雨花台》（2015）和再现中国共产党诞生的话剧《红色的起点》（2021）等，在思想深度的开掘上有新的探索，在舞台艺术方面通过增强现实（AR）和虚拟现实（VR）技术为观众提供了更加沉浸式的观剧体验。

二 美学特质

红色戏剧形塑了百年中国的样貌，为百年中国绘制了多姿多彩的画卷，形成了独特的美学特质。进入新时代，当代剧作家以当代意识深度挖掘红色戏剧的时代意义，呈现红色戏剧精神在新时代的新面貌，以"红色之光"烛照今天，实现了红色戏剧美学特质的传承和转换。首先，红色戏剧具有强烈的人民性与时代性。在百余年的发展历程中，红色戏剧始终坚守人民立场，以人民为中心，创造人民的文艺。它以人民群众为原型进行创作，为人民群众而演，以人民大众的感受为创作的出发点。无论是苏区的《年关斗争》、抗战时期的《白毛女》，还是60年代的《红灯记》、80年代的《血，总是热的》，乃至近些年的《干字碑》，人民群众都是舞台的原型和主角，这样的戏剧自然受到人民群众的欢迎。据丁玲回忆，每次演出《白毛女》时，"都是满村空巷，扶老携幼，屋顶上是人，墙头上是人，树杈上是人，草垛上是人。凄凉的情节，悲壮的音乐，激动着全场的观众，有的泪流满面，有的掩面呜咽，一团一团的怒火压在胸间"[1]。

红色戏剧创作注重从真实历史中追寻当代意涵，完成红色精神的传承和时代

---

① 丁玲：《延安文艺丛书·总序》，湖南文艺出版社，1984，第7页。

价值的转换。例如,《雨花台》(2015)、《八百里高寒》(2019)、《香山之夜》(2022)、《三湾,那一夜》(2024)等红色戏剧,以坚持理想信念、勇于担当、壮美崇高的革命文化为重要支撑,在社会主义核心价值观的指导下,重塑了当代人的灵魂,重构了当下的道德观、审美观和历史观。而《干字碑》(2016)、《李大钊》(2020)、《深海》(2020)、《黄文秀》(2022)等红色戏剧,塑造了舍生忘死的革命家、殚精竭虑的建设者、开拓创新的改革者、励志向上的当代青年等形象。这些剧作在史与实之间引发了当代人的情感共鸣,在回顾中国革命、建设、改革和新时代的奋斗历程中,通过这些人物,展现了中国人民为实现祖国富强而不懈奋斗的当代意涵。此外,创作者还将夫妻之爱、母子之情、同志之谊这些颇具当代意涵的情感叙事有机地融入宏大的历史叙述,立足日常叙事,探索出革命历史与当代观众之间的精神契合点。例如,《无风地带》(2021)中将特殊战线上的共产党人的命运沉浮与奇异爱情交织,《妈妈》(2023)中着力渲染的让人泪目的母子情,《今夜星辰》(2022)中以科学家伉俪的爱情故事厚植爱国情怀等。

其次,红色戏剧具有突出的民族性。在争取阶级解放和民族解放的历程中,红色戏剧塑造了中国人民为争取自由平等、独立尊严、个性解放、社会公正而浴血奋斗的民族性格,从而在艺术上形成了中国作风、中国气派。在新时代讲好英雄故事,以英雄形象传递英雄精神,是当代红色戏剧的题中要义。《雨花台》展演了革命先烈们坚定地忠于党和人民、无惧酷刑、誓死保守秘密。结尾,烈士们伴随着铿锵的国际歌走向熊熊烈火,以其大无畏的牺牲精神之光烛照时代。这一幕展现的英雄们的伟大品格生发出强烈的崇高感,令人动容。而《干字碑》中的毛丰美扎根泥土三十载,爱民至深、为民至诚,带领村民们勤劳致富,树立起干字丰碑;《焦裕禄》里的焦裕禄艰苦奋斗、无私奉献,以生命的底色浇灌了兰考的土地。他们在血与火中锻造,在艰苦岁月里的坚持和坚守,铸就了一个民族的精神底色,他们是民族英雄。红色戏剧在讲述红色故事时,注重将传统文化形式和新时代精神内涵融为一体,彰显出独具一格的民族之美。比如,红色现代琼剧《白马泉涌》(2020)创造性地加入了革命木刻版画这一特有的民族艺术形式,道具设计兼具时代抗争内涵与现代审美,以鲜明的视觉形象展示给观众,别开生面、灵动写意。现代京剧《风华正茂》(2021)青春叙事与革命故事交相辉映,以中国传统的意境美学营造历史氛围,其丰富多元的形式美感为京剧这一传统国粹增添了时代内蕴。越是民族的,越是世界的。当代红色戏剧浸润于宏远博大的中国传统文化,彰显出鲜明的民族特色。

最后，红色戏剧具有超越时代的经典性。不少红色戏剧经过"复排"与"改编"，"新瓶装旧酒"酿出时代新意，成为重塑新时代精神的重要载体。比如首版《白毛女》呼喊的是"旧社会把人变成了鬼，新社会把鬼变成了人"的时代之声，而 2015 年第六版《白毛女》则关注喜儿深度抗争背后所深藏的对个体灵魂和内心世界的反思。这显然是准确把握住作品精神内核之后的再创造，与时俱进地传递出了新时代的价值取向。不少红色戏剧通过再媒介化的"再创作"，实现了超越时代的历史赓续。歌剧《党的女儿》是我国最具影响力的民族歌剧之一，多年来被改编为电影、电视剧、京剧、晋剧、淮剧、秦腔等。《红色娘子军》也历经了从舞剧到歌剧等多种戏剧形式的不同改编。由于再媒介化满足了当下观众的审美需求，红色戏剧形成了多元发展的态势，这有助于红色戏剧在不断的演化中成为新时代经典。比如 3D 歌剧《白毛女》通过多机位的 3D 摄影机拍摄，开创了国内歌剧3D 艺术片的先河。2021 年京剧《红军故事》被拍成电影，从戏剧舞台走向大银幕。该剧兼顾戏曲艺术的写意风格和电影的写实特质，将程式化的戏曲表演变为生活化的电影表演，生动细腻、真实悠远。伴随着戏剧艺术进入多媒体、人工智能时代，相信再媒介化会使红色戏剧的经典性传承焕发出更多的可能性。

三　当代表达

周虽旧邦，其命维新。近年来，红色戏剧在艺术形态、表现技法方面不断探索和创新，正如学者指出，"创作方法的推陈出新，站在当代文化立场，追寻红色历史的人文精神和美学价值，努力寻找革命历史与当代观众的心灵相通处、精神契合点"①。由此，近年来的红色戏剧呈现鲜明的当代特征。

其一，近几年的红色戏剧着力在戏剧性过程的开掘上下功夫，达到了引人入胜的效果。比如话剧《三湾，那一夜》借鉴好莱坞叙事技巧，通过制造一个又一个悬念，充分展现戏剧性过程，赋予舞台强烈的戏剧张力。京剧《风华正茂》利用戏剧舞台的假定性，以人物重现的方式建构出戏剧性情境，进而实现对戏剧性过程的完整表达。这种对戏剧性过程的探索，拓展了戏剧空间，实现了多元的戏剧化叙事。

其二，近几年的红色戏剧努力追求形式上的多元融合，拓宽舞台边界，开掘

---

① 宋宝珍：《新时代红色戏剧的主题立意与艺术探求》，《创作评谭》2023 年第 1 期。

艺术表现的诸多可能性。正如有学者指出的，"诸多创作者也清醒地认识到，'数字技术'不仅是一种'技术手段'，也是一种'创作方法'，更是一种'思维模式'"①。话剧《觉醒年代》借助声光电和多媒体技术，利用大屏和投影在舞台上复刻了北京天坛和胡同。而京胡的音乐声和老北京的经典唱段以听觉空间带入视觉空间，既富有生活气息，又亲切动人。这些独具北京特色的虚拟空间，气韵生动，富有东方之美，既为作品增添了丰厚的文化底色，又让观众在剧场体验了一回真实的老北京味道。舞剧《永不消逝的电波》（2019）中呈现的老上海元素有异曲同工之妙。精致考究的上海老式旗袍、斑驳的砖灰色石库门，以及栅栏式的手动电梯门，这些通过现代技术手段还原的历史实物使得舞台氤氲着一种沁人心脾的东方韵味。该剧破除了舞剧作品与当代观众之间的审美壁垒，借鉴话剧、电影的多重表现手法，如"定格""平行时空""跳入跳出""倒放"等，使得舞台叙事既富于戏剧性又呈现多元化，提升了观众的现场审美观感。京剧《风华正茂》更是打破艺术门类的藩篱，以一种兼容并包的创作观，融合湖南民间小调、京韵大鼓、河北乐亭大鼓等多种唱腔，兼取湖南学堂乐歌、管弦乐、美声合唱、交响乐等音乐元素，添加打击乐和京胡领奏，形成高亢宏阔的曲风。该剧还采用歌队形式串联全剧，在表意的同时形成舞台的节奏感和韵律感；在舞美设计上亦不拘古法，变京剧传统中的一桌二椅为六桌八椅，既保留了戏曲的写意性，又丰富了舞台表现力，颇具当代美感。

其三，更为重要的是，在创作观上，创作者对红色戏剧中真实性和艺术性之间的辩证关系进行再思考、再探索。无论是展现宏大革命历史，还是展示社会主义建设的英雄模范事迹，都不再"喊口号""拉大旗"，而是于真实性和艺术性之间寻求平衡，即在坚持历史真实的基础上进行适当的艺术加工，从而实现艺术真实。

近年的红色戏剧作品注重历史逻辑的真实和角色塑造的真实，但历史逻辑的真实并非罗列和陈述史料，而是基于历史事实的再创作。例如，话剧《三湾，那一夜》并非"三湾改编"史料的舞台图解和生硬灌输，而是巧妙地将戏剧冲突集中到一夜之中。通过这一夜里不同人物的智斗角力，展现了中国革命史上这一具有深刻转折意义的历史瞬间，让红色历史真实鲜活起来，从而赋予其当代生命力。而话剧《香山之夜》，则将剧情设定在 1949 年 4 月 23 日这一天。基于解放军占领

---

① 徐丹、苏获：《21 世纪红色戏剧的视觉变革与舞美创作》，《中国戏剧》2023 年第 3 期。

南京、中国共产党即将统一中国、蒋介石政府全面溃败这一史实，该剧充分利用人物隔空对白和心灵独白，还原了毛泽东参加北伐战争、参与建党、投身抗日战场等历史事件，借一种内心真实，体现历史的真实，更从深层次上揭示了"得民心者得天下"的历史逻辑。

文学是人学，戏剧也是人学。近年来，红色创作者们充分尊重戏剧规律，兼顾红色戏剧的意识形态色彩，秉持将历史人物化为戏剧人物的策略，着重塑造立体、鲜活的人物形象。话剧《谷文昌》中，谷文昌治沙受挫时朝妻子发火、跪下来哄妻子开心的段落，使得人物有情有义、血肉丰满，从而还原了真实可信的共产党模范干部形象。凡此种种，无论是革命领袖还是楷模，他们都食人间烟火，有血有肉，剧作的生活气息扑面而来。人物塑造也就此脱离了"高大全"的窠臼，真实可爱，鲜活动人。

此外，近年的红色戏剧创作者们继承中国诗化传统，通过在作品中融入"诗化意象"，让观众体味诗意联想，通达诗性境界，感悟诗化哲思，使作品达到真实性与艺术性相得益彰的效果。比如话剧《觉醒年代》里陈独秀在陶然亭约见钱玄同等人，剧中氤氲着漫天飘雪的诗化意象。众人苦中作乐，把酒言志，中国传统文人士大夫的浪漫和雅趣跃然而出。悠悠陶然亭的漫天雪景与他们为了中国前途的忧思相交融，传达出一种超脱的诗性精神，进而升华为一种情景交融的诗性境界。话剧《谷文昌》中，谷文昌逝世的场景令人动容。一代英模谷文昌将自己的一生献给了国家和人民，献给了东山岛的治沙事业。最后，谷文昌轻卧山石，溘然长逝。山石的象征意象和时代模范的英灵萦绕其间，与悲切的诗情共生。此刻，观众似乎模糊了自身与当下现实的界限，飞入崇高，体味伟大，在感性的飞跃中回到万物自由思考的审美情境，达到共情。

四　结语

百年耕耘，芳华百年！中国红色戏剧记录了百余年来中国社会天翻地覆的变化，蕴含着中华民族的优秀文化基因，浸透着特定历史时期的时代精神，抒发着中国共产党的人民情怀，揭示了个人生存、个体命运与民族、国家的深层关系，推动着中国社会的现代化进程，是人类精神探索的重要历程，是助力人类走向文明的力量。

戏剧艺术是演人生于一瞬、寄世人以真情的艺术。近几年的红色戏剧与时俱进，持续挖掘红色戏剧的现实新意与时代深意，一方面赋予红色故事以生活质感和生命质地；另一方面为新时代发声，用人民的语言书写属于人民的故事，探索并弘扬具有永恒价值的红色戏剧精神。文章合为时而著，歌诗合为事而作。立足新时代，展示红色戏剧的当代面貌和特质，承继红色基因，赓续红色血脉，以当代视野观照红色经典，挖掘红色戏剧的时代内涵，是建设社会主义文艺的时代要求。相信新时代的戏剧工作者一定会继续积极回应时代需要，承担起自身的文化责任，站在新时代的舞台，创作出更多无愧于时代、无愧于人民的优秀戏剧作品。

【责任编辑：龚奎林】

论"红色江西"电影叙事与文化自信[*]

王文勇　　王青兰^{**}

【摘　要】"红色江西"电影在新时代的传承与发展过程中彰显出具有中国特色的文化自信。文化自信涉及人的历史行为及其相关认知与情感,在肯定历史文化的基础上,更加彰显面向当下及未来的坚定自信。"红色江西"电影的文化自信源于真实的历史故事,历史的见证是其主要来源;"红色江西"电影的文化自信还体现在故事观察者或叙述者的政治站位、伦理取向及价值追求等方面。叙事总是基于故事的当下面向,连接过去和未来两个时空,其彰显的文化自信会随着时间的推移越发坚定并深入人心。

【关键词】红色江西;电影叙事;文化自信

作为"四个自信"之一的文化自信,需要内化在文艺工作者及其作品的精神深处,方能发挥文化艺术产品的精神导向作用。学界普遍意识到文化自信的必要性和重要性,积极探寻中华优秀传统文化、革命文化和社会主义先进文化的深刻内涵和时代价值。但在文化艺术作品的传播过程中,不同的艺术文本有不同的文化侧重点,其传播与接受效果也存在一定的差异性。从生产与流通过程来看,当今时代的电影艺术作品传播面广、影响力大,其立体化建构的视觉图像和听觉音景,随着技术手段的创新与迭代,给接受者带来了史无前例的观感体验和艺术冲击。

红色电影,又称为革命历史题材电影,在故事内容上,反映了中国共产党领导中国人民开展艰苦卓绝革命运动的斗争史。在我国电影文化市场上,红色电影

---

* 基金项目:2022年江西省文化艺术科学规划一般项目"文化自信与红色江西电影叙事研究"(项目编号:YG2022011)。

** 作者简介:王文勇,博士,南昌师范学院江右文化研究与传播中心教授,主要研究方向为电影叙事;王青兰,硕士,南昌师范学院继续教育学院讲师,主要研究方向为红色文化。

占据十分重要的地位，具有深远的文化育人价值，彰显出中国人民独特的文化自信。而江西是中国共产党领导革命斗争的重要省份之一，素有"红色江西"之称。例如，井冈山在中国革命史上具有崇高的地位，八一南昌起义开启了人民军队波澜壮阔的历史篇章。江西的红色文化资源十分丰富，"红色江西"电影是中国红色电影不可或缺的一部分，是中国革命文化的重要组成部分，在新时代文化传承与发展的过程中展现了中国人民对自身革命历史的强大文化自信。针对这一现象，有必要从学理上深入分析文化及文化自信的概念，探讨"红色江西"电影叙事的文化自信内涵及其来源等问题，以期在"红色江西"电影叙事的发展过程中更加凸显文化自信的主体站位、艺术形态和价值追求。

一 文化与文化自信

文化是一个历史性概念，指向人类漫长生活历史中留下的较为稳定的物质及精神形态。"文"字的甲骨文形状很像一个站立的人，且胸前有花纹，具有"文身"之意；"化"字的构字形态是一个正立和一个倒立的"人"字，寓含变化之意。"文""化"两字本义都离不开"人"，古人的这种认知，在"文化"一词之义中得到了体现。"思想、观念、意识的生产最初是直接与人们的物质活动，与人们的物质交往，与现实生活的语言交织在一起的。"[1] 所有的文化都涉及思想、观念及意识，都是与人相关的存在。物质的创造自不待言，精神形态是人的内在世界，且与物质活动密切相关。所以，文化的核心要义离不开人的生存、生活、认知及其纵向上的发展变化。

以"红色江西"文化为例，其形成的历史背景与动态发展均源于江西人民反抗阶级压迫、推翻不合理社会制度、追求幸福生活的艰苦斗争与理想愿望。同时，中国共产党秉持为人民谋幸福的初心使命，在艰苦的社会历史条件下，于江西这块"红土地"上，探索出"农村包围城市、武装夺取政权"的革命斗争道路。江西红色文化名城众多，有人民军队的摇篮南昌、中国革命的摇篮井冈山、共和国的摇篮瑞金、中国工人运动的摇篮安源，还有"将军县"兴国等。这些红色文化名城因承载了革命前辈的足迹及其留下的历史故事而名垂后世。可见，红色文化表征的内涵，与其说是某个地名，毋宁说是这个地方上曾经出现的人及其事。

---

① 《马克思恩格斯文集》第1卷，人民出版社，2009，第524页。

当然，强调文化的人为、人造等属性，并不与文化自身发展过程相冲突。人类在认识对象的过程中也在发展对自身的认识，人类历史从某种意义上说就是主客体的关系史。"人的感觉、感觉的人性，都是由于它的对象的存在，由于人化的自然界，才产生出来的。"① 文化自身与文化的人类主体性同步发展，不过文化的呈现聚焦在人类实践对象的变化上，这在一定程度上疏远了其生成过程的主体性。与此类似，文化自信表面上是人们对自身文化传统的肯定与崇尚，实际上是现实个体对其所属文化背后隐藏的实践创造活动的主体认同。文化自信是指行为主体对自身所属文化的理性确认和情感皈依。总体上，文化自信建立在文化真理性认识的基础之上，呈现行为主体的情感价值认同。同时，文化的感知、判断与追求，一定程度上是用前人的历史文化烛照现实的人文价值取向，最终又回到文化主客体的对象性关系方面。

文化自信是现实主体在穿越历史与现实两个时空的过程中，经过纵横比较而呈现出来的，其来源至少存在两个方面：一是该文化在与同时代其他文化的横向比较时，具有自身独特的历史优越性；二是该文化的纵向伸展能够跨越历史时空，适应时代发展的新情况、新要求，继续彰显出其历史优越性和独特作用。无论是在历史长河还是在现实语境之中，文化都需要根深叶茂，方能生长出文化自信的美丽"花蕊"。红色文化扎根于中国革命斗争的深厚历史"土壤"之中，形成了与人民群众同呼吸共命运的生动局面。在新的社会条件下，我们依然需要弘扬、传承中国共产党人的革命精神、斗争豪情和群众路线等红色文化基因，投身火热的社会主义现代化建设。

文化自信源于文化自省的过程，缺乏自省的"文化自信"易演变为"文化自大"。当然，文化自省存在横向与纵向的不同维度。横向比较下的文化自省多为俯视鸟瞰式，多半在批判性的过程中更加清楚地意识到某种文化的精神内核。林语堂的传统文化自省就是如此，他立足于中国人的行为、思维、情感及心理等特征，通过总体文化气质比较中西方人的文化精神和处世哲学，同时兼顾自身文化传统的内在差异性。② 林语堂正是在中西文化比较的文化自省过程中逐渐坚定了对中华优秀传统文化的自信。相比之下，纵向上的文化自省则是仰视崇拜式，多半是基于当下的具体情况去寻求所属文化传统的成功经验。其内在的机理是从某个方面

---

① 《马克思恩格斯文集》第 1 卷，人民出版社，2009，第 191 页。
② 王文勇等：《论林语堂的文化自省》，《枣庄学院学报》2020 年第 4 期。

对标历史文化传统，或者以历史文化的尺度衡量当下文化的同质部分，进而发现不足并寻求改造的历史参照。因此，纵向上的文化自省常常在古今对比的过程中寻找自身文化传统的现实意义，并在文化传承的路线上坚定对自身传统的文化自信。

其实，就自身的文化传统而言，当任何一种文化的某个方面被特别标识时，其文化自信便油然而生。人们走进中国革命历史博物馆，亲眼看见具体历史境遇中的物件与场景，能够切实感受到红色文化的理想信念之坚定、革命斗争之艰苦、群众联系之紧密、舍生取义之决绝，并激发出内心深处对中国共产党领导中国人民推翻旧制度、建立新社会的革命斗争史的敬仰与感恩之情。其中，个体的历史反思与现实思考伴随着纵向上的文化自省，必然产生感恩、敬仰先烈的红色文化自信，同时反思自身在当下需要继续完善的地方。

与文化自信相对的是文化自卑，这主要是基于横向的文化比较而言。文化自卑的心理情结很难从现实表现上进行直接界定，更多的时候要从文化情结方面进行间接的反向推导。

与文化自卑、自我否定的方向不同，盲目的文化自信则会在肯定的方向上演变为文化自大。基于自身文化传统的优势或特点，每一种文化都需要立足当下的社会发展与现实境况，寻求适应新情况、新形势的转型或迭代。忽视当下文化发展的新情况、新问题，而盲目肯定某种文化，很容易沉醉于曾经辉煌的历史语境之中，进而形成文化自大。一言以蔽之，文化自大的典型特征是脱离现实社会语境，割裂文化传承与赓续，忽视文化历史的动态发展。在文化自大中，所肯定的是文化历史的过去，缺少面向当下及未来的时间维度。

二 "红色江西"电影文化自信的内涵与外延

"红色江西"电影文化自信的核心内涵，既有文化自信的公共属性，也有自身文化的个性内容。前者的落脚点是文化；后者的聚焦处是"红色江西"。"红色江西"电影文化像所有历史文化一样，具有文化优越感的普遍性特性，它见证了特定历史时期的时代变化，并在当下具有发展与赓续的现实价值和实践意义。而"红色江西"电影文化的个性内容，则离不开中国革命文化的具体语境，离不开"红色江西"的厚重史实。"红色江西"不但契合了"红土地"的自然概貌，而且高度概括了江西儿女为中国革命事业抛头颅洒热血的奉献豪情。"在江西革命烈士英名册上，有名有姓、记录在册的烈士就有 246800 人，加上无名无姓、尚未统计到的足有 25 万之多，居全国之首。"① 从这个意义上说，"红色江西"是血染的风采，是其文化自信的底色和亮色。

从故事内容上看，"红色江西"电影素材来源于中国革命历史的真实语境，叙述了江西儿女革命斗争的历史故事。《建军大业》将八一南昌起义的历史搬上电影屏幕，展开宏大叙事；《八子》的送子参军情节源自赣南苏区的真实故事；《三湾改编》则叙述了中国革命史上重要且真实的历史事件。"红色江西"电影的重要特征之一是其故事发生在江西这块"红土地"上，展现出江西儿女的革命风采，这离不开中国革命的历史语境。这就形成了"红色江西"电影文化的内容自信。"红色江西"电影文化的内容自信来源于真实的历史故事，红色文化叙事本质上传承了中国源远流长的史传传统。在"红色江西"电影叙事的过程中，所涉及的人和事往往来源于江西地方史料或民间传说，或具有扎实可靠的历史文物支撑。"八子参军"的故事就是从历史中改编而来，是历史真实的体现，展现出江西儿女敢于牺牲的革命豪情，也体现了革命先辈在面临小我与大我之间抉择时的无私奉献。因此，"红色江西"电影文化自信的内容来源于中国革命斗争的历史书写，其内涵是中国共产党人的初心使命、理想信念及革命精神。"红色江西"电影文化自信的内容边界由"红色"和"江西"两词界定，具体内容涉及中国共产党领导中国革命的江西历史，包括南昌起义、井冈山的斗争、苏区建设等多方面。

值得注意的是，"红色江西"电影故事与真实历史故事之间存在"距离"。有些电影故事"离"真实故事近，有些却比较远。《八子》《信仰者》的故事"距离"真实故事比较近，相比之下，《浴血广昌》则"距离"真实故事较远。同样是"红色江西"电影故事，前者虚构成分少一些，后者虚构成分多一些。但两部电影的故事背景均是中国革命斗争的宏大历史。从这方面来看，"红色江西"电影一方面传承了红色文化，另一方面，其毕竟是艺术作品，又具有文化艺术方面的独特特征。作为文艺作品，"红色江西"电影同样体现出文化自信，这集中表现在故事观察者或叙述者的政治站位、伦理取向及价值追求等方面。"叙述中不但可以流露出认知和情感，也可以流露出价值取向。决定价值取向的是由观察者的世界观、人生观、道德观和审美观等构成的复杂系统，观察者透过这套复杂系统观察

---

① 胡颖峰：《走进红色江西》，江西人民出版社，2006，第 2 页。

对象，因此叙述中不免留下价值取向的烙印。"① 对故事的认知就像历史认知一样，会随着时代的变化、认知群体的变迁，发生一定的变化。比如，当事人对故事的认知与情感，显然不同于旁观者，也会和后来者的复述产生一定的差异。所以，历史故事在一代代叙述者传承的过程中会发生叙述上的变化。但是，其中也有一些恒定的东西会在讲述过程中得到传承。尤其是在"红色江西"电影叙事过程中，共产党人的初心使命、群众情怀、价值追求会随着故事的传播一起传递给受众群体。"红色江西"电影文化自信与故事观察者和叙述者的认知、情感及价值观密切相关。

从故事叙述的角度来看，"红色江西"电影文化自信的边界在很大程度上取决于故事的观察者和叙述者的政治站位、历史认知及价值判断。如果故事的观察者和叙述者是故事中的人物，那么，这个人物应当是革命阵容中的坚强战士。如电影《信仰者》的叙述者是监狱中的方志敏，观察者主要采用方志敏在监狱中的战争回忆视角，故而这部电影震撼人心之处在于方志敏带领的赣东北红军在极其艰苦的情况下不畏强敌、坚持战斗、坚守信仰的革命精神。这体现了革命者的红色文化自信，透露出一位优秀共产主义战士所具有的坚定性、前瞻性及无私性等重要品质。在很多故事的叙述中，虽然观察者与叙述者合二为一，表面上不存在显著的区别，但"观察者与叙述者偶尔也会分离，叙述与观察也会发生一点矛盾"②。观察者的视角可能站在叙述者的反面，与叙述者的情感取向、认知水平及价值判断等产生一定的抵牾。例如，《信仰者》的观察者在战场上是革命者的视角，但在审问方志敏的过程中则采用了国民党军官的视角，在监狱里则采用了狱友的视角。这种情况的出现，一方面源于叙事多样性的内在需要，即反面人物亦需要得到相应的叙事呈现；另一方面，叙述者通过不同的观察者视角，会产生叙述上的故事张力，形成一定的反讽性力量，从而更加凸显叙述者的情感、认知及价值判断等。

"红色江西"电影文化自信的内涵与外延，构成了纵横交错的两个方面：核心内涵具有相对的稳定性，可以立足经典作品文本进行相对静态的分析；而新时代"红色江西"电影文化自信的外延拓展，则又有了纵向维度的新变化。"红色江西"电影文化自信的内涵与边界，既有静态的内核，又有动态的变化。文艺作品

---

① 傅修延：《讲故事的奥秘：文学叙述论》，二十一世纪出版集团，2020，第212页。
② 傅修延：《讲故事的奥秘：文学叙述论》，二十一世纪出版集团，2020，第220页。

的革命历史题材决定了红色文艺文化自信的政治站位、思想境界及精神操守，构成了红色故事题材的政治、思想及历史等认知边界。"红色江西"电影文化自信的外延与拓展，体现在故事叙述过程中观察者和叙述者的功能性转换，既可能是同频共振式的，也可能是反讽对比式的。另外，由于文艺作品的文化自信不仅存在于创作过程，而且存在于接受过程之中，新时代文艺创作者与接受者均是当下具体的存在，这也决定了"红色江西"电影文化自信外延与拓展的动态变化。新时代社会主义事业的建设者如何传承与发展"红色江西"电影，亦构成了其文化自信的重要维度。

三 "红色江西"电影叙事文化自信的来源

从上文的分析可以看出，"红色江西"电影的文化自信一方面源自故事内容，另一方面源自故事观察者和叙述者的认知、情感及价值追求。那么，有必要继续探究"红色江西"电影文化自信具体来自故事的哪些方面；其故事观察者和叙述者应具备怎样的认知、情感和价值追求，才能彰显"红色江西"电影的文化自信。宏观上，红色故事与江西地域文化特色的叠加，共同构筑了红色电影文化自信体系；微观上，故事观察者和叙述者的叙事价值取向，决定了"红色江西"电影的叙事特色。"红色江西"电影文化自信的来源既有"红色江西"电影自身的优越性，也有行为主体符合历史发展潮流的信仰追求、情感愿望、伦理站位等价值取向。中国共产党领导中国人民的革命斗争史是"红色江西"电影文化自信的客体基础。客体必然存在于主客体关系之中，"红色江西"电影文化自信的客体是行为主体所皈依并信仰的文化形态。具体来说，"红色江西"电影文化自信的客体基础，是中国革命历史的优越性和先进性，这是文化自信的底气所在。

中国共产党党史、革命史都与江西这块"红土地"紧密相连。八一南昌起义标志着中国共产党有了自己的人民军队；共和国的摇篮瑞金首创了人民政权的治理和管理模式；井冈山的斗争开创了农村包围城市、武装夺取政权的新道路。中国共产党在"红色江西"的土地上领导了艰苦卓绝的武装革命，建立了革命根据地，书写了光辉灿烂的革命斗争史，留下了许多感人肺腑、催人奋进的革命故事。一方面，八一精神、井冈山精神、苏区精神、长征精神等，都需在"红色江西"的故事传播中代代相传。另一方面，无论是革命的宏大叙事，还是民众的个体叙事；无论是江西革命历史小说叙事，还是"红色江西"电影叙事，都离不开"红色江西"的革命斗争史。中国共产党的革命斗争史是"红色江西"文化自信的重要来源。

"红色江西"电影叙事是江西红色文化的重要组成部分,其叙事特色又构成了文化自信的另一来源。一般来说,叙事所讲的故事是过去时的,但叙述者永远存在于现在进行时之中。如果一个故事没有被讲述,或者说没有在传播的过程中"流动"起来,那么这个故事就失去了自身存在的意义。因此,任何故事都需要在当今时代找到自身"流动"的具体叙事形式。电影无疑是当今最受欢迎的叙事形式之一,"它对叙事传统所产生的影响在深刻性上不亚于文学的诞生"①。借助于当今最受欢迎的图像叙事方式,通过电影叙述者的讲述,"红色江西"电影叙事实现了红色故事的传播、红色基因的传承、红色文脉的赓续以及革命精神的弘扬。

然而,电影叙事发展至今,已呈现诸多复杂的表现手法,演变为一种综合性的艺术表现形式,涉及包括图像使用、摄影视角、声音效果及蒙太奇等诸多方面在内的总体叙事格调。"红色江西"电影叙事的红色主基调,彰显了中国革命叙事中坚贞不屈、无私奉献、敢于牺牲的革命浪漫主义精神,集中体现了中国革命叙事的红色文化自信。它融合电影技术和叙事技巧,自身也是革命精神的展现。"革命历史小说的意义不仅在于完成对革命历史的讲述,它的另一重要的功能便是通过对革命历史的讲述来激发现实中人们的革命热情,所以它本身也是革命的一种表征。"②"红色江西"电影叙事虽然采用了新的艺术形式,但依然坚守着革命历史小说的两大自信:一是革命已经胜利的自信,二是革命必将继续胜利的自信。

文化自信的关键指向是当下故事叙述者的文化认同感,而要定位这种文化认同感,还是需要立足于文化故事的具体叙述过程。当然,就像讲故事的人与小说作者不能等同一样,"红色江西"电影文化自信的行为主体也应该与作者本人区别开来。故事是讲故事的人讲述或叙述出来的,叙事之"变"的主体是"讲故事的人",叙述者的更替与转换留下了当代人的感知与身影。较为稳定的故事情节是"红色经典"的重要"恒量";"讲故事的人"则是核心"变量"。③ 故事叙述者是"红色江西"电影文化自信的行为主体,而文本作者则是存在于文本之外的具体社

---

① 〔美〕罗伯特·斯科尔斯、詹姆斯·费伦、罗伯特·凯洛格:《叙事的本质》,于雷译,南京大学出版社,2015,第 292 页。

② 郭剑敏:《中国当代红色叙事的生成机制研究:基于 1949-1966 年革命历史小说的文本考察》,中国社会科学出版社,2010,第 55 页。

③ 王文勇:《新世纪"红色经典"影视叙事发展窥探》,《电影文学》2023 年第 8 期。

会人。所以，仅就故事叙述过程而言，"红色江西" 电影文化自信，存在于电影叙事作品文本及其传播过程之中。

鉴于 "红色江西" 电影存在一个或多个故事叙述者或行为表演者，可以将 "红色江西" 电影文化自信的主体统称为文本中人格化的广义叙述 "人"。文化自信的重要判断基准之一是广义叙述 "人" 的理想愿望、信仰追求等价值取向是否代表了社会历史发展的正确方向。"红色经典的影视叙事者需要在历史真实与人物故事之间取得较为合理的叙事平衡，不能为了人物故事的趣味性而远离了历史真实的本体，也不能为了历史真实的本体而舍弃故事的趣味性与人物的当下形态。"① 在红色故事中，叙事行为主体可能讲述一个完全虚构的故事，但这个故事却呈现了历史真实的本体性意义，其理想愿望、信仰追求、价值取向契合社会历史发展的正确方向。就《浴血广昌》而言，故事虚拟时空的占比、密度均大大超过了叙述者的现实时空。② 然而，这丝毫不影响该部电影的红色文化自信底蕴。

任何故事内部都是多样性的统一，是充满张力的弹性结构。一方面，立体化的观察者视角才能叙述出故事的全貌，这就导致有些观察者与叙述者有着等同的认知、情感与价值判断，而有些则可能是相左的。前文已经提到观察者与叙述者的分离情况，但这种分离产生的反讽性效果也是文化自信的重要来源。"我们有时使用 '人物'、'戴面具者' 和 '叙述者' 这些术语，但是他们更经常是指作品中的说话者，他毕竟仅是隐含作者创造的成分之一，可以用大量反讽把他同隐含作者分离开来。"③ "红色江西" 电影的 "叙述者" 也会产生 "多声部" "复调" 的现象，例如，在《建党大业》中，周恩来与张国焘讨论起义与否的会议是十分隐秘的，但为了叙事过程的开展，必须通过观察者展现双方的不同视角，所以，观影者看到的每个人物表情都是借助观察者的视角。但是无论观察者如何变换，叙述者赞同起义的认知与判断依然十分明显。这时，叙述者与张国焘的观察者视角，就体现在赞同起义与否的故事人物之间的差异性甚或对立上，更加凸显出张国焘革命信念的不够坚定。

另一方面，讲故事是一个主客体运动的过程，既有作为主体的讲故事之人，也有作为客体的故事。假定存在一个恒定的故事，但讲出来的故事不可能千人一面。这说明叙述者对讲故事的过程及效果具有很大的能动性。讲什么、怎么讲及

---

① 王文勇：《新世纪 "红色经典" 影视叙事发展窥探》，《电影文学》2023 年第 8 期。
② 王文勇：《论红色电影〈浴血广昌〉叙事的时空处理》，《电影文学》2020 年第 17 期。
③ 〔美〕韦恩·布斯：《小说修辞学》，华明等译，北京联合出版公司，2017，第 68 页。

讲出怎样的效果，均需要发挥叙述者的能动作用。典型的案例是同一革命题材被反复拍摄成电影故事。八一南昌起义的革命历史题材被频繁搬上电影荧屏，例如，有汤晓丹执导的《八一南昌起义》，宋业明、董亚春执导的《八月一日》，刘伟强执导的《建军大业》等。这三部电影是不同时间的电影故事叙述者复述同一个故事，红色文化自信贯穿始终，显示出电影叙述者对革命历史的当下理解与阐释，但呈现不同的电影叙事效果。由此可见，"红色江西"电影叙事永远是现在进行时，连接了过去和未来两个时空，其彰显的文化自信会随着时间的推移越发彰显并深入人心。

总而言之，文化与文化自信均离不开当下人的自身行为、认知、情感和价值判断。文化的产生与发展是历史性的不可逆进程，而文化自信则是人们对过去的回望并投下认同性的情感、认知与判断。"红色江西"电影的文化自信既有文化自信的普遍性特征，又有扎根江西"红土地"的独特性。中国革命史是"红色江西"电影文化自信的宏大语境，南昌起义、苏区建设、井冈山的斗争等则是"红色江西"电影取之不尽、用之不竭的艺术素材。在叙事的过程中，"红色江西"电影的观察视角及叙述声音等显示出文化自信的充足底气。虽然观察视角频繁变换，叙述声音不会整齐划一，但是"红色江西"电影在人物的对比、情感的对照中展现出认知与判断上的反讽性效果，从而坚定红色文化自信、传承红色基因、弘扬革命精神，取得独具艺术特色的叙事价值、精神意义和接受效果。

【责任编辑：龚奎林】

【红色文化资源与人才培养研究】

"红色剧本杀"融入高校思政课教学的三重理路[*]

杨丽艳　张衍良[**]

【摘　要】"红色剧本杀"是一种将红色文化融入"剧本杀"情节的沉浸式体验活动，它依托主流价值观，以历史事件为题材，以家国情怀为主题，形式新颖，能够在高校思政课教学中强化情感导向。将"红色剧本杀"融入高校思政课教学，可将其作为辅助形式，推动高校思政课建设创新发展。本文从"红色剧本杀"融入高校思政课的必要性、可行性和实践路径等方面进行探究，旨在为"红色剧本杀"融入高校思政课教学提供有益借鉴。

【关键词】"红色剧本杀"；思政课教学；高校思政课

新时代学校思政课建设推进会传达了习近平总书记关于学校思政课建设的重要指示："以中华优秀传统文化、革命文化和社会主义先进文化为力量根基，把道理讲深讲透讲活，守正创新推动思政课建设内涵式发展，不断提高思政课的针对性和吸引力。"[①]"红色剧本杀"作为红色文化的呈现载体，以党的百年辉煌奋斗历程中的历史事件为题材，通过沉浸式体验，使参与者深刻感悟红色历史，传承红色精神。"红色剧本杀"融入高校思政课教学，能够进一步丰富高校思政课的教学方式和载体，提高思政课的针对性和吸引力。思考、研究"红色剧本杀"何以

---

[*] 基金项目：国家社科基金项目"红色文化引领人民精神生活共同富裕研究"（项目编号：22BKS173）；黑龙江省教育厅教改项目"研究生思政课建设存在的问题及对策研究"（项目编号：SJGSZ2023005）；黑龙江省高校思政课名师工作室项目"杨丽艳名师工作室""'大思政课'视域下红色文化融入高校思政课教学研究"。

[**] 作者简介：杨丽艳，博士，东北林业大学马克思主义学院教授，博士生导师，主要研究方向为红色文化与思想政治理论课教学；张衍良，东北林业大学马克思主义学院硕士研究生，主要研究方向为马克思主义中国化。

[①] 习近平：《不断开创新时代思政教育新局面 努力培养更多让党放心爱国奉献担当民族复兴重任的时代新人》，《人民日报》2024年5月12日。

融入、以何融入、怎样融入高校思政课，能够为当前高校思政课教学改革与实践提供一定现实启示。

一　"剧本杀"与"红色剧本杀"

"剧本杀"源于 19 世纪英国的"谋杀之谜"游戏，是一种结合角色扮演、推理和社交的沉浸式游戏。玩家通过扮演特定角色，在剧本设定的故事中互动、搜证和推理，最终实现剧情破解。1935 年出现的美国派对游戏"Jury Box"可以作为今天推理游戏的雏形。2013 年，《死穿白》（*Death Wears White*）的中译本传入国内，成为真正意义上的国内首个"剧本杀"游戏。2016 年，芒果 TV 推出国内首档角色扮演推理悬疑类综艺 IP——《明星大侦探》，它的开播使"剧本杀"游戏从小众桌游发展为百亿规模的线下娱乐产业。2021 年中国剧本杀行业市场规模达 170.2 亿元，2022 年达到 238.9 亿元，预计 2025 年中国剧本杀行业市场规模将增至 448.1 亿元。[①] "剧本杀"的剧本类型大致可分为本格本、变格本、情感本、机制本、欢乐本、恐怖本、还原本等，通过游戏参与，玩家可以在其中实现社交破冰、思维锻炼和文化学习。

2021 年，中国共产党成立一百周年，习近平总书记号召全党开展党史学习教育，全党党史学习氛围浓厚。同时，"00 后"大学生逐渐成为当今高等教育的主力军。在这一过程中，"剧本杀"这一国内新兴行业积极响应"中国红""党史红"的热潮，创作出众多以中国共产党革命历史与精神谱系为叙事基底、将红色文化资源融入实景角色扮演的"剧本杀"游戏。这些游戏依托沉浸式互动体验，被称为"红色剧本杀"。红色剧本站在人本主义高度审视革命历史人物经历及其与红色历史的关系，深度挖掘故事中的人性，以具身体验的方式演绎革命岁月、浸润红色记忆。[②] 区别于普通课堂中讲述和描绘理论知识、历史背景的"旁观者视角"，"红色剧本杀"凭借其沉浸式体验、参与式互动、探索性学习的特点，依托教学载体、内容和形式的创新融入高校思政课教学。这有助于激发高校学生的主动求知欲，深化情感共鸣、增强情感认同，因此可以成为一种新兴的创新型思政教育产品。其构建的沉浸式、场景化和教育性的文化实践形态，本质上是知识传

---

① 《2025 年中国线上剧本杀行业市场规模、竞争格局及发展趋势》，https://www.toutiao.com/article/7473376318323786240/？log_from=a6316821f7244_1744028704503。

② 尚晓扬、唐咸明：《"红色剧本杀"融入青年思想政治教育的三维审思》，《青少年学刊》2024 年第 2 期。

授（历史认知）、情感培育（价值认同）和行为引导（实践转化）的三维教育场域，为新时代高校思政课和社会主义意识形态教育与传播提供了新的形式和载体。"红色剧本杀"大体可分为物理实景式，如以陇海铁路大罢工为故事素材的洛阳《曙光》沉浸剧场，用空间叙事强化历史临场感；数字虚拟式，如《觉醒·1921》VR 剧情体验，突破时空限制实现历史与现实互动；混合现实式，如上海"红色一公里"MR 城市解谜，在现实红色场景中借助混合现实技术（MR），激活地方特色红色记忆。"红色剧本杀"将红色历史叙事转化为沉浸互动体验，在满足参与者社交与娱乐需求的同时，创新了红色文化教育的形式。其选择的主题兼具历史厚重性与价值观导向，通过多线叙事、任务驱动、角色扮演等环节丰富的剧情设计，利用场景与道具的环境渲染贴合历史背景，既涵盖历史真实性又兼顾活动趣味性，展现了红色文化教育与红色文化资源利用的新图景。

二 "红色剧本杀"融入高校思政课教学的必要性

党的十八大以来，以习近平同志为核心的党中央始终高度重视高校思政课建设，"思政课发展环境和整体生态发生全局性、根本性转变"[①]。同时，也对新时代新征程上的学校思政课建设提出了新的要求，强调要全面贯彻党的教育方针，进一步落实立德树人根本任务，不断开创新时代思政教育新局面。面对新时代新征程上高校思政课发展新要求和培养担当民族复兴大任的时代新人的需要，高校思政课教学改革已取得一定成效，但还要在提升教学实效性、提高学生"抬头率"、课堂参与度方面下功夫。将"红色剧本杀"融入高校思政课教学，以其教学活动立体化、价值认同情感化、认知建构具身化等特点推动教学范式转型，实现知识传递与价值塑造的兼顾，顺应学生认知规律，增强学生课堂注意力集中度、主动参与度，增强高校思政课的生动性和吸引力，提升教学效益，是创新高校思想政治教育形式，担负和践行新时代新征程教育使命的重要举措。

（一）推进高校思政课改革创新的客观要求

习近平总书记强调："真信才有真情，真情才能感染人。"[②] 高校思政课课堂

---

① 习近平：《不断开创新时代思政教育新局面 努力培养更多让党放心爱国奉献担当民族复兴重任的时代新人》，《人民日报》2024 年 5 月 12 日。
② 习近平：《论党的宣传思想工作》，中央文献出版社，2022，第 188 页。

教学一般以概念讲解、逻辑推理、举例分析等"讲道理"的方式进行，思政课需要"讲道理"，但"'理论+举例'只能解决学生对理论'懂不懂'的问题，却解决不了学生'会不会'的问题"①。高校思政课的教学任务不仅包括使学生习得、读懂理论，更重要的是要让学生真知真信、学思并用，做到以学促践，实现学生的自我建构。把理论"讲深、讲透、讲活"，需要以感性的实践，通过一定的感性呈现形式，增强课堂知识的具象性和鲜活性。将"红色剧本杀"这一红色文化体验活动融入高校思政课，正是适应新时代新征程上思政课发展要求和趋势，推动思政课改革创新，使高校切实担负起立德树人主体责任，奋力开创新时代高校思政课发展新局面的内在要求。

1. 革新教学理念打造互动开放课堂之需

"教学理念是教师通过教育理论学习和教育实践总结形成的对教学客观规律的理性认识，它是指导教师开展教学实践的逻辑前提。"② 革新高校思政课教学理念，要促进高校思政课教师努力做到"政治强、情怀深、思维新、视野广、自律严、人格正"③，增强教师培养"对话"型师生关系的意识，不仅要达到师生"话语间的表达与倾听，更重要的还有思想上的碰撞、情感上的共鸣、经验上的共识与心灵上的互通"④，使教师在教学中与学生共同参与、交往互动。将"红色剧本杀"融入高校思政课教学活动，一方面，可以实现知识传递与价值塑造并重。"红色剧本杀"通过"角色设置—情境沉浸—剧情复盘"的闭环帮助学生在历史情境中实现认知习得与意义建构，超越了单纯的知识点讲解与接收，并在剧情演进中培养学生自主分析、辩证思考和团队合作能力，进而实现高校思政课从平面叙事到立体体验的范式创新，以及融合知识传授、开放思辨和情感融通的理念革新。另一方面，兼顾教师主导与学生主体的双向赋能。教师不仅是知识的传递者，更多的是学生学习的引导者，在教学过程中发挥主导作用，引领学生参与"红色剧本杀"故事情节，在剧情中感悟历史、学习理论、传承红色基因，从而在心灵上有触动、思想上有感悟、行动中有体现，进一步拓宽师生互动的活动边界，将知识的单向传递变为师生的双向互动，在讲述理论的同时融入情境体验，把知识传授过程转

---

① 刘丙元：《思政课教学如何做到"理论联系实际"？》，《思想理论教育》2025 年第 1 期。

② 靳玉乐、孟宪云：《"双一流"建设与教学革新》，《高校教育管理》2018 年第 3 期。

③ 《新时代高等学校思想政治理论课教师队伍建设规定》，《中华人民共和国教育部公报》2020 年第 13 期。

④ 胡弼成、小伟：《对话—理解：大学教育的本真意蕴》，《教育研究》2010 年第 8 期。

化为学生的价值建构过程，为高校思政课发展注入新的活力和动力。

2. 创新教学载体丰富隐性教育形式之要

高校思政课教学载体是指"承载并传导思政课教学内容，可以被教育者所驾驭，并与教育对象紧密关联的物质存在形式或活动方式，是高校思政课目的、方法、内容与原则的承载者"①。创新高校思政课教学载体，就是要在运用高校思政课以往教学载体的基础上，进一步创新课堂内容承载和传递形式，探索高校思政课的隐性教育方式，满足学生个性化需求，增强高校思政课的针对性和亲和力。

目前，高校思政课教学在虚拟仿真实践、打造移动课堂、师生异位教学等方面取得了一定成效，但部分课堂在程序教学与实质教学统一、激发学生内在动力等方面尚有不足。教师在讲课过程中仍有时出现"硬融入""表面化"等现象，可能导致学生缺乏将自身思维与历史、理论情境相结合的能力，难以在教材讲解和教师讲述的"旁观"中实现与理论知识的深度互动。高校思政课要达到"理论性和实践性相统一"，就需要创新教学载体，正确认识和处理传统载体与现代载体之间的技术悖论。在继续落实和展现高校思政课刚性、量化、指标化、数据化的发展诉求②的同时，寻找适应新时代学生培育要求及认知习惯、有助于增强高校思政课实效性和提高学生课堂主体地位的新形式、新载体。相较于显性教育模式下的教学载体，"红色剧本杀"凭借其引人入胜的剧情、挑战思维的推理和沉浸式的角色扮演，将红色文化融入其中，依托沉浸式体验、代入式学习、情境化叙事，将久远、深邃的历史线和知识点具象化为可感知、可体验的"故事线""情感线"，增强学生对历史事件和理论知识的直观感知。这种情感代入和场景渲染相较于一般形式的知识点讲述，更适应大学生偏好互动娱乐、追求新鲜体验的特点，更易引发共鸣、深化理论理解、强化情感认同。它使学生在角色扮演与剧情演进中实现与历史人物的深刻共情，从被动接受知识转变为主动探寻知识，将理论知识学习与趣味性互动体验有机结合起来，为增强高校思政课的实践探索性和学习体验性提供了新的载体选择，也为探索新型隐性教育方式、促进显性教育和隐性教育更好结合提供了新的启发。

3. 更新教学设计充实交互教学环节之应

教学设计是根据课程标准的要求和教学对象的特点，对教学过程的各环节、

① 赫曦滢、关婷婷：《数字技术赋能高校思政课载体创新的思考》，《学校党建与思想教育》2024 年第 22 期。
② 张国启、王蕴喆：《思想政治教育载体发展的理念变革》，《思想理论教育》2023 年第 8 期。

各要素预先进行科学计划、合理安排，确定合适的教学方案的设想和计划。高校思政课教学设计在体现思想性和理论性的同时，适应新时代教育现代化要求，紧跟教育环境和学生学习需求的变化趋势，在理论传授的过程中增添互动性、参与性更强的环节安排，注重提升教学亲和力，采取多样化教学形式，使教学活动与教学内容有机结合，既注重内容融入，又重视活动浸入，使高校思政课教学设计更具创新性、时代性和针对性。在运用和完善原有教学设计的基础上，将"红色剧本杀"融入高校思政课教学，丰富教学资源供给、拓宽课堂时空场域，使教学内容更加生动可感，有效调动学生主动参与教学环节，在互动学习中体会党的艰辛探索历程。这种具有较强感官刺激和心灵感受的互动体验环节设计能引发学生思考，构建"活动体验—理论思考—情感升华"的教学模式，促进学生将所思所感内化于心、外化于行，做到学思结合、知行合一，推动实现以学促思、以思促践的良性互动循环，助力高校思政课向实现体验式感悟、参与式教学转变，从而打造互动性更强、具有情感温度的高校思政课课堂。

（二）引导学生正向发展的必然要求

将"红色剧本杀"融入高校思政课，以其沉浸性强、感染力大、形式新颖、剧情跌宕起伏等特点吸引学生参与，使其自身所蕴含的丰富红色文化资源滋润学生心田，让广大学生感受到红色文化的力量。这是高质量落实高校立德树人主体责任、增强学生爱国情怀、提升道德素养、满足学生个性化发展需求的实际需要。

1. 深化爱国主义教育，厚植家国情怀根基

"00后"大学生成长于文化、价值多元化以及社会信息化、数字化程度不断加深的时代，他们中越来越多的人"开始追求能让人充分发挥主观能动性，有别于日常生活情境，放松身心、调剂生活的事物"[①]，希望能够在表达自我时既能追求个性又能获得认同。在其自我意识全面觉醒的过程中，他们呈现建立在自我满足、自我愉悦、自我表现基础之上的价值认同新转向。面对在"00后"大学生的思想观念、行为特征、价值取向等方面所塑造的爱国主义教育情境的全新转变，我们迫切需要对高校思政课中的爱国主义教育针对性和实效性进行检视，探索对"00后"大学生更具引领力和亲和力的教学形式。"红色剧本杀"以党领导人民在革命、建设和改革时期和新时代发生的历史事件为主要创作背景，以"剧本杀"

---

① 刘森林：《"游戏的人"：青年的剧本杀游戏狂欢及其形成机制》，《中国青年研究》2023年第7期。

活动本身的趣味性和对青年人的亲和力创新高校思政课爱国主义教育形式，通过剧情设计、角色代入、任务驱动、价值引领和情感升华等多重机制，将爱国主义教育理论具象化为可知可感的红色叙事场景和爱国道德实践，助推爱国主义精神从理论知识向现实观照的创造性转化。学生们在沉浸式体验革命历史故事的过程中得以强化历史认知、实现价值内化，并在活动体验中增强国家认同感和归属感，培养爱国情怀。

2. 加强思想道德教育，筑牢价值观念基石

习近平总书记强调："要坚持立德树人、以文化人……提高人民思想觉悟、道德水准、文明素养，培养能够担当民族复兴大任的时代新人。"① 大学阶段正处于学生思想道德品质发展、确立的关键时期，高校思政课作为落实立德树人根本任务的关键课程，在教学形式、教学载体、课程设置等方面需顺应新时代思想品德教育要求，并贴合"00后"大学生群体特征和需要，采取更具针对性和实效性的方式进行教学。"红色剧本杀"在具身体验中突破了传统的平面讲述局限，于情景交融中实现了思想道德教育的焕新开展。例如，以新民主主义革命时期的革命英雄人物为角色原型，这些英雄人物身上所展现的革命乐观主义精神以及不怕牺牲、英勇斗争的伟大品质，通过剧本体验深刻感染学生，使其受到红色文化和革命精神的浸润，在潜移默化中接受革命道德教育，深入了解中国革命的优良传统，这对强化革命道德价值观念、传承中国革命优良传统具有独特意义；同时，"红色剧本杀"融入高校思政课对于提升学生个人道德修养具有重要价值。在活动过程中，引导学生从革命先辈的英勇壮举和感人事迹中展现出的伟大和崇高品质观照自身，激励学生形成正确的世界观、人生观和价值观。在参与活动的过程中，学生们相互配合、共同推动剧情发展，这种活动方式能够培养学生的团队协作精神和合作能力，使学生学会尊重他人、理解他人，形成积极向上的道德人格，进一步认识到团队和集体力量的重要性。如在《黎明之前》剧本中，参与者通过阅读剧情、角色扮演、沉浸思考等环节深刻感受革命先辈为了国家和民族的解放事业所作出的巨大牺牲和贡献，在游戏的关键部分通过相互协作，共同寻找线索、分析案情，在交流互动中逐渐揭开故事真相，促进了思想道德教育新格局的构建和完善，提升了高校思政课铸魂育人质量。

---

① 《习近平著作选读》第2卷，人民出版社，2023，第193~194页。

3. 增强学生使命担当，赋能时代责任履行

习近平总书记始终重视增强广大党员干部和青年的使命担当，强调要"不断叩问初心、守护初心，不断坚守使命、担当使命，始终做到初心如磐、使命在肩"①。当前，国内外形势深刻复杂，面对进一步全面深化改革、推进中国式现代化的时代要求以及域外势力在意识形态领域进行的影响渗透，在高校思政课教学中增强学生使命担当是提升学生思想政治觉悟、坚守初心使命和强化担当意识的迫切需要，更是强国建设和民族复兴的重要保障。"红色剧本杀"深深根植于党的百余年奋斗历史，以其蕴含的丰富红色文化资源为源头活水，通过代入式、沉浸式的体验，引导学生通过仔细探索和缜密推理完成任务，深刻感受剧中人物面临的艰苦抉择和坚定信念，进而在情感上产生强烈共鸣，激发历史使命感和时代责任感，使使命担当变为能真切体会到的情感驱动和精神鼓舞，激发学生传承和践行先辈精神，主动肩负起新时代赋予的新使命，寓教于乐的同时实现知识传授、情感共鸣和价值内化的融合。如中国人民大学图书馆组织的以1948年天津解放前夕为背景的"红色剧本杀"，参与者在一系列沉浸式互动环节中，抽丝剥茧还原故事真相，穿越时空"对话"革命先辈，切身感受他们在世事变迁中的悲欢离合、在小家与大国之间的挣扎抉择，体悟"舍小我而利公，行大道而忘我"的英勇无畏精神，坚定共产党人的崇高信仰，饮水思源、不忘初心。

三 "红色剧本杀"融入高校思政课教学的可行性

"红色剧本杀"的自身特点是其得以融入高校思政课教学的重要基础，在增强高校思政课教学的亲和力和针对性上发挥着独到的价值。多方面的教育资源整合，使"红色剧本杀"能够凝聚教育合力，有助于顺应教学需要和提升融入效果；目标和内容的契合使得"红色剧本杀"和高校思政课可以实现相互促进、协同发力；符合新时代高校思想政治教育规律，贴合当代学生成长特点，则是"红色剧本杀"可以融入高校思政课的重要依据。

（一）教育资源整合，增强教育合力

将"红色剧本杀"融入高校思政课，对各方面有益资源进行整合利用，增强

---

① 《习近平著作选读》第2卷，人民出版社，2023，第299页。

教育合力，以满足高校提升思政教学效果和学生课堂知识接受度的需求。

1. 理论知识与历史史实的深刻互释

"红色剧本杀"通过创新性的教育范式，在理论与实践、历史与现实的辩证统一中实现了理论知识与历史史实的深刻互释。首先，情境重构，历史场域中的理论具象化。通过场景还原、角色扮演、任务驱动等多重机制，将抽象理论转化为可感知的历史实践。例如，《觉醒年代》剧本以五四运动为蓝本，学生通过扮演罢课学生、罢工工人等角色，在"三罢"斗争的决策推演中亲身体验"人民群众是历史创造者"的理论精髓以及中国人民选择马克思主义、选择中国共产党的历史必然性，这种沉浸式叙事使马克思主义唯物史观从教材概念转化为易理解、可操作的实践逻辑，推动形成"历史现场即理论课堂"的认知跃迁。其次，项目驱动，史实挖掘中的理论验证。通过史料考据、价值提炼和实践应用，构建起历史经验与理论原理的互证机制。例如，在《永不褪色的山楂林》剧本中，参与者需要考据燕京大学沦陷时期的档案文献，在角色演绎中自主推导"爱国主义精神的历史传承性"，从而使抗战精神与社会主义核心价值观形成时空对话，将理论阐释嵌入历史细节的破译过程，强化"以史证理、以理释史"的共生效应。最后，双向激活，历史与理论的双向阐释。依托双向激活将文化记忆转化为精神基因。如《兵临城下》剧本通过朔县守城战的悲壮叙事，既用"人民战争理论"分析战争胜负的深层逻辑，又以历史抉择的残酷性印证"群众路线"的现实意义。因此，"红色剧本杀"融入高校思政课，在历史纵深中激活理论生命力，在理论高度上把握历史规律性，正是其自身特点和优势的重要彰显。

2. 实践活动与信息技术的有机耦合

丰富的校内社团活动、校外研学实践等形式为"红色剧本杀"融入高校思政课提供了广阔的发展基础和空间。网络信息技术具有信息量大、交互性强、开放性强、间接性强等特点，使"红色剧本杀"能够突破时空限制，为参与者带来更加多样、便捷、沉浸的互动体验。将实践活动与信息技术相结合，如在革命遗址、纪念馆等场所进行"红色剧本杀"的同时，运用3D影像、虚拟现实（VR）或增强现实（AR）技术实现历史场景数字化重构，搭建起虚实交融的立体教育空间，让学生实现与革命英雄人物跨时空对话交流，沉浸在近乎真实的革命历史场景之中。这里既有周围真实历史文物、文献资料等营造的浓厚氛围，又有超越现实的视觉、听觉甚至触觉的沉浸感官体验，从而使学生在充满新鲜感、真实性和互动性的新奇体验中感悟历史、了解历史，提升活动效果。通过运用人工智能、大数据技术，结合学生现阶段所学理论和历史知识，根据历史数据、红色文化素材以及学生对某一历史时期的兴趣爱好和了解程度，快速生成符合相关历史背景知识和课内外教学等实践活动要求的剧本情节，并根据后续教学实际情况和实践活动开展情况反馈，进一步完善大数据选择和推送程序，优化剧情设计，使其更加符合高校思政课和"红色剧本杀"活动开展的需求和期待。实现现实实践活动和现代信息技术的并用，将课堂教学变为线上线下相结合的多样化的教学方式。如四川成都狮子山街道创新打造集"角色代入+时空对话+身临其境"于一体的沉浸式思政课堂《菱窠传家录》，以"红色剧本杀"+AR 的 Citywalk 为特色，将李劼人的爱国奉献精神融入街头巷尾，打造群众身边的"行走课堂"，将党史学习教育融入日常生活。

（二）目标内容契合，便于同频共振

"红色剧本杀"与高校思政课在目标上一致、内容上统一，两方面的契合使"红色剧本杀"能够更好地融入高校思政课，在教学中发挥作用，从而实现二者的相互促进、协同发力。

1. 目标协同

高校思政课的目标是落实立德树人根本任务。具体而言，在理论教学方面，要帮助学生系统掌握马克思主义基本原理、毛泽东思想和中国特色社会主义理论体系，特别是习近平新时代中国特色社会主义思想等党的重大理论创新成果，使学生具备扎实的思想政治理论知识基础；在价值引领方面，要引导学生树立正确"三观"，坚定学生对马克思主义的信仰、对中国特色社会主义的信念，以及对实现中华民族伟大复兴的信心，自觉为坚定信念、实现理想而奋斗；在能力培养方面，要注重培养学生运用马克思主义的科学立场、观点和方法分析和解决问题的能力，提高学生的思想领悟力、政治鉴别力和实践执行力。"红色剧本杀"以红色精神为内核，以家国情怀为主题，将剧本、场景、表演等要素有机结合，其本质上是红色文化教育。"红色剧本杀"活动的开展，目的是拉近广大党员和学生与红色文化的情感距离，缩短与红色资源的时空距离，加强政治导向，保持政治本色，涵养初心使命，使之成为广大党员和学生思想政治境界升华的"推进剂"。将"红色剧本杀"融入高校思政课，使学生沉浸式体验红色剧本，扮演人物角色，以隐性教育的方式，达到"润物细无声"的效果，实现传承红色精神、弘扬红色文化、激发爱国情怀的教学目标。

2. 内容统一

高校思政课主要包括马克思主义基本原理、毛泽东思想和中国特色社会主义理论体系概论、中国近现代史纲要、思想道德与法治、形势与政策、习近平新时代中国特色社会主义思想概论等课程，旨在向学生系统介绍马克思主义的基本立场、观点和方法，帮助学生掌握马克思主义科学的世界观和方法论；讲述党在百余年奋斗历程中始终坚持理论创新和实践创新，不断推进马克思主义中国化时代化的艰辛探索；回顾中华民族从鸦片战争的屈辱到迎来实现中华民族伟大复兴光明前景的拼搏历程，使学生深刻感悟中华民族从"站起来"到"富起来"再到"强起来"的历史轨迹；提升学生的思想道德修养和法治素养，培养学生良好的道德品质和法治思维；帮助学生准确理解党的路线方针政策、基本国情、国内外形势及其热点难点问题，深刻领会党和国家事业取得的历史性成就和面临的历史性机遇与挑战；全面系统阐述和解读习近平新时代中国特色社会主义思想的丰富内涵和实践要求，引导学生在学懂、弄通、做实党的重大创新理论上下功夫。"红色剧本杀"通常选取在党的百余年奋斗历史中具有历史意义和教育意义的事件进行改编演绎，这些内容与高校思政课教学中的历史事件、人物事迹等相呼应，与教材中历史经验的总结和理论的探索、积累过程相一致，都包含了引导学生树立正确党史观、培育和践行社会主义核心价值观以及形成正确思想道德观念、提高政治站位和精神境界的教育内容，共同构成了学生了解国家历史、传承红色基因的重要载体，从而使"红色剧本杀"更好地融入高校思政课，实现二者相互促进、协同发力。

（三）符合思政教育规律，贴合学生成长特点

"红色剧本杀"遵循高校思想政治教育规律，且与当代青年的生活经验和心理特征紧密联系。

1. 与思想政治教育规律的双向适配

将"红色剧本杀"融入高校思政课，其一，遵循教育目的规律，明确价值导向。思想政治教育始终强调教育的目的性。"红色剧本杀"的创作与应用紧紧围绕立德树人这一根本任务而展开，其内容的选择、剧情的设计以及活动目标的设定，都紧密贴合高校思政课的核心素养要求，在活动中潜移默化引导学生坚定理想信念、站稳政治立场、树立正确"三观"，接受爱国主义和集体主义教育熏陶。其二，符合教育主体规律，突出学生主体性。思想政治教育高度重视学生主体地位。

"红色剧本杀"凭借其较强的互动性和体验性特点，充分调动了学生的主动性和积极性，使他们不再是被动接受知识的客体，而是转变为主动参与、积极探索和深刻体验的主体，深刻体现了学生主体地位。其三，体现教育过程规律，注重实践与反思。思想政治教育不仅高度重视理论知识的传授，更尤为强调实践环节和反思过程的重要性。在角色扮演中，学生们能够深入体验历史人物的内心世界，感受他们在特定历史背景下的情感波动和思想斗争。活动结束后，教师组织学生进行深入的讨论和全面的总结，引导学生进行反思，深刻理解相关事件和思想观念的内在逻辑和价值意义；同时，仔细观察活动开展情况和反馈信息，全面了解教育效果，并根据反馈信息对教学策略和剧本内容进行调整和优化。其四，契合教育方法规律，创新教学方法手段。创新教学方法和手段是为了更好适应时代的发展变化和当代学生的多样化需求。"红色剧本杀"将"剧本杀"游戏与红色文化教育巧妙结合，通过丰富的剧情设置、生动的角色塑造和紧张的氛围营造，使高校思政课教学变得更加生动有趣、富有吸引力，在一定程度上改变了以往高校思政课的单一教学模式。

2. 与当代学生成长特点的紧密贴合

今天的大学生群体主要由"00后"构成，他们主体意识、参与意识较为突出，有着极强的表达欲。比较丰盈的生活条件和网络信息化的生活场景使他们知识面更广、更自信、自我意识更强。互联网的去中心化特点使得"00后"具有一定的反权威、反经验化的思想倾向。高校思政课具有明显的规范性和系统性特点，思政课中的理论知识与"00后"大学生所习惯接受的多样化信息存在明显区别，二者之间的"距离感"体现出高校思政课在满足学生个性化需求方面略有欠缺。这就要求高校思政课关注"00后"大学生的个性需求和情绪价值实现，贴合其代际特征，实现讲授与启发相结合、规范性教育与个性化表达相结合。"红色剧本杀"作为当下一种新兴的红色文化体验活动，其原始形式是在国内青年群体中风靡多年的"剧本杀"游戏，这为"红色剧本杀"融入高校思政课提供了一个良好的受众基础。"红色剧本杀"通过历史穿越、场景变换和角色扮演等情境设置，实现学生与剧中人物的跨时空、沉浸式互动交流。剧本中的他们通过角色扮演和剧情演绎，深入挖掘剧本人物在国家危难之际内心的挣扎与期望，深刻体验剧本角色惊心动魄的生命轨迹，与之同悲共喜，达到自身情感与角色的深度共鸣，实现了心灵的洗礼和情感的升华。这种相对融洽的学习氛围，可以使学生在学习过程中感受课堂情感熏陶，并为其提供个性化表达渠道，满足其追求新鲜、挑战、敢于表现自我的个性需求。

四 "红色剧本杀"融入高校思政课教学的路径选择

在"红色剧本杀"融入高校思政课教学的过程中，可通过挖掘红色资源、寻访红色老区、结合红色校史等方式增强高校思政课教学效果，将宏大的红色历史叙事转化为互动性更强的叙事方式，以每个角色的微观视角，推动剧情的发展。同时，加强教师培训和剧本内容把控，提高"红色剧本杀"内容创作的合理性以及应用于高校思政课过程中的科学性和专业性，这也是创新高校思政课教学方式、强化教学效果的重要途径。

（一）挖掘红色资源，强化价值引领

"红色剧本杀"基于中国共产党和中国人民在波澜壮阔的百余年奋斗历程中创造出的丰富红色资源而创作，紧密地与红色文化相结合，其内容深深植根于红色资源的沃土之中。

1. 结合历史事件，演绎人物故事

应选择具有代表性、影响力和教育意义的历史事件和人物故事作为背景和题材，聚焦我国革命、建设和改革事业中的重要历史事件和时期。故事情节和背景设定应紧紧围绕当时的时代特点、社会环境和人物关系展开，同时充分利用现有的红色旅游景点、革命历史遗址以及专题博物馆等场所，结合其独特的历史故事、地方特色、历史文物和详尽的文献资料，进行剧情演绎和学习教育。具体而言，选择的历史事件必须符合历史史实，创作时应查阅相关文献资料或借鉴已有的研究成果、历史记载，为剧本剧情提供佐证。这些事件应具有鲜明的时代特色，能够直观反映当时社会的经济、政治和文化等方面的发展状况，但不可过于夸张，更不可歪曲、篡改。剧本的主题应明确具有教育意义和纪念意义，注重弘扬爱国主义、革命文化、民族团结等，引导学生思考和感悟这些主题思想。选择和塑造的历史人物必须具有高度的政治觉悟和坚定的政治立场，使历史人物个性鲜明，角色丰盈。剧情设计上要包含紧张、激烈的情节变化，逻辑清晰，能有效调动参与者的兴趣，提升参与体验。在运用历史事件时，要注意剧本内容教育性和趣味性的结合，既要保证剧本内容符合史实及其发展逻辑，突出教育意义，精心选择不同类型的历史事件和历史人物进行创作，确保内容和主题贴合；又要显示出

"红色剧本杀"活动的趣味性,充分考虑学生的活动体验和感受,确保学生们在一个生动有趣的活动氛围中感悟历史、接受教育。

2. 融合红色校史,创作本校故事

"红色校史是红色文化在一所学校的历史缩影,以一所学校的办学史、斗争史、教育史,具体而生动地反映中国共产党百年历史,具有凝心聚力、催人奋进的时代价值。"[①] 我国有不少高校在近代时期就已创立和发展,在革命战争年代经历了家国命运的跌宕坎坷,涌现了众多英雄先进人物和事迹,铸就了独特的精神风貌和办学理念,积累了丰富的红色校史资源。"红色剧本杀"内容创作可以吸收借鉴丰富的红色校史资源,将各高校红色校史所承载的红色素材、红色文献、红色精神融入内容创作,使其有效融入校园、融入学生生活,特别是融入校史学习教育。具体而言,如在校史主题参观学习等活动中开展以本校校史为主题的"红色剧本杀"游戏,提升学生对用本校红色资源创作的"红色剧本杀"的接受度和参与度;创建红色校史主题展馆,通过深入细致地梳理本校红色历史,挖掘红色资源,将鲜活的史实、生动的图文、精彩的绘画以讲解、展览的方式呈现,营造出浓厚的历史氛围,引导学生们对红色校史进行理解、感想,并基于历史史实进行创新性创作,打造学生们感兴趣的、乐于参与其中的"红色剧本杀"作品,从而增强校史教育的感染力和实效性,提升学生对学校的认同感和归属感。

(二)注重教师培养,强调内容把控

在将"红色剧本杀"融入高校思政课教学的过程,教师作为主导者,要将其游戏机制转化为教育价值,将技术要素转化为育人要素。内容承载剧本价值,要注意加强内容把控,保证剧本机制不消解政治内核,强化历史认知。

1. 注重教师技能培训,提升教学融入实效

"红色剧本杀"融入高校思政课,教师是关键执行者与推动者,要注重教师在"红色剧本杀"创作与应用方面的培训,提升融入的专业性与实效性。首先,提升教师对"红色剧本杀"教育功能的认识。教师要在思想层面充分认识和理解"红色剧本杀"所蕴含的教育意义及其融入高校思政课的根本目的,明确认识到"红色剧本杀"的核心在于通过"剧本杀"的活动形式对学生进行红色文化教育,从

---

① 尚婷、申明:《红色校史融入新时代大学生爱国主义教育例析》,《中学政治教学参考》2023 年第 19 期。

而实现学生在娱乐中学习、在体验中成长。其次，提升教师剧本创作与选择能力。"红色剧本杀"的育人效果在很大程度上取决于剧本质量。因此，教师需要具备创作和选择高质量剧本的能力。创作过程应尽量涵盖剧本结构设计、人物角色塑造、情节发展推演等关键要素，确保剧本内容既紧密贴合历史事实，又具有深刻的教育意义。同时，教师可以选择市面上口碑好、质量优的剧本进行购买引进，或选择与专业创作团队进行合作，以更好满足教学需求，提高应用专业性和剧本实效性。再次，提升教师组织与引导能力。要注重提升教师在活动中的组织协调能力以及引导技巧，帮助学生迅速进入角色状态，并在活动过程中进行适时且恰当的干预和引导。最后，注重跨学科合作能力的培养。"红色剧本杀"内容创作涉及历史、文学、心理学、艺术学等多个学科领域。因此，要鼓励教师进行跨学科学习，组织跨学科交流与合作，共同研发和设计剧本，提升剧本的学科性和教育性。

2. 强调剧本规范创作，确保内容准确有益

"红色剧本杀"融入高校思政课，最基本的就是确保剧本本身在内容上政治正确、导向鲜明，在价值上能够为学生所接受，使学生有所感悟和启发。首先，确保剧本内容的准确性和严肃性。"红色剧本杀"内容的准确性和严肃性直接关系到政治方向和教育效果，学校应组织、联合专业"红色剧本杀"创作团队对剧本内容进行严格审核把关，确保剧本中的历史事件、人物形象、时间线等要素真实准确，坚决避免娱乐化和低俗化倾向，反对任何历史虚无主义和错误表述的歪曲抹黑，以严谨的态度对待每一个细节，尊重历史事实，维护英雄形象。其次，注重剧本内容的教育性和启发性。"红色剧本杀"作为一种对广大学生进行红色文化教育的重要教学载体和形式，其内容创作应紧紧围绕高校思政课教育目标，将党的百余年奋斗历史以及在此期间培育、形成的优秀革命道德等核心元素有机融入其中，引导学生深入思考、深刻共情。同时，剧本还应具有一定的启发性，引发学生对历史事件背后深层意义的思考，培养其历史思维、批判思维和历史洞察能力。最后，强调剧本内容的多样性和适应性。根据新民主主义革命时期、社会主义革命和建设时期、改革开放和社会主义现代化建设新时期以及中国特色社会主义新时代的历史分期，开发、创作不同类型的"红色剧本杀"剧本，为学生提供丰富多样的剧本选择。此外，剧本内容还可根据学生的兴趣爱好、专业类别等进行适当的创新、调整，使其能够有效贴近学生。

（三）创新活动形式，探索发展空间

对"红色剧本杀"开展的场所与形式进行拓展，打通实践育人和数字赋能的

双层维度。

1. 拓展实地开展形式，赋能创新实践体验

组织学生赴革命遗址、红色老区、纪念馆等地进行主题研学，寻访红色故事、研究历史文件，深刻、直观地感悟革命人物的英雄事迹，并将搜集的素材进行整合、改编，形成具有地方特色的红色剧本。如在中共三大会址纪念馆开展的《前往南方的号召》"红色剧本杀"活动，通过剧情与任务设计，使参与者参与帮助中共三大顺利召开的行动。通过创建校内"红色剧本杀"社团或组织开展"红色剧本杀"创作大赛等活动，将有兴趣的学生集合起来，集思广益，创作并选择合适的剧本，从而适时开展"红色剧本杀"宣传活动及相关竞赛活动，通过演出、朗诵、DM模拟等形式，将"静态"的红色文本与"动态"的演绎相结合，充分发挥"大思政课"的作用，让师生更直观深刻地感悟党史。如《四方同安》取材于马巷魏家八人投身革命的故事，带领玩家感受我党地下工作者不畏艰难、坚定信仰，以及为中国的自由与解放而斗争的伟大精神。

2. 描绘线上发展蓝图，解锁数字增长密码

数字信息技术的迅速发展，特别是近些年的"线上课堂""线上考试""线上会议"以及人工智能、大数据、AR、VR等，为当今社会发展和人们的日常生活提供了极大便利和新奇体验，体现了线上领域的优越性。将"红色剧本杀"与网络信息技术相融合，依托AR、VR及人工智能等技术，搭配高品质音效渲染，让参与者身临其境地体验革命人物所处的硝烟纷飞的革命战争年代，感受革命人物的活动内容和生命历程；创作线上"红色剧本杀"影视演绎作品、"红色剧本杀"电子剧本等，并将"红色剧本杀"便捷地链接到思政课堂，减少活动开展的时空限制。这些都可以在一定程度上创新高校思政课的教学开展形式，实现"红色剧本杀"线上、线下的相辅相成、融合发展。如2022年7月，新华剧本演绎行业服务平台旗下"新华演绎"App正式发布红色电影剧本《烽火末班车》，玩家可在线上体验。

总体而言，将"红色剧本杀"巧妙融入高校思政课教学，是创新新时代高校思政课教育模式的重要尝试，有助于创新传承红色文化、弘扬红色精神的有效形式。这对于推进高校思政课创新发展，激发新时代大学生对红色文化的浓厚兴趣，传承红色基因具有积极影响，真正实现了高校思政课教学的与时俱进，对促进高校思想政治教育工作者切实担负起为党育人、为国育才的历史使命和时代责任具有独特意义。

红色资源融入高校课程思政建设的
现实样态与优化路径*

陈　刚　张旭坤　张泰城**

【摘　要】红色资源是高校课程思政建设的优质资源。红色资源在高校课程思政建设中的运用形成了标签式、混搭式、组合式和融会式等多种实践样态，但也遇到了实施主体认知和能力不足、红色资源挖掘和融入碎片化、保障机制不健全等现实困境。为提升红色资源融入高校课程思政建设的实效性，需根据科学知识学习规律、思想政治工作规律、教书育人规律和学生成长规律，不断增强和提升课程思政教师队伍的意识和能力，结合专业特点分类推进，构建科学的评价和激励机制。

【关键词】红色文化资源；红色文化；课程思政；思想政治教育

　　课程思政建设是高校课程育人本质回归和构建全课程育人格局的重要路向。课程思政元素的挖掘深度、课程内容供给的丰富程度、教学资源的品位，决定着课程思政建设的质量和成效，是深化高校课程思政建设的关键环节。《高等学校课程思政建设指导纲要》指出，要"深入挖掘课程思政元素，有机融入课程教学，达到润物无声的育人效果"[①]。红色资源作为中国共产党在百余年历史征程中遗留

* 基金项目：吉安市社会科学规划项目"红色资源赋能高校'大思政课'建设的机理与路径研究"（项目编号：25GHB017）；深圳大学马克思主义理论与思想政治教育专项资助"改革开放精神和特区精神在特区高校的赓续传承研究"（项目编号：24MSZX05）；教育部人文社会科学重点研究基地重大项目"井冈山精神对伟大建党精神的丰富与发展"（项目编号：21JJD710004）。

** 作者简介：陈刚，博士，井冈山大学中国共产党革命精神与文化资源研究中心讲师，主要研究方向为红色资源与思想政治教育；张旭坤，博士，深圳大学马克思主义学院特聘副研究员、助理教授，主要研究方向为中国特色社会主义理论与实践；张泰城，博士，井冈山大学中国共产党革命精神与文化资源研究中心教授，博士生导师，主要研究方向为教育学、经济学。

① 《教育部关于印发〈高等学校课程思政建设指导纲要〉的通知》，教育部网站，http://www.gov.cn/zhengce/zhengceku/2020−06/06/content_5517606.htm。

下来的具有资政育人价值的历史遗存，是党和国家最宝贵的精神财富，具有价值性与知识性相统一的教育特质①，是提升高校课程思政建设实效性的优质资源。许多高校都积极探索了红色资源在高校课程思政建设中的运用，形成了多种实践样态，同时也遇到了一些挑战。深刻认识和把握红色资源在高校课程思政建设中运用的实践样态及现实挑战，是推进深化高校课程思政建设、提升高校课程思政建设实效性的重要前提。

一 红色资源融入高校课程思政建设的实践样态

红色资源融入高校课程育人由来已久②，随着课程思政概念的提出，许多高校开启了运用红色资源助力高校课程思政建设的理论研究与实践探索，并取得了丰富的成果。在理论研究方面，学者们探讨了红色资源与高校课程思政建设的内在关联，认为红色基因传承与课程思政建设在教育目标、教育内容和教育载体上具有高度的内在契合性③，深入分析了红色资源融入高校课程思政建设在师资、社会环境和机制等方面存在的瓶颈，并提出了一系列优化和推进策略④，并就新闻传播学⑤、体育学⑥、审计学⑦、文学⑧、美术学⑨等学科具体课程的融入进行了深入探讨。在实践探索中，也逐渐形成了外铄型和内生型两种实践模式。⑩ 外铄型主要强调以专业课程为中心，将红色资源移植到专业课程内容和教学过程中；内生型则主要从课程本身入手，还原课程知识自身所蕴含的红色基因，将抽象的知识与具象化的红色资源结合起来，激发课程知识固有的德育功能。在课程教学的范畴内，

---

① 陈刚、张泰城：《论红色资源课程教学中的价值性和知识性统一》，《井冈山大学学报》（社会科学版）2022年第2期。

② 张泰城：《红色资源是优质教育资源》，《井冈山大学学报》（社会科学版）2010年第1期。

③ 邓艳君：《红色基因融入课程思政建设的三重路向》，《思想理论教育》2021年第2期。

④ 曹椿寓、王纪鹏：《红色资源赋能课程思政建设探究》，《中学政治教学参考》2022年第8期。

⑤ 郑振锋、徐健、张雨楠：《红色文化融入新闻传播学课程思政的现实难点与实践路径》，《传媒》2022年第5期。

⑥ 钱俊伟、钱永健：《立德树人视域下红色体育课程思政建设的实践路径》，《北京体育大学学报》2021年第6期。

⑦ 贾丽桓：《红色文化赋能课程思政的思考——以审计学课程为例》，《江南论坛》2023年第7期。

⑧ 郜淼：《徐州红色文化融入高校文学类课程思政研究》，《大众文艺》2025年第2期。

⑨ 林致言：《红色文化资源融入高校美术学专业课程思政的路径探析——以具象语言课程为例》，《新美域》2024年第11期。

⑩ 李辉、王丹：《内生育德：课程思政建设的基本遵循》，《新疆师范大学学报》（哲学社会科学版）2022年第2期。

红色资源与专业课程的教学内容是两个相对独立的知识体系。根据知识体系间的关系，结合二者在课程思政教学实践中的融入方式、路径和程度的差异，以及融入后两个体系间的关系状态，本文认为红色资源融入高校课程思政建设形成了标签式、混搭式、组合式、融会式四种不同的样态。深入分析红色资源助力高校课程思政建设的四种实践样态，并了解其背后所蕴含的哲学逻辑，是提升课程思政建设实效性的重要前提。

（一）标签式样态

标签式样态主要是指在课程思政教学实践中，将红色资源作为外在标签或符号，附加于专业课程的教学过程中，在形式上符合课程思政建设相关要求的实践样态。在教学实践中，标签式融入方式在教学的各个环节都有体现。备课时，教师可能会在教学目标中机械地添加与红色资源相关的表述，以满足课程思政建设中文本评价的要求。在教学过程中，教师亦会较为生硬地运用一些红色资源的符号，但这种运用缺乏内在关联。在教学总结评估时，教师也往往在总结中蜻蜓点水般地提及一些红色资源的符号。

标签式样态虽在表面营造出与红色课程思政相关的氛围，实质上却呈现"两张皮"的状态。课程思政概念的提出，旨在解决好专业教育和思政教育"两张皮"问题，避免"唯智论"，真正实现育人和育才的有机统一。然而，将红色资源以贴标签的方式添加到专业课程中，不仅不能有效地实现红色资源与专业课程的有机融合，反而可能导致红色资源的真实价值和深刻内涵被淡化或遮蔽。这种"外加"和"生拉硬扯"的做法，忽略了红色资源与专业课程知识之间的内在逻辑关联，使得红色资源在课程教学中显得突兀。更为严重的是，这种标签式的融入方式可能导致教学主客体仅认识到红色资源的政治色彩和意识形态属性，忽视了其内蕴的文化价值和教育意义，不仅不利于教学主客体对红色资源的深入理解和认同，反而可能引起反感和抵触。

（二）混搭式样态

混搭式样态是将红色资源的知识体系与专业课程知识体系随机结合的实践样态。这种实践样态在课程教学的过程中，表现为教学主体在课程知识的教学过程中，随机性地加入一些红色人物、故事或案例。但这种红色人物、故事或案例的运用缺乏整体上的设计，只是根据教学主体的知识储备，将红色资源的某个符号作为课程知识教学的辅助。这类融入方式有时能对专业课程知识的教学起到一些辅助作用，但整体而言，在去除红色资源后，基本不影响专业课程知识的教学。混搭式样态在红色资源融入课程思政的过程中较为常见。

混搭式样态表明，教学主体已经认识到红色资源知识体系与专业课程知识体系是相互独立的，且二者之间存在一定关联。然而，由于缺乏深入的研究和分析，教学主体并未深层次地揭示二者之间的内在逻辑关联，或者对红色资源知识的认知不足、储备不够，在专业课程知识讲授过程中只是随机性地加入了一些红色人物或故事，便认为已经实现了红色资源融入课程思政建设。这种实践样态还缺乏从整体上进行红色资源融入专业课程的教学设计，在教学实践中缺乏系统的布局和规划，使得红色资源在课程教学中出现重复或遗漏的现象，一些重要的红色元素可能在多个知识点上被反复提及，而另一些则可能被忽视。

（三）组合式样态

组合式样态是指教学主体认识到红色资源知识体系与专业课程知识体系存在内在逻辑关联，并开始从整体上进行较为合理的教学设计，有效地将红色资源融入专业课程知识的教学过程，从而形成"红色资源+专业课程"的"课程思政"教学样态。在课程教学实践中，组合式样态表现为红色资源逐步嵌入专业知识的教学，成为课程知识教学的一个重要补充，使专业知识学习更加生动、形象和立体。例如，在医学类课程中讲述红医精神，在理工类课程中讲述科学家精神，在教育学类课程中讲述教育家精神等。组合式融入是红色资源融入高校课程思政建设的有效方式和途径。组合式样态反映了教学主体对红色资源与专业课程知识体系的逻辑关联进行了较深层次的思考，并意识到红色资源能够有效提升专业课程知识的价值性。因此，教学主体从专业课程知识价值性提升的教学需求出发，寻求将红色资源作为专业课程知识价值性提升的有效补充和有力支撑。然而，这种实践样态虽然意识到红色资源具有鲜明的价值性，可以有效提升专业课程知识的价值性，却未充分认识到红色资源与专业课程知识都是价值性与知识性的统一。尤其是红色资源所承载的中国共产党百余年的社会实践，是诸多专业课程知识提炼、凝结、抽象的社会实践基础，是课程知识的原生形态，是人类社会文化产品的知识，包含了生动、丰富的过程性知识、方法性知识和结果性知识。

（四）融会式样态

融会式样态是指从专业课程知识内部结构出发，挖掘与之契合的红色元素，并提炼出其育人功能，从而"唤醒课程的红色育人基因"，实现课程思政价值性与知识性的统一，达到润物无声的育人效果的教学样态。融会式样态认为，以逻辑、概念、判断、推理为特征的知识教育，其育人功能潜隐在知识的背后。因此，要实现知识的育人功能，必须将知识还原到其产生和发展的历史和现实语境之中。红色资源作为专业知识产生的历史和现实基础，不仅能够传授知识，而且能够塑造人的价值观，使学习主体在无意识状态下形成符合社会主流的价值观。在红色资源融入课程思政的教学实践中，融会式样态表现为教学主体依据学科专业的课程知识教学目标任务，深入挖掘提炼课程知识所联结的红色资源，实现知识学习和价值教育的融会贯通，如化学专业课程融入红色标语保护，生物学专业课程融入映山红等植物资源保护，电子信息类专业课程融入"革命旧址三维数字扫描"，社会工作专业课程融入群众工作，美术学专业课程融入红色美术等。

融会式样态充分体现了红色课程思政育人价值性与知识性的统一。红色资源不仅蕴含了中国共产党百余年奋斗历程，承载了社会主义核心价值观，而且是中国共产党治国理政成功经验的历史遗存，是科学知识的重要实践来源。知识贯通式地融入专业课程，可以在引导学生步入理性认识的殿堂的同时，实现知识学习与理想信念层面精神指引的有机结合。这种方式不仅丰富了课程教学的内容，更在潜移默化中培养了学生的爱国情怀和社会责任感。这种融入方式持久地推动了课程思政建设的发展和完善，使课程价值、个人价值与社会价值在教育中得以统一。全面推进课程思政建设就需要在这样的教学进程中展开，通过各个层面知识的递进式传输来实现价值观教育内容在教学中的有机分解与巧妙聚合。[1]

融会式样态符合红色资源深化课程思政建设与发展的规律。课程学习的目的不仅是获得知识，更是要使学生在知识学习的过程中，形成独立判断，练就较强的思维能力，明确生活目标和人生方向。从课程设计的视角来看，将知识性内容转化为价值性内容需要经历一个系统的建构过程。首先，课程中的科学知识建构是起点。这意味着教育主体需要确保所教授的知识是基于科学原理和实证研究的，为后续的价值性建构奠定坚实的基础。在这个过程中，红色资源可以作为科学知

① 徐蓉：《深刻认识全面推进高校课程思政建设的价值目标》，《马克思主义与现实》2020年第5期。

识的具体案例或背景，帮助学生更好地理解科学知识的实际应用和社会价值。其次，在科学性基础上完成话语建构是关键。话语建构不仅要求学生掌握科学知识，更要求他们能够灵活运用这些知识，参与科学共同体的交流和讨论。红色资源的融入可以帮助学生从更广阔的视角理解科学话语，培养他们的批判性思维和创新能力。最后，完成意义建构是使抽象知识具有活力和价值的关键步骤。意义建构包括精神建构和价值建构两个层面。精神建构要求学生在情感和精神层面对红色文化产生认同，从而激发他们的爱国情怀和社会责任感。价值建构则强调红色资源在实际应用中的价值效用，使学生能够将这些知识转化为实际行动。在这个过程中，将课程知识还原到社会实践中至关重要。通过参与社会实践，学生可以更深入地理解红色资源的育人价值，实现知识与实践的有机结合。

二　红色资源融入课程思政建设的现实挑战

近年来，很多高校在运用红色资源推动课程思政建设方面进行了有益探索，形成了标签式、混搭式、组合式和融会式等实践样态，取得了一定的成效，积累了宝贵的经验，获批了一批示范课程。但从整体来看，当前红色资源融入课程思政建设在主体建设、资源挖掘和制度构建方面仍然存在一些问题，阻碍了红色资源提升课程思政建设的实效性。因此，有必要对红色资源融入课程思政建设进行认真检视，认识清楚问题症结所在。

（一）课程思政实施主体认知和能力不足

教师的教学理念、教学能力是影响红色资源融入高校课程思政建设的关键。但部分专业教师缺乏将红色资源融入课程思政建设的理念，以及将这些理念贯穿教育教学全过程的意识。有些教师不重视红色资源，将红色资源与专业课程育人分离开来，认为课堂只传授知识不进行价值引领，将立德与树人相分离、教学与育人相割裂。有些教师认为利用红色资源育人是思政课教师、辅导员等的责任，专业课程应该保持"价值中立"，只传授客观的事实性知识，让学生通过自我判断形成价值观。此外，还有部分教师重科研轻教学、重智育轻德育，不愿投入时间和精力去开发和挖掘红色资源，认为红色资源具有较强的意识形态属性，排斥红色资源在专业课程教学中的具体运用。

用好红色资源既要有"愿教"的动力，也要有"会教"的能力。作为提升高校人才培养质量的重要方式，红色资源融入课程思政建设要求教师不仅具备运用学科专业及知识体系进行人才培养的能力，还要把握红色资源课程教学的特殊性，拥有与之相适应的特殊能力结构，包括优化改进课程教学的教师自身因素的能力、研究把握课程教学特点和规律的能力、课程开发与课程设计的能力、不同类型课程的教学实施能力、激励学生在现场情境中有效学习的能力，以及在动态教学中维持课程教学秩序的能力六种能力。[①] 然而，部分教师不了解红色资源的特点和规律，无法在教学意义上将红色资源融入专业课程教学；部分教师习惯于讲授式的教学方法，对于不同类型的教学方式把控能力不强，尤其是缺乏情感激发、教学情境激活等促进学生有效学习的能力。

（二）红色资源挖掘和融入的碎片化

红色资源融入高校课程思政建设往往要求春风化雨、润物无声，将中国共产党百余年的社会实践与学科知识自然而然地交融，实现有机结合。当前，红色资源融入课程思政建设的教学策略和设计往往表现为将红色资源中的理想信念、社会主义核心价值观等元素随机性地穿插于专业课程的具体知识点中，缺乏整体性的规划。这种分散且不连贯的整合方式可能导致学生感受到价值引导的机械性和无组织性。专业课程中红色资源的混搭式融入不仅违背了提升和改革大学生思政教育的整体性原则，也不利于塑造学生的认知和行为，更无法构建一个完整的课程思政价值导向框架，因而无法实现课程思政的预期目标。另外，数智时代的学生倾向于碎片化的思考模式，课程思政建设不能以碎片化的形式回应这一现象，而是应当坚持系统性地将红色资源融入专业课程。

相较于红色资源整合面临的问题，运用系统性策略在课程教学中融入红色资源是一项更具复杂性的任务。每门课程在学术体系和知识结构中都有自己独特的角色，它们可以承载的红色元素种类各异：有的课程倾向于物质类资源的运用，有的强调精神类资源，还有的则关注信息类资源。要实现课程思政建设的深度整合，关键在于发挥各课程之间的相互影响和协同效应，构建内容与形式相得益彰的框架，让每门课程都能发挥其独特价值，形成一个协调统一的整体。然而，当前红色资源在课程思政建设中的使用往往局限在单个课程的视角，缺乏对各课程

---

① 张泰城：《论红色资源的课程教学》，载张泰城主编《红色文化资源研究》2016 年第 1 期，江西人民出版社，2016，第 93~101 页。

全面系统的规划，忽视了学科特性和学段差异，也未能充分利用校际的差异化优势，导致红色资源的融入缺乏连贯性和核心主题，课程思政建设难以形成凝聚力。

（三）红色资源融入课程思政建设的保障机制不健全

体制机制是红色资源融入课程思政建设的组织保障，可以有效地激发教师参与红色资源融入高校课程思政建设的积极性、主动性和创造性。然而，由于课程思政建设各项制度的不完善，尽管许多高校高度重视课程思政建设，但行之有效的激励机制亟待健全。各高校在考核评价、岗位聘用、评优奖励、选拔培训等环节尚未形成有效的激励机制，也未建立"负面清单"等惩罚机制。高校在课程思政建设方面尚未形成抓典型、树标杆、推经验的浓厚氛围。红色资源融入课程思政建设的评价机制亦存在一些问题，如评价标准缺失、过于宏观、片面化等，这直接导致"课程思政评价体系要么缺失，成为集体无意识；要么不健全，过于宏观；要么片面，有失合理性"[①]。这些问题导致了评价的不全面、不合理，进而影响了红色资源融入课程思政建设的效果。

红色资源融入高校课程思政建设是一项复杂且广泛的综合工程，要求多元化的教育参与者共同协作，汇聚各种教育元素以达成协同影响。但当前高校普遍采用的部门分割管理模式阻碍了协同教育机制的构建，这对教师在课程思政建设中有效地整合红色资源构成了直接挑战。由于部门之间、教师之间在红色资源与教育信息上存在"鸿沟"，专业教师在融合红色资源时面临知识和信息的限制，即便有意愿，也往往因条件所限而难以实施。此外，红色资源融入课程思政、思政课程及日常思政的过程不够流畅，专业课程的教师常常需要思政教师和辅导员的协助，但目前这种跨角色的合作体系并未完善，表现为实际合作不足、深度交流有所欠缺。

三 红色资源融入课程思政建设的路径指向

红色资源融入课程思政建设是一项长期而复杂的系统工程。要理性审视红色资源融入课程思政建设的实践样态，深刻认识遇到的现实困境，因事而化、因时而进、因势而新，根据科学知识学习规律、思想政治工作规律、教书育人规律和

---

① 陈始发、张丽：《论全面提升高校教师课程思政建设能力》，《马克思主义与现实》2020 年第 5 期。

学生成长的规律，科学选择红色资源融入课程思政建设的有效实施路径，提升课程思政建设的实效性。

（一）加强课程思政教师队伍建设

教师队伍意识的转变和能力的提升是增强课程思政建设实效性的两个重要方面。要转变教师的育人观念，增强红色资源融入课程思政建设的意识。当前，部分教师对红色资源融入课程思政建设存在认识上的不足。这种不足本质上属于认识问题，而非立场问题。首先，要加强政策学习与职业道德培训。高校可以通过会议、讲座等形式，组织教师学习党和国家的相关政策和重要会议精神。同时，开展教师职业道德培训，帮助教师摒除错误认识，明确课程思政建设的重要性，认识到红色资源在课程思政建设中的独特价值和作用。其次，要增强教师的使命感和责任感。定期组织教师参观红色教育基地、观看红色优秀教育影片等活动，让教师亲身感受红色资源的魅力，从而增强其使命感和责任感。

要提高教师的综合素质，提升他们将红色资源融入课程思政建设的能力。要确保红色资源在课程思政建设中的有效融入，必须解决两大核心问题：教师的动力和能力，特别是教师的红色资源挖掘和运用能力。首先要提升教师的马克思主义理论素养。可以邀请专家对教师进行系统的理论培训和指导，确保教师不仅"真学真懂"，而且能够"真信真用"马克思主义理论，为红色资源的融入提供坚实的理论基础。其次要搭建教师能力提升平台。这个平台应包括科研平台和教学实践平台两部分。在科研平台上，组织经验丰富的教师分享红色资源的挖掘方法、教学设计以及元素融入的具体实践，并通过示范和评析的方式，促使其他教师能够快速学习和掌握。在教学实践平台上，开展各类红色资源融入课程思政建设的教学比赛。最后要形成"教研相长"共同体，要求思政课和课程思政教师之间建立紧密的合作关系，通过教学研讨和集体备课等方式，共同解决红色资源挖掘和融入过程中遇到的实际问题。同时，鼓励教师将科研成果转化为教学内容，为课程思政建设提供多角度的学术支持。

（二）结合专业特点分类推进

红色资源作为课程知识的重要载体和高校课程思政建设的优质资源，其挖掘并不是随意性的。要遵循知识产生的逻辑，知识是专业课程的本质和生成元，具有相对独立的产生逻辑。红色资源是课程知识产生的重要历史和实践来源，在挖掘红色资源的过程中，要将知识按照产生逻辑逐步还原到产生场景中去，丰满知识的血肉和细节，将过程性知识和方法性知识呈现在学生面前。要遵循实践逻辑，红色资源融入课程思政建设并非单纯的形式化理论灌输，而是要在应对现实挑战的过程中激活其生命力。要遵循需求逻辑，红色资源融入课程思政建设的根本目的是要满足大学生的发展需求，要根据大学生的成长要求实现有效融入。

基于知识生产、实践和需求逻辑，红色资源融入课程思政建设要结合专业课程的特点分类推进。专业课程根据与红色资源的关系，一般而言可以分为三类。第一类是以红色资源为主要教学内容的课程，如中国共产党历史课程等；第二类是与红色资源关联较为紧密的课程，如人文社会科学类课程；第三类是与红色资源关联不紧密的课程，如自然科学类课程。不同类型课程在价值教育显示度方面会有所差异，不同的课程"德"的浸润性不一样，价值的涵纳度和显示度也存在差别。因此，三类课程运用红色资源的程度、内容和方式上有所不同。以红色资源为主要教学内容的课程可以运用展示式的教学方式，以革命旧居旧址、革命文物等为切入点，将红色资源蕴含的波澜壮阔的革命、建设和改革史展示出来；与红色资源关联较为紧密的课程可以通过体验式、参与式的教学方式，体验与感悟红色资源中蕴含的革命道德、人生哲理；与红色资源关联不紧密的课程可以通过案例式、研究式的教学方式，以中国共产党百余年历程的伟大成就为案例，分析其中蕴含的科学知识和伟大精神。

（三）强化评价和激励机制建设

评价和激励机制是实现红色资源融入高校课程思政建设的制度保障。要完善评价机制，营造红色资源融入课程思政建设的健康教学氛围。首先要从方向、理论、转化和服务四个维度构建评价体系。方向维度强调坚持马克思主义指导，确保教学内容的正确方向；理论维度注重传播红色资源背后的思想、科学知识，增强学生对教学内容的接受和认同；转化维度关注学生将红色资源内化为思想观念、转化为实际行动的过程；服务维度则将红色资源教学与学生发展紧密结合，实现教学与服务的双重目标。其次要改进结果评价，注重过程评价。不仅要关注课题立项、著作出版、论文发表等，更要重视教学过程的规范性、科学性和合理性。通过关注教师如何将红色资源融入课堂、如何设计教学内容和方法等过程性指标，确保红色资源在教学中的深入应用。最后要探索增值评价，关注学生发展。红色资源融入课程思政建设的评价应关注学生的思想行为变化、理论知识内化和实践转化等。这种评价方式更能反映红色资源对学生全面发展的促进作用。

要健全激励机制，为教师持续性运用红色资源提供保障。一要强化精神激励机制，构建一个完善的精神激励体系。该体系应包括目标、行为、榜样、荣誉、兴趣、情感、参与和形象等多个方面的激励，旨在形成重视红色资源和课程思政的氛围，并尊重从事课程思政教学的教师，切实增强他们的职业荣誉感和价值感。二要完善物质激励机制。要建立与红色资源融入课程思政建设工作相匹配的奖励制度，如设立专项奖励基金，给予在此方面取得突出成果的教师物质奖励。三要完善保障体系，营造公平、公开、公正的教育教学环境，确保教师在教育教学环境中感受到公平感，特别是在职称评定、职务晋升、绩效核算、年度考核等与教师切身利益紧密相关的环节上。这种公平感不仅关系到教师的工作满意度，更是激发他们内在动力的重要因素。

【责任编辑：时玉柱】

爱国主义教育的地方红色文化资源开发研究*

——以"大陈岛垦荒精神"为例

刘传雷　徐培林**

【摘　要】大陈岛垦荒精神是中华优秀传统文化、红色革命文化的重要组成部分，它体现了垦荒青年在艰苦条件下，通过勤劳与智慧创造出的物质和精神文化辉煌成果。大陈岛垦荒精神蕴含着丰富的爱国主义内涵，在垦荒过程中，青年志愿者不仅为大陈岛的开发建设、繁荣发展作出了巨大贡献，同时也展现了对祖国的深厚感情和责任担当。大陈岛垦荒精神激发人们的爱国热情，引导人们为祖国的繁荣富强而奋斗。大陈岛垦荒精神蕴含着自力更生、艰苦奋斗的精神内核，彰显了民族团结进步的力量。在新的历史时期，大陈岛垦荒精神视域下的爱国主义具有重要时代意义，需要深度挖掘、阐释其爱国主义内涵，将其融入国民教育、精神文明创建和法律法规，不断增强教育的针对性和实效性，为实现中华民族伟大复兴贡献青春力量。

【关键词】大陈岛垦荒精神；爱国主义；民族复兴

2020 年 8 月，浙江省委、省政府出台《浙江省加强新时代爱国主义教育实施意见》，要求牢牢把握新时代爱国主义教育的浙江优势。据笔者统计，党的二十大报告 13 次提到爱国。2023 年 10 月 24 日，第十四届全国人民代表大会常务委员会

　*　基金项目：教育部 2024 年度高校思想政治理论课教师研究专项一般项目"《爱国主义教育基本法》融入'思想道德与法治'课实践路径研究"（项目编号：24JDSZK032）；2023 年浙江省教育厅一般项目"数字化下高校爱国主义教育的生成机理及提升策略研究"（项目编号：Y202351970）；2025 年度浙江省教育科学规划课题"教育强国视域下高校爱国主义教育内在机制与路径创新研究"（项目编号：GH2025048）；台州学院党建研究课题"党建引领新的社会阶层人士统战工作的提升策略研究"（项目编号：2024YB02）。

**　作者简介：刘传雷，博士，台州学院副教授，主要研究方向为爱国主义和思想政治教育；徐培林，台州学院讲师，主要研究方向为党建与思想政治教育。

第六次会议通过《中华人民共和国爱国主义教育法》，要求加强爱国主义教育，传承和弘扬爱国主义精神，该法自2024年1月1日起施行。20世纪50年代，467名来自温州、台州等地的青年志愿者先后登上大陈岛垦荒创业，铸就了"艰苦创业、奋发图强、无私奉献、开拓创新"的大陈岛垦荒精神。2006年，时任浙江省委书记的习近平到大陈岛视察，强调"大陈岛开发建设大有可为"①。2010年、2016年，习近平先后两次给大陈岛老垦荒队员及其后代回信。大陈岛垦荒精神蕴含着深厚的爱国主义理论内涵及实践价值，在垦荒过程中，志愿者们克服了重重困难，通过自身努力实现了生产建设目标。军民相互帮助、共同奋斗，展现出强大的民族凝聚力和向心力。这种民族团结的力量，也是爱国主义精神的重要体现，有助于增强民族团结，激发人们的爱国热情，为实现中华民族伟大复兴贡献智慧力量。大陈岛垦荒精神的深层意蕴主要体现在对国家和民族的深厚感情，自力更生、艰苦奋斗、无私奉献的精神内核，以及民族团结等方面。大陈岛垦荒精神激励人们在面对困难时坚定信心、顽强拼搏，引导人们在实现中国梦的进程中，将其转化为实际行动，通过劳动创造价值。新时代，我们需要深入挖掘大陈岛垦荒精神视域下的爱国主义内涵和价值，将其转化为中国式现代化实践的动力源泉，为实现中华民族伟大复兴贡献个体的青春力量。

一　大陈岛垦荒精神视域下爱国主义的深层意蕴

大陈岛垦荒精神体现了中国军民对国家和民族的深厚感情。在垦荒过程中，志愿者们怀揣着对祖国的热爱和对民族的使命感、责任感，坚持"敌人破坏我建设"的原则，扫雷排雷、垦荒种地、捕鱼、养猪养牛羊等，付出了巨大的努力与牺牲，为大陈岛的重建与开发作出了历史性贡献。这种对大陈岛、对国家和民族的深厚感情，是爱国主义精神的核心。大陈岛垦荒精神蕴含着无私奉献、自力更生、艰苦奋斗的精神内核。在垦荒过程中，志愿者们舍小家为大家，克服了重重困难，通过自身努力实现了生产目标。无私奉献、自力更生、艰苦奋斗的精神内核，也是爱国主义的重要组成部分，不仅彰显了大陈岛垦荒队伍的勤劳和智慧，也体现了军民对民族自尊心和自信心的强烈追求。

---

① 王宇、金志良：《"大陈岛开发大有可为"——省委书记习近平考察大陈岛侧记》，《台州日报》2006年9月1日。

（一）爱国主义是大陈岛垦荒精神的"硬核"

爱国主义是一种对祖国、对人民的深厚感情和责任，是对民族文化和精神的继承与发扬。爱国主义是大陈岛垦荒精神的"硬核"，是支撑和推动大陈岛垦荒精神赓续弘扬的核心力量。爱国主义在大陈岛垦荒精神中体现得淋漓尽致，大陈岛垦荒精神是一种不怕困难、不畏艰辛、无私奉献、勇于开拓的精神，这种精神的背后是对祖国的深沉热爱。这种深厚的家国情怀，使垦荒志愿者们在面对困难和挑战时，能够以坚定的信念和不屈的斗志，去"战天斗地"，谱写了大陈岛建设的华美篇章。志愿者们的垦荒实践，是对爱国主义最生动的诠释。爱国主义作为大陈岛垦荒精神的"硬核"，体现了垦荒队伍及中国人民勤劳勇敢和坚韧不拔的精神风貌，是对中华优秀传统文化的继承和发扬。新时代，我们更应弘扬爱国主义，让这种精神成为推动国家发展、民族进步的强大动力。从历史维度看，爱国主义是一种历史责任感和民族自尊心。中华上下五千年，爱国主义一直都是中华民族的精神支柱。从古至今，无数的爱国者用自身行动，证明了他们对祖国的挚爱和忠诚。20世纪50年代，在新中国刚刚成立、亟须医治战争创伤、克服经济困难、迅速恢复和发展生产的历史背景下，志愿者们毅然决然地响应国家号召，一波又一波地向垦荒之地聚集，为国家的繁荣富强、民族的幸福安康而奋斗，这种精神在大陈岛垦荒精神中得到了充分的体现。从精神视角看，爱国主义是一种对民族精神的尊重和传承。大陈岛垦荒精神"艰苦创业、奋发图强、无私奉献、开拓创新"十六字所代表的，正是中华优秀传统文化中的勤劳、勇敢、奉献、智慧和创新。这种精神是对中华优秀传统文化的弘扬与发展，展现了军民一心、团结奋斗、无私奉献、不屈不挠的精神风貌。从现实角度看，爱国主义是一种对国家发展和人民美好生活的追寻。大陈岛垦荒精神所代表的，正是这种对国家发展和人民幸福的追求。垦荒志愿者们用自身的汗水和努力，为大陈岛开发建设作出了巨大的贡献，体现了对国家的热爱和对人民的责任感。可以说，他们不仅奉献了自己的青春，还影响了子孙后代，一代代垦荒人前仆后继，续写了大陈岛，乃至台州、浙江开发建设的新辉煌。

（二）爱党爱国爱社会主义是大陈岛垦荒精神"本质"

1955年1月，著名的解放一江山岛战役打响，人民解放军对国民党军据守的一江山岛发起进攻。这次战役是解放军首次陆、海、空三军的协同作战。从1月

18 日 8：00 至 1 月 19 日 2：00，历时约 18 小时解放该岛。一江山岛的解放意味着大陈岛的门户被打开，促使驻守大陈岛的国民党军队仓皇而逃，制造了震惊中外的"大陈浩劫"。可以说，大陈岛垦荒精神是在战火硝烟中孕育，在家国情怀中产生，是一种充满坚定信念、不畏艰难困苦、不怕牺牲、勇于创新发展的精神。它不仅深刻体现了中国军民勤劳勇敢、坚韧不拔的精神风貌，更生动展现了垦荒队伍、中国人民对党、对祖国、对社会主义的无限热爱。这种精神的"本质"是爱党爱国爱社会主义。首先，爱党是大陈岛垦荒精神的基石。随着当时中共温州地委的一声号召，广大青年即刻响应、积极参与，充分体现了青年积极拥护党的领导，听党话、跟党走的坚定政治信念。战后的大陈岛断壁残垣、一片狼藉，垦荒志愿者们在中国共产党的领导下，以坚韧不拔的意志和无私奉献的精神，先后开展种植业、畜牧业、渔业捕捞和加工业等，成功地在大陈岛上开辟出一片新天地，建设起新家园。垦荒队伍坚信，只有中国共产党才能带领人民走向繁荣昌盛，这种对党的坚定政治信仰，促使他们在面对困难和挑战时，始终能保持积极乐观的精神状态，勇往直前、直面挑战。其次，爱国是大陈岛垦荒精神的动力。爱国主义是推动大陈岛垦荒事业不断前进的强大动力。在垦荒过程中，垦荒青年将自己的青春和汗水献给了伟大祖国的大陈岛，甚至在扫雷排雷等工作中献出了宝贵的生命。这种为祖国奉献一切的献身精神，是爱国主义精神的核心内涵，表达了垦荒军民对祖国的一种最深厚的情感。他们用实际行动，完美诠释了对祖国的赤诚之心。最后，爱社会主义是大陈岛垦荒精神的灵魂。垦荒志愿者们以马列主义、毛泽东思想为指导，通过劳动实践，探索出了一条符合大陈岛实际的正确发展道路。志愿者们坚信社会主义能够带领军民走向更加美好的未来，凸显了对社会主义的强大自信。即使面对挫折失败，志愿者们也能始终保持初心，保持道路上的清醒与坚定。爱党爱国爱社会主义是大陈岛垦荒精神的"本质"。这种精神不仅体现了垦荒军民勤劳勇敢、坚韧不拔的精神风貌，更深刻地展现了人民对党、对祖国、对社会主义的热爱。

（三）实现民族复兴是大陈岛垦荒精神的深层"底蕴"

大陈岛垦荒精神不仅展现了垦荒青年面对困难和挑战时展现出的不畏困难、勇于开拓、敢于战天斗地、坚韧不拔的精神，也充分展现了垦荒青年"功成不必在我，功成必定有我"的思想境界，更是体现了中国人民对于国家兴旺、民族复兴的热切期盼和价值追求。首先，实现民族复兴是大陈岛垦荒军民的共同奋斗目标。被国民党实施"金刚计划"后的大陈岛，满目疮痍，百废待兴。边防军负责排雷，守卫海防；垦荒队负责垦荒，发展生产。军民同心，团结奋斗，大家心中都有一个共同的目标价值取向，就是重建大陈，建设祖国，实现民族复兴。这种对民族复兴的不懈追求，是他们不畏艰难、坚持垦荒的动力来源。其次，大陈岛垦荒精神体现了垦荒志愿者对民族复兴的执着信念追求。垦荒初期，面对生命威胁、岛上恶劣环境以及生产资料、经费严重不足的多重考验，这群平均年龄不足18周岁的垦荒青年非但没有退缩，反而越战越勇。在困难和挫折面前，他们始终坚信，只要坚持下去，就一定能够把大陈岛建设好。即使后期中央宣布垦荒任务圆满完成，仍有一部分队员选择了坚守。这种为追求国家兴旺、民族复兴而"咬定青山不放松"的执着信念，给予了垦荒队员敢于战胜一切艰难险阻的勇气与力量，支撑着垦荒队员克服重重困难，最终实现荒岛变明珠。最后，大陈岛垦荒精神展示了时代青年对民族复兴的高度责任感与使命感。面对中国共产党"建设伟大祖国的大陈岛"的号召，广大青年团员和青年积极分子热烈响应。短短几天，就有800多人报名要求参加垦荒队。因名额有限，许多热血青年没有被批准而痛哭流涕。对当时的青年来说，民族复兴不仅是国家的目标，更是每个人的责任，是时代赋予当代青年的使命。他们高喊着"坚持到底，绝不退缩，与英雄的边防军一起，用辛勤的劳动，把海岛变成可爱的家乡"的誓言，为国家繁荣富强、民族幸福安康做出了艰苦卓绝的努力，用实际行动诠释时代青年的责任担当。实现民族复兴是垦荒的价值旨向，也是大陈岛垦荒精神的深层"底蕴"。这种精神不仅体现了垦荒军民勤劳勇敢、坚韧不拔的精神风貌，更深刻地展现了人民对民族复兴的执着追求和责任感、使命感。新时代，我们更应该弘扬这种精神，让它在推动国家发展、民族进步中发挥更大的作用。同时，我们应该结合时代主题将这种精神传承发展下去，赋予它更多的时代内涵，让它成为激励我们每个人不断前进、不断追求的动力源泉。

二　大陈岛垦荒精神视域下爱国主义的新时代价值

大陈岛垦荒精神所蕴含的爱国主义是新时代建设中国特色社会主义的精神动力。这种精神体现了人民对国家和民族的深厚感情，是爱国主义的核心。在新的时代背景下，我们要继承和发扬大陈岛垦荒精神，坚定信仰、勇往直前，为实现中华民族伟大复兴的中国梦而努力奋斗。大陈岛垦荒精神所倡导的"艰苦创业、奋发图强、无私奉献、开拓创新"的精神内核，是新时代推进中国特色社会主义事业的重要动力和支撑。新时代，我们要继承和发扬大陈岛垦荒精神，积极投身到祖国需要的各项事业中。大陈岛垦荒精神所彰显的民族团结力量，是新时代维护社会稳定和促进经济发展的重要保障，有助于增强民族团结、促进社会和谐稳定、推动经济发展。

（一）有利于弘扬以爱国主义为核心的民族精神

大陈岛垦荒精神是垦荒队员在特殊历史时期所展现出的伟大爱国主义精神，是中华民族千百年来不断求索与努力奋斗的时代写照，展现了军民在面对困难和挑战时顽强拼搏、无私奉献的精神风貌。新时代，进一步研究阐释大陈岛垦荒精神，有利于弘扬以爱国主义为核心的民族精神。首先，大陈岛垦荒精神是对爱国主义的生动诠释。在当时的历史背景下，大陈岛的垦荒军民为了守卫海疆、建设"荒岛"，为了国家的繁荣富强、民族的幸福安康，毅然决然地前往荒凉的大陈岛。他们的行动，是对爱国主义精神的生动诠释，展示了垦荒军民对祖国的热爱和忠诚。其次，大陈岛垦荒精神是对民族精神的传承与弘扬。在中华优秀传统文化中，爱国主义一直是最为崇高的价值观之一，追求"修身，齐家，治国，平天下"的价值理想。大陈岛垦荒精神作为中华优秀传统文化的一部分，继承和发扬了这种价值观，成为激励人们为国家、为民族奋斗的强大精神动力。最后，大陈岛垦荒精神对于培育和弘扬以爱国主义为核心的民族精神具有重要的启示作用。随着经济全球化的不断发展，各种思想文化相互交融、碰撞，人们的思想认知和价值观念也呈现多元化的趋势。在这种情况下，弘扬大陈岛垦荒精神，有助于人们继承优良传统、弘扬中国精神，增强对祖国的情感认同和实践感知，从而更好地推动国家发展和民族进步。大陈岛垦荒精神对于弘扬以爱国主义为核心的民族精神具有重要的价值。新时代，我们应加强对大陈岛垦荒精神的研究和宣传，使之成为激励个体不断前进的动力源泉，推动实现中华民族伟大复兴。

（二）有利于培育和践行社会主义核心价值观

大陈岛垦荒精神作为中华优秀传统文化的一部分，不仅体现了中国人民勤劳勇敢、坚韧不拔的"文化基因"，更蕴含着丰富的社会主义核心价值观，垦荒军民充分彰显了"爱国、敬业、诚信、友善"的个体价值，生动诠释了"富强、民主、文明、和谐"的家国情怀。大陈岛垦荒精神对于培育和践行社会主义核心价值观具有重要的推动作用。

首先，大陈岛垦荒精神为社会主义核心价值观提供了重要的教育资源。在垦荒过程中，垦荒队员以实际行动践行社会主义核心价值观，为后人树立了良好的榜样。"主心骨"王宗楣、"舍己救人"陈显坤、"海上姑娘"金育育的故事，以及张寿春在孤岛上养羊、养猪的事迹等，他们坚定的信仰、无私的奉献、勤劳勇敢的精神，都是社会主义核心价值观的生动体现。通过学习和弘扬大陈岛垦荒精神，我们可以更好地理解、践行社会主义核心价值观。

其次，大陈岛垦荒精神为社会主义核心价值观的落地实践提供了重要的推动力。社会主义核心价值观是抽象的，但大陈岛垦荒精神源于大陈岛垦荒史，是激情燃烧的垦荒青年的奋斗史，是形象生动的，通过学习和弘扬大陈岛垦荒精神，我们可以更好地理解、践行社会主义核心价值观。大陈岛垦荒精神鼓励人们积极投身社会发展大潮，为实现中华民族伟大复兴贡献青春力量，其"奉献精神"与当下的志愿服务精神趋同，强调个人对社会的责任和担当，鼓励人们在实现自我价值的同时，也要为社会作出贡献。大陈岛垦荒精神与社会主义核心价值观的内在要求是一致的，对推动社会主义核心价值观的践行具有重要意义。

最后，大陈岛垦荒精神为培育和践行社会主义核心价值观提供了重要的精神支撑。时下，人们的思想观念和价值诉求日益多样化，弘扬大陈岛垦荒精神，有助于引导人们树立正确的"三观"，增强对人民、对祖国的热爱和责任感。同时，这种精神也能够激励人们积极投身中国式现代化，为实现中华民族伟大复兴开拓进取，更好地推动国家发展和民族进步。

新时代，我们更应该加大对大陈岛垦荒精神的研究和宣传力度，使大陈岛垦荒精神成为激励每一位时代新人进步的动力源泉。同时也要将其融入爱国主义教育、国民教育、精神文明创建和法律法规，不断增强教育的针对性和实效性。

（三）有利于为实现中华民族伟大复兴提供强大精神力量

"大陈岛垦荒史是众人拾柴的人民建设史，是勇立潮头的青年奋斗史，也是百折不挠的大众创业史。抚今追昔，面对一穷二白的大陈岛，一批批垦荒队员前赴后继，凭借一把锹、一根扁担、一把锄头，将自己的梦想、青春和热血浇注其中，成就了今天红色的岛、青春的岛、奋斗的岛。"[①] 大陈岛垦荒精神作为中华优秀传

---

① 冯荣：《大陈岛垦荒精神的社会价值及其教育转化机制》，《台州学院学报》2021 年第 5 期。

统文化的一部分，体现了中国人民在面对困难和挑战时顽强拼搏、无私奉献的精神。大陈岛垦荒精神对实现中华民族伟大复兴具有重要价值，为实现这一伟大目标提供强大的精神力量。首先，大陈岛垦荒精神为中华民族伟大复兴提供强大的精神动力。在实现中华民族伟大复兴的过程中，需要全体中国人民共同努力、接续奋斗。而"艰苦创业、奋发图强、无私奉献、开拓创新"的大陈岛垦荒精神正是勤奋、拼搏的生动体现，它鼓励人们积极投身社会，勇于面对困难挑战，为实现中华民族伟大复兴贡献力量。其次，大陈岛垦荒精神为中华民族的团结奋斗提供重要的精神支撑。在实现中华民族伟大复兴的过程中，需要全体中华儿女团结奋斗。而大陈岛垦荒精神正是这种团结奋斗的彰显，它强调个人对社会的责任和贡献，鼓励人们在实现自我价值的同时，创造更多的社会价值。这种精神可以激发人们的爱国热情和民族自豪感，增强全民族的凝聚力和向心力。最后，大陈岛垦荒精神可以为中华民族的未来发展提供重要的精神指引。在实现中华民族伟大复兴的过程中，需要我们不断地探索和创新。而大陈岛垦荒精神正是这种探索进取、创新创业的精神体现，它鼓励人们勇于开拓、创新发展，为实现民族复兴的中国梦提供重要的精神指引。

大陈岛垦荒精神中蕴含的爱国主义精神，是其最为核心的价值。在新时代，这种爱国主义精神被赋予了更加丰富的内涵和时代价值。它不仅仅是对祖国的深厚感情，更是对民族复兴、国家富强的不懈追求。它不仅是我们民族精神的集中体现，更是我们奋斗前行的精神动力。大陈岛垦荒精神视域下的爱国主义在新时代具有重要的价值意义。通过传承和弘扬大陈岛垦荒精神，我们可以更好地践行爱国主义精神，为实现中华民族伟大复兴的中国梦贡献力量。

三　大陈岛垦荒精神视域下爱国主义的实践向度

大陈岛垦荒精神倡导人们在面对困难和挑战时坚定信念、勇往直前，它鼓励人们自力更生、艰苦奋斗，积极投身到祖国需要的地方。大陈岛垦荒精神还强调民族团结进步，促进社会和谐稳定，推动经济发展。在此精神视域下，爱国主义的实践内容丰富、向度宽广。人们需要树立正确的历史观和国家观，增强民族自豪感和自信心，自觉维护国家的利益和尊严。政府和社会组织应加强对大陈岛垦荒精神的宣传和教育，提高人们的爱国意识和责任感。同时，还应积极开展爱国主义教育活动，引导人们深入了解大陈岛垦荒精神的爱国主义意蕴。个人应从自身做起，树立正确的价值观和人生观，注重自身修养和素质提升，积极参与社会公益事业和志愿服务活动，为实现中华民族伟大复兴的中国梦贡献自身力量。政府、社会组织和个人应多方联动，共同推动爱国主义教育走深走实。

（一）深度挖掘和积极弘扬大陈岛垦荒精神红色"密码"

为了更好地弘扬大陈岛垦荒精神，需要深度破解其红色"密码"，积极推进爱国主义教育。首先，要加强对大陈岛垦荒精神的学术研究。通过深入研究大陈岛垦荒精神的形成背景、内涵及时代价值，着力破解其红色"密码"，为爱国主义教育提供重要的理论支撑和实践指导。同时，要加强学术交流，推动研究成果的共享和转化，为弘扬大陈岛垦荒精神提供坚实的学术基础。其次，要加强对大陈岛垦荒精神的宣传教育。通过"线上+线下"多种渠道，如展览、文艺作品、宣传片、影视剧、微视频等方式，全方位、立体化、全景式、沉浸式地宣传展示大陈岛垦荒精神，让更多的人"走近"大陈岛垦荒精神。同时，要加强学校教育，将大陈岛垦荒精神融入大中小学思政课程内容，使学生在潜移默化中受到熏陶和教育。最后，要加强对大陈岛垦荒精神的实践探索。通过志愿服务、社会实践、红色研学等实践活动，引导人们亲身感受和体验大陈岛垦荒精神，从而更好地理解和践行。同时，要加强实践创新，借助"VR+AR+AI+5G"等技术赋能其精神内涵，探索新的实践模式和方式方法，为大陈岛垦荒精神的弘扬提供更加广阔的舞台。深度破解大陈岛垦荒精神的红色"密码"，是弘扬爱国主义精神的重要途径。要通过学术研究、宣传教育和实践探索等多种方式，引导人们深度把握大陈岛垦荒精神，从而更好地践行爱国主义精神。

（二）全面开展"爱国主义"教育活动

全面开展"爱国主义"教育活动，是深化爱国主义教育、弘扬大陈岛垦荒精神的重要举措。这种教育实践活动应适当扩大覆盖面，以多样化的形式和内容，推动爱国主义精神在更广泛的社会层面得到传播和弘扬。首先，要发挥学校的主渠道作用。在学校教育中，应当将爱国主义教育贯穿于课堂教育、校园文化、社会实践等环节。通过传授历史事件、英雄人物、传统文化等内容，引导学生树立正确的历史观和国家观。积极开展校园文化活动，如升旗仪式、文艺演出、体育比赛、校园文化节等，让学生在参与中感受到集体和家国的荣誉与自豪。其次，要广泛动员并发挥好社会力量的支持作用。政府、企业、社会组织等应当共同参与爱国主义教育，通过各种形式的资助和支持，推动爱国主义教育活动的深入开展。可以组织学生参加爱国主义主题夏令营、冬令营、思政实践等活动，在实践中感受国家的强大和民族的团结。最后，要发挥网络媒体的传播作用。在互联网时代，网络媒体已成为人们获取信息的重要渠道。因此，应当充分利用网络媒体的优势，加强对爱国主义精神的宣传推广。可以通过制作微电影、动画短片等形式，生动形象地展现大陈岛垦荒精神所蕴含的爱国主义元素。可以通过专题网站、微博、B站、公众号、博客等平台，共建共享爱国主义教育资源。通过网络直播等形式，邀请相关专家学者进行爱国主义主题讲座，吸引更多人关注和参与。此外，要发挥典型示范的引领作用。在开展爱国主义教育活动中，应当注重树立典型示范，通过表彰先进个人和集体，引导广大群众积极参与爱国主义事业。可以评选出优秀爱国主义教育活动案例、优秀爱国主义教育工作者等，为社会树立榜样和标杆。全面开展"爱国主义"教育活动是大陈岛垦荒精神视域下爱国主义实践的重要方向之一。大陈岛垦荒精神具有丰富的"爱国主义资源、青年垦荒资源、军民共建资源、海岛垦荒特性资源等"①，可打造具有地方特色的垦荒基地。通过学校、社会力量、网络媒体和典型示范等的协同作用，推动爱国主义教育在更广泛的社会层面传播和弘扬，培养人们的爱国情感和民族精神，为实现中华民族伟大复兴提供强大的精神动力。

（三）"赋能"个体自觉以激发其内生动力实现中国梦

大陈岛垦荒精神作为中华优秀传统文化、中国精神的一部分，不仅体现了垦荒志愿者在面对困难和挑战时顽强拼搏、无私奉献的精神风貌，更蕴含着丰富的精神能量、价值。在实现中国梦的进程中，大陈岛垦荒精神对于激发个体的内生动力、提升个体的自觉性具有重要意义。首先，大陈岛垦荒精神可以为个体自觉提供强大的精神支柱。在实现中国梦的过程中，每个个体都需要有坚定的信仰和意志，这是支撑个体不断前行的重要力量。大陈岛垦荒精神中所蕴含的爱国主义情怀和民族自豪感，可以激发个体的内生动力与自觉性，让个体更加坚定地投身于实现中国梦的伟大事业。其次，大陈岛垦荒精神可以为个体提供有效的价值引领。在实现中国梦的过程中，个体需要具备正确的人生观、价值观和世界观，这

---

① 李金花：《新时代的大陈岛垦荒精神及启示——基于大陈岛垦荒的历史研究》，《青少年研究与实践》2020年第1期。

是引导个体行为的重要价值导向。大陈岛垦荒精神中所蕴含的勤劳勇敢、自强不息的精神品质，可以引导个体树立正确的"三观"，使个体更加注重自身的修养和素质提升，从而更好地为实现中国梦贡献力量。最后，大陈岛垦荒精神可以为个体提供实践的动力和勇气。在实现民族复兴的过程中，个体需要具备勇于探索、敢于创新的精神品质，这是推动社会进步发展的重要力量。大陈岛垦荒精神中所蕴含的开拓创新、敢为人先的精神品质，可以激发个体的创造力和创新精神，让个体更加勇敢地面对挑战和困难，从而在实践中不断探索、不断创新，为实现中国梦贡献个体的智慧和力量。

在新的历史时期，我们更应加强对大陈岛垦荒精神的研究阐释，使其成为激励每个时代新人不断前行进取的动力源泉。

四　总结与展望

爱国主义是中华民族的核心价值观，是推动国家发展的精神动力。地方红色文化资源作为历史的见证和文化的传承，承载着丰富的爱国主义教育内容。大陈岛垦荒精神作为中国地方红色文化资源的一部分，承载着特定历史时期人民群众自力更生、艰苦奋斗的记忆，它不仅记录了20世纪50年代青年志愿者们响应国家号召，奔赴大陈岛进行垦荒建设的艰辛历程，更体现了为国分忧、艰苦奋斗、无私奉献的崇高品质。这种精神是历史的瑰宝，是新时代进行爱国主义教育的生动教材。通过对大陈岛垦荒精神的研究，我们不难发现其蕴含的爱国主义情怀。垦荒者们以国家需要为己任，舍小家为大家，他们的行动不仅是对祖国的深情告白，更是对后人的深刻教育。这种精神对激发当代人的爱国情怀、引导人们为国家的繁荣富强贡献自己的力量，具有重要的示范和引领作用。

同时，大陈岛垦荒精神也彰显了艰苦奋斗的优良传统。垦荒者们在面对恶劣的自然环境和艰苦的生活条件时，没有退缩和放弃，而是选择了坚持和奋斗。他们的事迹告诉我们，只有经过艰苦的努力和不懈的奋斗，才能创造出美好的未来。这种精神对于激励当代人在面对困难和挑战时保持积极向上的态度、勇于攻坚克难具有重要的现实意义。此外，大陈岛垦荒精神还体现了团结协作的集体主义。垦荒者们相互支持、共同奋斗，一起为国家的建设贡献力量。这种集体主义在当今社会依然具有强大的生命力。只有团结一心、携手并进，才能战胜各种困难和挑战，实现共同的目标和理想。

在爱国主义教育中，地方红色文化资源如大陈岛垦荒精神具有不可替代的价值。它们通过生动的历史事实和鲜活的人物形象，使人们更加直观地感受到爱国主义的伟大力量。因此，我们应该深入挖掘这些资源的内涵和价值，通过多种方式进行有效的开发和利用，使其在新时代的爱国主义教育中发挥更大的作用。为了充分发挥大陈岛垦荒精神在爱国主义教育中的作用，我们应该采取多种措施进行资源开发。一方面，可以组织专家学者对大陈岛垦荒历史进行深入研究，挖掘其更深层次的精神内涵和教育价值；另一方面，可以利用现代科技手段，如虚拟现实、增强现实等，创新展示方式，让青少年更加直观地感受垦荒精神的魅力。可以通过课堂教学、实践教育、校园文化建设等多种途径，将大陈岛垦荒精神等地方红色文化资源融入爱国主义教育。通过讲述垦荒者们的故事、分析他们的精神内涵，引导青少年树立正确的"三观"，激发他们的爱国情怀和责任感。另外，还可以通过举办讲座、展览等活动，扩大大陈岛垦荒精神的社会影响力，引导更多人关注和传承这一红色文化资源。

【责任编辑：陈　岭】

【红色文化产业化研究】

科技赋能红色旅游新业态建设与新场景打造*

黄细嘉　巫海宾**

【摘　要】 红色旅游蕴含深厚的精神内涵与丰富的时代价值，是新时代推动社会主义核心价值体系建设与增强文化自信的重要动力源。科技是传播和传承红色文化的重要手段，是还原历史面貌、构建连接现实与历史桥梁的重要支撑。以科技赋能红色旅游新业态建设与新场景打造，在强化红色文化感知、唤醒红色历史记忆、升华红色旅游体验等方面具有重要意义，是推动红色旅游高质量发展的重要途径。

【关键词】 红色旅游；科技赋能；新业态；新场景

在经济全球化与数字化深度融合的背景下，红色旅游作为传承革命文化、弘扬社会主义核心价值观的重要载体，正面临从传统叙事向科技化、场景化叙事转型的关键阶段。① 《"十四五"文化和旅游发展规划》明确提出"推动文化和科技深度融合"。在 Z 世代逐步成为主流消费群体的时代，红色旅游亟须通过技术创新实现历史记忆的当代重构与价值认同的深度塑造。当前，学界普遍关注科技在红色旅游中的应用，认为其不仅是文化传播的媒介工具，更是实现红色资源创造性转化与创新性发展的核心动力②。

然而，红色旅游在科学技术的加持下仍存在三方面局限。其一，在新业态开

　＊　基金项目：国家社会科学基金项目子课题"革命老区'红色文化+旅游'融合发展的路径优化与政策保障研究"（项目编号：21&ZD17801）。

＊＊　作者简介：黄细嘉，博士，南昌大学旅游学院教授，博士生导师，主要研究方向为红色旅游、红色文化资源；巫海宾，南昌大学旅游学院硕士研究生，主要研究方向为红色旅游。

①　黄细嘉：《金融科技赋能旅游高质量发展：基于经济效率视角》，《贵州社会科学》2023 年第 1 期。

②　刘建平、陈金丹、范晓倩：《数字技术赋能红色旅游高质量发展的作用机理与路径探索》，《湖南财政经济学院学报》2024 年第 1 期。

发与新场景构建过程中，技术供给方与应用方普遍缺乏协同标准意识，一般也不会考虑信息共享问题，导致"信息孤岛"与"技术堆砌"现象并存；[1] 其二，对Z世代群体的认知图式与体验诉求响应不足，沉浸式场景中存在"技术主导型叙事"与"文化内核弱化"的失衡现象；其三，技术应用多呈现碎片化特征，尚未形成覆盖资源活化、业态创新与价值转化的系统化实施框架。基于此，本文以"科技赋能红色旅游新业态建设与新场景打造"为核心命题，在大量实地走访调研的基础上对红色旅游经典案例进行剖析，探讨科技赋能红色旅游新业态建设与新场景打造的实现路径。

一　科技赋能红色旅游发展的现状和趋势

随着国家文化数字化战略的实施，移动应用、生成式人工智能、三维修复、大数据、元宇宙、AR、VR 等技术在声光电物理技术的基础上得到广泛运用，数字科技正在不断赋能红色旅游。多维度、多方式、多样态地展现红色新业态、新场景、新体验，唤醒游客的红色记忆，增强人们"只有共产党才能救中国、只有社会主义才能发展中国"的政治认同，激发人民赓续红色血脉、传承红色基因、弘扬红色精神的使命感和责任感，既是红色旅游发展的新趋势，也是红色旅游发展的新任务。文化和科技的双向奔赴，激活了遗留在革命老区的红色基因密码，使文化有了新体验，文旅有了新业态，产品有了新场景，产业有了新面貌，智慧红色旅游方兴未艾。

（一）科技赋能红色旅游的概念内涵

《中华人民共和国国民经济和社会发展第十四个五年规划和 2035 年远景目标纲要》提出，"要加快数字化发展，建设数字中国"，"推动购物消费、居家生活、旅游休闲、交通出行等各类场景数字化，打造智慧共享、和睦共治的新型数字生活"。[2] 2020 年，文化和旅游部、发展改革委等十部门发布的《关于深化"互联网+旅游"推动旅游业高质量发展的意见》中提出，要坚持技术赋能，深入推动

---

[1]　陈琳琳、徐金海、李勇坚：《数字技术赋能旅游业高质量发展的理论机理与路径探索》，《改革》2022 年第 2 期。

[2]　《中华人民共和国国民经济和社会发展第十四个五年规划和 2035 年远景目标纲要》，中国政府网，https://www.gov.cn/xinwen/2021-03/13/content_5592681.htm。

旅游领域数字化、网络化、智能化转型升级，促进旅游业发展质量、效率和动力变革。① 2021 年国务院发布的《关于新时代支持革命老区振兴发展的意见》中明确强调，"要大力支持并宣传红色旅游工作，推动红色旅游高质量发展"②。科技赋能红色旅游，就是要立足于红色文化本身，将多媒体、人工智能、虚拟现实和增强现实等科学技术与红色旅游进行深层次融合，丰富红色旅游业态，完善红色旅游场景，形成以游客为点、以科学技术为线、以红色旅游景区为面、以红色文化为景的新格局。

（二）科技赋能红色旅游发展的现状

近年来，全国主要红色旅游目的地通过科技创新驱动，在资源活化、场景升级与业态重构三个维度实现突破性进展。在资源活化层面，依托数字孪生、虚拟现实（VR）等技术对红色文化进行创造性转化，例如南昌八一起义纪念馆实施的"5G+VR 红色旅游示范工程"③，通过高精度场景建模与交互式叙事，使游客身临其境地感受革命历史；江苏省开展的"可移动革命文物数字化保护工程"，则系统性完成 76 个项目的三维数据采集与动态展示，为革命文物的永续留存提供技术保障。在场景升级方面，物联网与大数据技术推动景区治理效能显著提升。以上海市"红途"平台为例④，其整合 379 处革命遗址与 147 家爱国主义教育基地的空间数据与历史信息，构建全域红色文化资源数据库，实现"预约—导览—反馈"全流程智慧化管理，同时通过人脸识别与 LBS 技术优化游客动线，有效破解传统景区"重管理、轻体验"的痛点。在业态重构方面，贵州省"一码游贵州"平台开设"红色贵州"专区，以数字文创为载体，将红色故事转化为 H5、AR 明信片等产品，例如通过扫描实体文物触发虚拟历史场景，实现"物—景—人"的多维互动，推动红色文化从静态展示向动态参与转型。

然而，当前实践仍面临结构性矛盾：其一，技术应用呈现"点状突破"特征，多数景区尚未形成系统性转型框架，如沉浸式体验多局限于局部场景，未能与景

---

① 《文化和旅游部、国家发展改革委等十部门联合印发〈关于深化"互联网+旅游"推动旅游业高质量发展的意见〉》，中国政府网，https://www.gov.cn/xinwen/2020-11/30/content_5566041.htm。

② 《国务院关于新时代支持革命老区振兴发展的意见》，中国政府网，https://www.gov.cn/zhengce/zhengceku/2021-02/20/content_5587874.htm。

③ 李凤亮、杨辉：《文化科技融合背景下新型旅游业态的新发展》，《同济大学学报》（社会科学版）2021 年第 1 期。

④ 肖周：《讲好红色故事打造红色旅游"金名片"》，《南昌日报》2021 年 10 月 21 日。

区整体叙事逻辑深度融合；其二，业态创新与场景构建存在割裂现象，部分项目过度追求技术上的"炫技"，忽视文化内核的深度表达，导致"科技赋能"异化为"技术堆砌"；其三，市场响应机制尚未健全，Z世代群体期待的个性化、社交化体验供给不足。这些矛盾表明，红色旅游的科技赋能亟须从"单点试验"转向"系统重构"，通过技术、业态与场景的协同创新，实现文化价值与市场效益的双向增值。

（三）科技赋能红色旅游发展趋势

在数字化时代，红色旅游发展朝着智慧化、智能化方向不断迈进，呈现科技赋能状态下的红色旅游发展新趋势。

一是在资源保护方面，科技赋能红色资源数字化保护，让资源更加"定形"。作为历史遗产和文化现象，红色文化遗址遗迹、资源资料易受自然和社会多种因素影响，甚至随着时代发展和社会变迁而遭到一定程度的破坏和损伤。通过提取扫描红色建筑、革命文物等资源数据，让红色资源在一定状态下"定形"，获得精确的时间和空间坐标数据，从而实现预防性警示和及时性保护。3D扫描等数字技术的发展，可以让红色资源得到数字化留存和保护。二是在文化传播方面，科技拓展红色文化传播途径，让文化更为"入心"。红色景区通过微信公众号、B站、抖音、小红书等线上平台，将革命事件、历史人物、红色故事、精品路线等智能化、全景性、立体式展示，打破时间与空间的限制，使红色文化实现准确、适时传播并深入人心。三是在游客互动方面，科技创新红色旅游表达形式，让产品更加"动感"。近几年红色旅游市场发展呈现年轻化趋势，针对多数红色旅游景区存在以静态展示为主、互动性不足的问题，科技赋能红色旅游，多维植入新场景，形成新业态，为游客提供多样化的沉浸式体验和多维式互动，使人与物、人与人、人与地、人与境之间产生多样结合、融合状态，让游客参与、体验更加立体、具体和多维、多样，极大增强了红色旅游的"寓教于乐"效果。

（四）科技赋能红色旅游发展存在的主要问题

科技赋能红色旅游为红色旅游市场开辟了新蓝海，各地均加大科技投入，构建红色旅游发展新场景，催生红色旅游发展新业态，呈现一片欣欣向荣的局面。但在快速发展过程中，也出现如下制约因素和瓶颈问题。

一是"信息孤岛"现象严重。当前我国红色旅游数字化发展仍处在起步阶段，

"信息孤岛"现象严重，导致数字化成本高、沉浸式体验产品模仿多。个别红色景区在进行科技革新时，往往不制定技术标准，也不考虑信息共享问题，而"跟风"景区又不考虑自身特点，一味追求"实用快上"，照抄其科技运用的特殊做法，致使"信息孤岛"时有产生。此外，由于长期以来信息化教育的深度和广度不够，红色旅游从业人员对科技信息产品的认识度不高，在运用科技赋能红色旅游的过程中，没有深入了解不同科技产品有各自针对的利用领域的客观现实，一味追"新"，导致科技赋能成本增高、难度加大。科技赋能红色旅游是一种全新的业务拓展，不仅要深入了解受众的需求，合理运用科学技术，还要根据历史语境输出数字化内容。

二是盈利模式比较单一。大部分红色景点的智慧旅游产品开发依赖政府专项资金，只有少部分社会资本投资的红色景区能实现市场化经营。此外，市场化项目多聚焦研学与团建市场，产品同质化率高，盈利模式缺乏多元化，竞争激烈，利润空间有限，尚未形成"文化 IP 衍生—数字资产运营—跨界联名开发"的多元收益矩阵。

三是宣传手段未多样化。随着旅游数字化营销的快速发展，抖音、小红书、快手已成为旅游营销传播的新渠道，但多数红色景区只是简单地将自身资源在多平台发布，没有考虑不同平台的核心竞争优势，未能精准分析红色文化的用户定位以及不同平台受众对象的特殊需求，没有进行针对性的推广，难免事倍功半。

四是错把手段当内容。目前数字技术在旅游产业的广泛应用在一定程度上存在过热与非理性现象。[①] 大部分红色景区对科技赋能的真正含义一知半解，对科技赋能的概念认识偏颇，片面地把科技手段当作发展方向，忽略了红色资源的主体地位与自身价值。科技赋能红色旅游是一项复杂系统工程，不是简单依靠技术手段和数字化工具堆砌就能实现的。手段、工具都是为内容服务的，片面地认为有了高智能、新科技就能有好产品，纯粹只注重智慧打造、技术运用和新产品开发，错把手段当内容，往往导致"事倍功半"与"事与愿违"的结果。

二　科技赋能与红色旅游产业新业态建设

"业态"一词最早源于日本，我国在 20 世纪 80 年代开始将"业态"引入商

---

①　王彬：《数字化为红色文化资源保护传承再添动能》，《中国文化报》2022 年 3 月 28 日。

业，之后"业态"也被引入旅游业。① 一个产业或行业在发展过程中不可能是一成不变的，必然会经历一个由初步探索到逐步完善，再到逐渐改进、深入、拓展、改造、转型、升级的过程，旅游业也不例外。为了在激烈的竞争环境中提高影响力和竞争力，旅游行业和企业不断推陈出新，融入新的思想，注入新的内容，创造新的体验，建设不同于传统业态的新业态，这也是其转型升级、提质增效、实现高质量可持续发展的必然选择。

在全域旅游的大背景下，随着互联网等各类新科技融入旅游业的大趋势，更受市场欢迎的互动性、参与型、体验式、沉浸式红色旅游新产品、新业态层出不穷。以静态展示参观为主的传统红色旅游模式和方式，在弘扬红色精神价值、传承红色文化基因等方面的功效逐渐减弱，而"沉浸式"文化体验、科技化文化传播、智能化文化保护成为新的趋势。科技不仅让红色旅游发展呈现新形势，而且对其新业态建设起到了促进作用。

（一）红色演艺旅游：提升红色文化感知

在新技术的推动下，旅游演艺门类不断推陈出新，由最初的框架式舞台表演转变为如今的旅游实景演出。红色演艺作品借助新技术手段进行"再媒介化"创作，为其传播拓展了一个具有更多可能性的空间。文化演艺行业不断创新求变，在"云演艺""微演艺"等新技术的应用下，更具创新性的文化演艺也成为城乡居民、外来游客共同关注的对象。

科技赋能不能把手段当内容，红色旅游演艺应当以红色资源为主要内容，以传播、弘扬红色文化为目的，通过戏剧、音乐、舞蹈、民间艺术等表演方式，将红色文化与展演艺术融为一体。科技与红色旅游演艺相结合，通过新设备改变传统演艺场景，打造以游客为主体、以科技为手段、以文化为主旨的红色旅游演艺新模式，共创红色演艺旅游新业态。例如，赣州市首个常态化大型红色旅游演艺项目《长征第一渡》的上演，打响了于都县"长征文化"品牌，丰富了"旅游+"内涵，让长征这条"红飘带"在科技赋能的艺术新场景中走向市场。湖南第一部大型红色实景演出《中国出了个毛泽东》，将真实的风景和先进的技术手段有机地融合在一起，使之成为韶山乃至湖南的一张新的红色旅游"名片"；海南三亚推出

---

① 夏杰长、贺少军、徐金海：《数字化：文旅产业融合发展的新方向》，《黑龙江社会科学》2020 年第 2 期。

的大型椰海实景演出《红色娘子军》，以身临其境的方式，吸引了众多游客，成为一道亮丽的风景线。另外，沉浸式歌舞剧《延安十三年》、红色主题秀节目《延安延安》，以及实景演出《黄河大合唱》，深情地传承了延安精神，使人们在红色旅游中获得更多维的体验、更深刻的印象和更多样的收获。一幕幕壮丽的红色演出，一个个红色频道，汇聚成红色演艺旅游新业态。

（二）红色博物馆旅游：激活红色历史记忆

博物馆是承载着人类记忆的殿堂，也是汇聚人类历史的载体。科技不断赋能于博物馆，衍生出了微信、B站、小红书、抖音等众多博物馆交互媒体平台。例如，在上海市140家博物馆中，有71家开设网站，132家拥有微博、微信公众号，20家推出数字全景展厅。随着AR、VR、人工智能等现代信息技术的发展与运用，越来越多的红色景区不断深入挖掘红色文化基因的内涵与价值，以"文化+创意+科技"的方式，将红色文化资源转化为现代文化创意产品，拓展红色文化的传承方式，让红色资源可感可亲、可触可摸。

在红色遗产资源整合方面，博物馆可以利用物联网技术，配合视频监控、人脸识别、空间音频等新科技，为文博景区的管理、服务和运营提供便利，同时也为游客带去更生动、更深刻的体验，为红色旅游新业态的开发创造新机遇。在红色遗产资源保护方面，博物馆可以依托AI辅助文物修复、文物的数字孪生等技术，创新文化遗产保护溯源与活化利用方式，增强文物表现力。井冈山革命博物馆大力推动数字化建设，对博物馆的藏品进行高精度数据采集，并对红色资源数据进行专业化标注与关联[1]，以数字化形式保留红色遗产资源，实现资源的永久性保护和警示性预防。在红色遗产资源展现方面，圣地延安数字博物馆群打通线上展览模式，让更多人随时随地即可身临其境地感受红色文化，踏寻领袖足迹，追忆峥嵘岁月。总之，借助科技赋能红色博物馆旅游，革命文物开始"活起来"，变得多维真切、多向实在，使革命文物及其承载的红色文化越来越受到游客的喜爱。在新技术的引领和新思维的导向下，红色博物馆旅游已然释放出更加璀璨的光芒。

（三）红色主题公园旅游：强化红色事迹情景感

利用科技赋能红色主题公园，打造"休闲公园+红色主题"模式，以红色精

---

[1]　杨玲玲、魏小安：《旅游新业态的"新"意探析》，《资源与产业》2009年第6期。

神为主题，将休闲公园游乐项目设定为以某个历史情境、革命事迹为核心的活动，从而丰富红色体验，增强文化自信。一是创新演绎历史，设计红色情境。红色旅游地在高度凝练红色遗址遗迹历史内涵的基础上，对红色文化进行创新性演绎，强化红色历史情境感。具体来说，可以通过戏剧化结构和影视化表达，创新红色文化表意空间，借用多元动态介质符号，利用虚拟现实技术将历史人物和历史场景具象化，从而创新演绎历史过程或状态。二是运用新兴科技，强化情景体验。2022 年开园的淮安方特东方欲晓主题公园是江苏省首个大型红色文化高科技主题公园，也是淮安市关于红色旅游"科技+"的一次重要尝试。[①] 公园以"红色"为主题，以中华民族伟大复兴为主线，并在娱乐活动中融入了富有本土特色的标志性历史事件和人物，利用最新技术，创造了一批沉浸式的红色主题项目。三是加强主客互动，激活游客体验。江西赣州市方特东方欲晓主题公园的 4D 娱乐项目《铁道游击》带领游客穿越战火硝烟的战场，游客能够跟随铁道游击队的战士们一同奋战，体验革命前辈们为国为民的热血。总之，以科技推动红色主题公园创新，打造红色旅游体验新项目，构建红色主题公园旅游新业态，旨在丰富旅游内容，增强游客体验感和满意度。

（四）红色数字科技展馆旅游：进行红色事件沉浸式体验

数字科技馆面向公众，特别是青少年群体，搭建网络科普园地，以激发公众科学兴趣、提高公众科学素质。红色数字科技展馆旅游，以"红色文化+科技"的模式，让游客在游览过程中，既能增长科学知识、体验科学过程、激发创意灵感，又能铭记革命历史、发扬革命传统、弘扬革命文化，具有重要的现实意义。一是以科技为"笔"、以文化为"墨"打造红色体验。科技赋能红色数字科技展馆新业态建设，起点在创新，要点在科技，重点在文化。贵州长征国家文化公园的红色数字科技展馆，以"地球的红飘带"为灵感，开展基于史实的艺术创作，推出数字化展示，利用投影沙盘、多点触摸、全息影像、虚拟讲解、三维扬声等最新科技手段，充分调动观众能动性，实现对红色文化和革命历史的全面深刻认知，立体生动地展现长征故事、英雄事迹，科技与文化相融合，共同描绘长征精神新画卷，实现良好的参与性和互动性。

二是要以游客为"曲"、以展馆为"律"打造红色体验。科技赋能红色数字

---

① 王伟杰：《数字化发展下的红色旅游新图景》，《中国文化报》2023 年 3 月 18 日。

科技展馆新业态，其中主体是游客，基体是文化，客体是产品，介体是展馆，载体是科技。上海通过利用 AR、VR、LBS、雷达感应等新技术，打造"复兴·颂"红色文化体验空间，将虚景与实景结合，实现以游客为中心的红色科技展馆旅游，让每一位游客都成为红色历史中的一员，"沉浸式"体验中国共产党的主要革命历程，深度体验革命历史情境，接受一场红色文化的洗礼，激发出对红色文化情感上的真切认同。总之，红色文化与科技的完美结合，让红色数字科技展馆旅游业态焕发出无限活力。

三　科技赋能与红色旅游产品新场景打造

场景原为影视用语，源自舞台艺术，指特定的画面，或因人物关系而发生在特定时空中的动作所构成的画面。1985 年，美国传播学家梅罗维茨在其著作《消失的地域：电子媒介对社会的影响》中建构了"媒介情境理论"框架。他认为，电子媒介改变了社交场景的界限，让人们从"旧场景"进入"新场景"①。而红色旅游中的情景，从传播学角度来说，就是对已经发生过的历史或事件进行仿真或还原，使当代人能够跨越时间和空间，得到有历史价值的文化体验，也可以说是将一种超越现实的虚拟场景用数字方式建构起来。科技赋能红色旅游，不仅丰富了其新业态，更是通过新业态建设拓展了新场景打造，新业态催生新场景，新场景融入新业态，共同体现出红色旅游高质量发展的新形态。

（一）科技赋能重现红色革命活动新场景

新时代的场景，已不仅仅局限于工作、生活的地方，它还与人们的日常生活经验（如审美、消费等）密切相关，并在一定程度上影响着人们的行为。运用科技赋能红色旅游新场景，不仅能够让文化遗产更加鲜活，增强文化吸引力，更能呈现优质的旅游体验，形成良好的口碑，推动红色旅游健康发展。

首先，依托虚拟现实、增强现实等技术对人物、事件和环境等进行革命情境再造，形成红色旅游新场景。赣州方特东方欲晓主题公园通过对中央苏区时期具有代表性的革命遗址的集中再造，有效再现了具有宝贵红色文化价值的红色战斗生活新景象。从刷着红军宣传标语"十万工农下吉安"的瑞金街，到复原中央苏

---

① 李欣然：《江苏淮安"科技+"现身传统红色旅游场景》，《中国文化报》2023 年 2 月 4 日。

区时期风貌的街道，公园对红军阅兵台、"一苏大"和"二苏大"会址等中央苏区代表性实景建筑进行复建，并借助声光电技术，营造出符合苏区革命战争时期的声音、光线、色彩和景象，再造苏区革命战争时期的战斗生活新场景，打造具有红色历史文化风貌的街区。其次，利用光影技术再现火热的革命斗争场面，展现昂扬的革命激情，形成红色旅游新场景。在该主题公园中，游客能感受到回到中央苏区时期的历史氛围，更重要的是，游客对赣南革命老区的风土人情、中央苏区的红色革命氛围、军民鱼水情深的历史场景有了更真切的感受，从而产生较好的红色文化体验感，激发游客学习苏区精神、老区精神、长征精神的热情。最后，利用人机交互、体感、多模态话语交互等技术融入革命历程，形成红色旅游新场景。赣州方特东方欲晓主题公园推出"刺激战场之旅"，游客可以在《突围》中化身突击队员体验惊心动魄的战斗，在《铁道游击》中置身烽火战场一起夺火车、炸桥梁，在《鹰击长空》中体验航母舰载战斗机的飞行历程，在《致远致远》中领略中国海军事业百年发展的艰辛历程，让不屈的斗争精神深入人心。

（二）科技赋能创造红色文化演艺新场景

新型的红色文化旅游演艺是新技术与文化演艺的高度融合，其在空间表现、内容表达、观众角色等方面发生了变化。[①] 在空间表现上，红色演艺新场景打造可以利用 MR 技术，在新科技创造的虚拟空间中，人和物、人与人或人与虚拟物体一起表演，表演空间从"现实"向"虚拟"拓展，突破现实空间的局限，形成空间延展性，给观众带来更加沉浸式的表演体验。在内容表达上，新场景打造可以利用 AR 技术有意识地通过"特写"将"细节"放大，结合环幕投屏技术，加上情境、氛围、浸润等方面的设计，让观众沉浸其中。在表演主体上，可以通过情景交互、虚拟现实技术，使受众从"旁观者"转变为"亲历者"，营造出一种全方位、立体化、互动性、沉浸式的体验式观演环境，极大地刺激观众的感官。张艺谋执导的大型室内实景演出剧目《最忆韶山冲》，在 2450 平方米的全舞台区域，用 26 排数百块"三向转换"自发光 LED 柔性屏，组成了世界最大的空中"光影矩阵"，570 平方米 LED 超大屏幕、370 平方米水上舞台、200 多平方米升降舞台、

---

① 邵明华、杨甜甜：《场景赋能红色文化旅游发展的理论逻辑与多维路径》，《兰州大学学报》（社会科学版）2022 年第 6 期。

180度全景观演的两块纱幕，共同组成了镜框式舞台。[①] 该演出以光影点阵变换将舞台表现空间最大化。在水上舞台的加持下，拍打至空中的水花，加之舞蹈演员的爆发力与张力，给予观众强烈的感官刺激，将观众带入充满热血与激情的红色年代。表演内容更加丰富，艺术感染力更强，红色旅游的娱人、育人、正人效果更好。

红色文化演艺新场景的构建，本质上是技术逻辑与历史叙事的深度融合。在空间延展与观众主体性重构的基础上，实现了科技赋能与红色文化传播效能的系统性提升。以山东省临沂市为例，其打造的《沂蒙四季·红嫂》大型演艺项目，通过多模态交互技术实现了历史场景的虚实共生：舞台采用智能传感系统实时捕捉演员动作，触发虚拟场景的同步变化；观众佩戴AR眼镜后，可观察到革命时期沂蒙山区的动态地理标志与历史人物全息投影，形成"现实舞台+数字图层"的双重叙事空间。这种技术介入不仅突破了传统舞台的物理边界，更通过"技术—内容—受众"的闭环设计，实现了红色精神的当代转译。在微观场景创新层面，沂南县常山庄村利用数字孪生技术对7处革命院落进行高精度建模，结合物联网设备构建了沉浸式小院剧场。例如在《识字班》剧目中，通过红外感应与语音识别技术，当游客进入特定区域时，虚拟角色将根据游客动线实时调整对话内容，并触发对应的光影场景变化。此类技术应用使静态革命旧址转化为动态历史剧场，让游客从"观看者"转变为"参与者"，有效解决了传统红色演艺中"文化表达单向化"的痛点。

值得关注的是，科技赋能正在催生红色演艺的跨媒介叙事范式。临沂市河东区党性教育基地的舞台剧《河湾往事》，引入AI编剧系统分析历史档案，生成多线互动剧情：观众通过移动端选择不同革命角色（如通讯员、医疗兵），系统依据选择实时调整舞台灯光、音效与投影内容，形成"一人一剧情"的个性化体验。这种技术驱动的叙事革新，不仅拓展了红色文化的传播深度，更通过数据反馈机制为内容迭代提供了依据，标志着红色演艺从"技术辅助"向"智能共创"的范式跃迁。

（三）科技赋能开发红色沉浸式行进新场景

当下，"沉浸式"在文旅行业中既是个高频词，也是科技赋能文旅发展的重要

---

① 黄晓波：《旅游演艺游客沉浸体验和意义体验的影响及作用机制研究》，西南财经大学博士学位论文，2021。

内容。随着新科技的迅猛发展，沉浸式演艺、沉浸式街区、沉浸式展览展示等沉浸式文旅项目不断涌现。借助虚拟技术，游客实现从"看景"到"入景"的转变，从被动接受转变为主动参与，进入沉浸式体验。打造红色旅游体验新场景，是红色旅游发展的必然趋势。

一是以历史为线索的行进观影新场景。《再回延安》作为红色室内情景体验剧，以延安革命历史为背景，以一本红军日记为线索，通过不同场景打造多种感官交互体验，为游客呈现一段真实的历史。该剧摒弃了以往的观影模式，采用"走着看"的方式，与被奉为体验剧经典的沉浸式戏剧 Sleep No More 有着相同的形式，同时增强了"体感互动"的多重感官体验——人在剧中，观众与演员"观、听、闻、触"零距离。

二是以科技为手段的旋转舞台新场景。《重庆·1949》沉浸式剧目的背后，是众多科技元素的汇聚。通过科技手段，打造出 5 个可独立运转的 360 度旋转圆环舞台。舞台在运转过程中可向多个方向运动，十度一景，一共可变换出 6000 多万个可视场景，完美复刻了 20 世纪 40 年代重庆的城市风貌。

三是以游客为中心的角色扮演新场景。四川成都打造的红色主题沉浸式戏剧《微光》，当游客参与体验时，每个人都被赋予了不同的身份以及与身份对应的任务，与故事情节交织在一起，扣人心弦。与此同时，体验者还可以通过开盲盒的方式来解锁不同的服饰，如作家、报童、袍哥、大学生、戏曲演员、算命先生、黄包车夫等。该剧以游客为中心进行场景打造，通过科技打造游客沉浸式体验。

（四）科技赋能打造红色文化研学新场景

红色文化是红色旅游的灵魂，也是红色研学旅游的灵魂，体验式学习是红色研学旅游的重要场景。一是体验式增强红色认同。山东省临沂市先后推出革命场景体验、沉浸式小院演出等红色旅游项目 120 余个，创新红色研学项目，部分教学点探索形成了"一场馆一红歌""一院落一展演"的教学模式。山东已向全省推广红嫂故事沉浸式小院演出形式。在临沂市费县天蒙山培育推出了"红色山口观光列车"、720 度全景相机、帐篷营地、房车营地、红色剧本杀等新业态、新体验项目。在位于临沂市河东区的华东野战军总部旧址设置了红色教育体验中心，内有红色书屋、邮局、工坊、剧场四个功能场所，在"红色剧场"上演红色情景剧，内容亲切翔实、情节感人真挚，让研学者以沉浸式的体验回到了那个烽火连天的岁月。其沉浸式红色教育项目《淬火成钢》2.0，成为受市场欢迎的研学项目，成为"红色+研学"新地标。

二是数字化打造红色历程。位于黑龙江省哈尔滨市的东北烈士纪念馆运用数字技术再现我军抗日历程，打造黑龙江首个东北抗联数字化沉浸式体验空间，在研学展区增设 AR、VR 等互动游戏项目。沂南县朱家村景区依托中国移动开发了沉浸式红色教育应用场景；蒙阴县孟良崮战役纪念馆打造了 5G 智慧展馆，将移动云技术与"5G+VR/AR"技术结合，创新性地为游客提供馆内、馆外一体的红色游览和研学服务。

三是创新性激活红色资源。江西省兴国县联合功夫动漫共同打造红色教育主题动画片《长征先锋》。南京工业大学的师生为盱眙县桂五镇打造掌上"红色小镇"小程序，该程序包含镇域内红色革命教育基地、红色景点、革命人物、先锋榜样等内容，还绘制了活泼生动的地图。他们以专业知识创新性激活红色资源，将其融入爱国主义教育，形成红色研学新场景。

四 结语

新时代推动红色旅游高质量发展，科技是活化红色资源的重要法宝，是连接现代与历史这座桥梁的重要基石，在弘扬红色精神文化、丰富红色旅游业态、构建旅游新场景中起到关键作用。本研究通过系统性分析发现，科技赋能的本质在于构建"文化基因—技术逻辑—市场需求"的协同创新框架，其核心价值体现为三方面：一是通过数字孪生、元宇宙等技术实现红色资源的动态转化与活态传承，例如南昌八一起义纪念馆的 5G+VR 场景重构，使革命历史突破时空限制；二是以沉浸式演艺、数字展馆等新业态为载体，推动红色文化从"单向传播"向"双向交互"转型，如《沂蒙四季·红嫂》通过多模态交互技术实现虚实共生的叙事创新；三是借助场景化思维重构游客参与模式，例如赣州方特主题公园的"技术—场景"共生机制，有效实现了文化价值与市场效益的双向增值。然而，科技赋能的深化仍面临三重挑战：其一，技术应用需从"单点突破"转向"系统集成"，破解"信息孤岛"与"技术堆砌"的结构性矛盾；其二，需建立文化遗产保护与市场化运营的平衡机制，避免过度商业化对红色文化原真性的侵蚀；其三，应强化对 Z 世代群体认知图式的响应，通过 AI 编剧、个性化剧情定制等技术，构建"情感共鸣—行为参与—价值认同"的传播链路。

未来研究可聚焦以下方向：一是探索区块链技术在红色资源确权与追溯中的

应用，构建可信的数字化保护体系；二是深化"文化—技术—政策"协同机制建构，推动红色旅游标准制定与跨区域资源整合；三是关注边缘计算、脑机接口等前沿技术对沉浸式体验的革新潜力。唯有以科技为桥、以文化为魂，方能实现红色旅游从"历史记忆载体"向"时代精神符号"的范式跃迁，为社会主义文化强国建设注入可持续动能。

【责任编辑：王伟年】

基于模糊因果分析模型的贵州长征文化
资源保护与开发利用研究[*]

董志鹏　敖海华[**]

【摘　要】贵州拥有极其丰富的长征文化资源，深入保护与开发利用长征文化资源，对贵州高质量发展具有极其重要的价值。当前，贵州在高质量保护与开发利用长征文化资源方面仍然存在一些困难和挑战。本文以全省114处长征红色文化遗址遗迹为样本，设置了硬件设施、内涵发展、管理体制等7个指标，深入调研了解贵州长征文化资源保护与开发利用面临的问题。本文通过统计问题出现的频数制作帕累托图，发现当前制约贵州长征文化资源保护与开发利用的主要问题。笔者及团队访谈了长征文化研究领域的专家学者、党政机关相关管理人员、历史遗迹点的工作人员、历史遗迹点附近居民四类人员，从多种视角识别可能造成问题存在的多种因素。通过模糊因果分析数学模型进一步计算，本文得出主要问题及其因素。在此基础上，本文坚持问题导向，以调研梳理发现的主要问题及分析得出的主要因素为重点，提出优化提升贵州长征文化资源保护与开发利用的对策建议。

【关键词】长征文化资源；红色文化；贵州高质量发展

长征文化是指红军在长征期间以及长征结束后所进行的各种文化活动，既包括物质文化，也包括非物质文化。贵州是红军长征活动时间最长和活动范围最广的省份，红军长征足迹遍及全省60多个县，造就了贵州极其丰富的长征红色文化资源。在对长征文化的传承弘扬中，贵州长征文化得以不断丰富发展，历久弥新。

---

[*] 基金项目：2023年贵州省理论创新课题（联合课题）"贵州长征文化整体呈现研究"（项目编号：GZLCLH-2023-001）。

[**] 作者简介：董志鹏，硕士，中共贵州省委组织部组织人事干部学院讲师，主要研究方向为政府管理；敖海华，博士，中共贵州省委组织部组织人事干部学院副院长、副教授，首批贵州省干部教育培训名师，主要研究方向为政治学理论。

一 贵州长征文化资源的整体现状

笔者以参与贵州省委组织部"重走长征路·奋进新时代"党性教育现场教学点规范管理和质量提升工作、开展全省 114 处长征红色文化遗址遗迹的调研督导为契机，深入调研了解全省长征文化资源保护与开发利用的整体情况。

（一）贵州长征红色文化资源的分布情况

贵州长征红色文化资源遍布 64 个县，占目前全省 88 个县级行政区的 72.73%。走访调研 114 处长征红色文化遗址遗迹，全省的长征红色文化资源呈现以下特点。

1. 资源分布不均

全省 114 处长征红色文化遗址遗迹中，贵阳市有 10 处，遵义市有 37 处，铜仁市有 14 处，黔东南州有 17 处，黔南州有 9 处，安顺市有 3 处，黔西南州有 7 处，六盘水市有 2 处，毕节市有 15 处。从分布情况来看，全省 9 个市（州）都有分布，但各地的数量差别较大，最多的地级市遵义是最少地级市六盘水的 18.5 倍。在黔北，形成了以遵义市为中心的发展圈；在黔西北，形成了以毕节市为中心的发展圈。红二、红六军团主要涉及铜仁和黔东南两条线路。由此构成了三大长征红色文化资源群，而不在三大资源群的市（州）红色文化资源相对贫瘠。总的来看，贵州长征红色文化资源的分布是不平衡的。

2. 贵州长征红色文化资源大多在乡村

全省 114 处长征红色文化遗址遗迹中，有 1/2 以上分布在乡镇。出现这一状况主要有两个历史原因：一是红军长征时期，贵州地处西南山区，地理位置偏僻，资源较为匮乏，再加上国民党当局巧立名目收取苛捐杂税，老百姓的生活十分艰难困苦，当时的贵州大多是贫困的农村地区；二是红军农村包围城市、工农武装割据的战略方针决定红军的活动区域主要在农村地区。

3. 贵州长征红色文化资源内容多样

在物质形态文化资源方面，主要是红军长征在贵州留下的诸多遗址遗迹，如中央红军长征在贵州留下的遵义会议、苟坝会议、遵义战役遗址遗迹等，红二、红六军团长征在贵州留下的困牛山战斗、盘县会议、川滇黔省革命委员会遗址遗迹等。还有使用过的枪支、弹药，穿过的衣服，使用过的工具，走过的道路、桥梁、山路，留下的文字资料、宣传标语、图片，各种纪念馆、纪念碑、长征主题公园、长征中重要人物的故居等。① 在非物质形态文化资源方面，主要是以长征精神和遵义会议精神为主体的精神文化，此外还有很多有关红军长征在贵州期间的诗词、歌曲、故事等，集中反映了红军的英勇事迹和崇高精神，以及在贵州各地与人民群众结下的深厚友谊，彰显了党的政治主张、价值追求、精神风貌。

（二）贵州长征红色文化资源的功能价值

从全省114处长征历史遗迹点调研情况来看，贵州各级党政部门十分重视长征文化资源的保护与开发利用，推动长征文化资源的功能价值有效发挥，具体表现在以下四个方面。

1. 政治价值

毛泽东曾对长征的政治价值进行总结："长征是宣言书，长征是宣传队，长征是播种机……"② 因此，长征文化本身体现了一种政治性。习近平总书记强调："我们世世代代都要牢记伟大长征精神、学习伟大长征精神、弘扬伟大长征精神，使之成为我们党、我们国家、我们人民、我们军队、我们民族不断走向未来的强大精神动力。"③ 党的十八大以来，贵州在实践中不断深化对长征文化的认识，赋予其更新、更多的时代内涵，有效推动全省广大党员、干部、群众增进爱国情怀，培育坚定理想信念、铸就创新精神，助力贵州高质量发展。

2. 文化价值

作为我国历史文化积淀的重要组成部分，贵州长征文化既是中国共产党光辉革命历史的见证，同时也是稀缺性十足、不可再生的文化资源，其文化价值是不可替代也不可复制的。首先是红军长征过贵州留下的红色物质文化遗产，这是当年那段光辉历史的见证，更重要的是其所承载的英雄故事、革命文化、先进事迹，具有丰富的文化内涵和重要的文化价值；其次是红军长征过贵州时留下的红色非物质文化遗产，包括长征精神、遵义会议精神等，以及留下的作品、制度、政策等，比如毛泽东创作的《忆秦娥·娄山关》等，都是一座座文化丰碑，蕴藏着巨大的文化价值。深挖这些文化中蕴藏的人生观、价值观，对于广大党员、干部、群众坚定四个自信，对于更好地建设社会主义文化强国具有重要的推动作用。

---

① 涂金芹、王祥华：《贵州长征文化遗产与旅游发展的耦合路径》，《经济研究导刊》2023年第3期。
② 《毛泽东选集》第1卷，人民出版社，1991，第150页。
③ 习近平：《在纪念红军长征胜利80周年大会上的讲话》，人民出版社，2016，第21页。

3. 教育价值

贵州从两个方面深入挖掘长征文化蕴含的教育价值，取得了良好的效果。首先是在干部教育培训方面，以省内长征文化资源最丰富的遵义市为例，遵义以两所党性教育干部学院为载体，将各党性教育现场教学点串联起来，设计精品教学线路，组织党员干部重走长征路，通过参观历史遗迹、传唱红歌、拜访烈士遗属、现场教学与专题教学相结合等方式，教育引导党员干部深刻感悟长征文化和长征精神，进而更加自觉地提高党性修养；其次是在群众的思想政治教育方面，长征文化是充满生动性和直观性的教育资源，通过参观会议旧址、战争遗址、革命纪念馆，观看长征有关的影视作品等方式，群众可以更加直观地感受长征文化，从中汲取精神营养。

4. 经济价值

贵州充分发掘长征文化资源蕴含的极高经济价值。首先是长征红色文化旅游，贵州作为旅游大省，在推动旅游发展的过程中大力开发红军长征在贵州的相关红色景区，如遵义会议会址、四渡赤水景区等，精心设计相关红色精品旅游路线，充分开发长征文化蕴含的旅游发展价值。遵义市红花岗区 2023 年中秋、国庆假期各景区累计接待游客 48.67 万人次，同比增长 1403.72%[①]，红色旅游态势良好。其次是长征红色文化产业的打造，贵州抓住长征国家文化公园建设的契机，在深挖用活本地特色文化资源的基础上，着力打造集传承、教育、旅游、休闲、研究等功能于一体的产业发展模式，拓展贵州特色旅游模式，推动"红""绿""文"的三维结合。比如苟坝会议会址所在地遵义市播州区花茂村，当地打造红色游、田园游、智慧游相互融合发展的旅游产业，同时向古法造纸、陶艺制作等特色项目发力，实现多元化发展。

二　贵州长征文化资源保护与开发利用出现的问题与因素分析

从调研的总体情况看，各级党政部门在长征文化资源的保护与开发利用上取得的成绩十分显著，但仍然存在一些困难和挑战。本文采用模糊因果分析模型对贵州长征文化资源保护与开发利用出现的问题与因素进行分析。首先，根据调研

---

① 李小芳：《红花岗区旅游消费市场持续升温》，中国日报网，https://cn.chinadaily.com.cn/a/202310/08/WS6522218ea310936092f24f72.html。

发现的贵州长征文化资源保护与开发利用存在的问题，制作帕累托图分析得出具有普遍代表性的主要问题；其次，通过对长征文化相关专家、政府机关相关管理人员、历史遗迹点的工作人员、历史遗迹点附近居民四类人员进行访谈，梳理制约长征文化资源保护与开发利用的因素；最后，采用数学模型计算各因素对问题出现的影响程度，得出主要因素。

（一）贵州长征文化资源保护与开发利用中存在的主要问题

1. 硬件设施

该指标是长征文化资源功能作用发挥的基本保障，主要包括历史遗迹的保护情况、交通路况、教室展馆等。经调研，在全省 114 个与长征文化有关的历史遗迹中，有 9 个存在道路安全隐患，有 13 个停车比较困难，43 个没有教室展馆，6 个遗迹残缺或消失。合并同类项后，全省目前具备较为完善的硬件设施的历史遗迹有 55 个，仍有 59 个较为薄弱。

2. 内涵发展

该指标是影响长征文化资源功能作用发挥的关键因素，主要包括展陈内容质量、课程教材情况、导学水平、相关文艺作品创作等。经调研，在全省 114 个与长征文化有关的历史遗迹中，有 22 个没有课程、教材和相关的文艺作品，有 17 个导学员讲解深度不够，仅仅是一般介绍，还有 5 个展陈内容不够严谨或出现错误。统计下来，目前全省只有 28 个历史遗迹有支撑内涵发展所必需的人员队伍、课程教材、文艺作品，共有 86 个亟须加强内涵建设。

3. 产业发展

该指标是长征文化经济价值的重要转化形式，主要考察遗迹所在地是否整合有关社会资源，推动长征文化与产业发展相结合。经调研，在全省 114 个与长征文化有关的历史遗迹中，有 43 个通过吸纳多元主体和社会资源参与长征文化开发利用，但真正形成产业规模的只有 27 家，其中又主要是以旅游性、展览性产品为主，产业形式较为单一。总的来看，仍有 71 个历史遗迹的文化资源是闲置的，没有形成相关产业。

4. 管理体制

该指标是长征文化资源功能作用发挥的重要保障，主要考察管理主体、资源开发利用的政策指导、权责是否分明等，旨在考察长征文化遗址的保护、管理、开发利用的体制机制是否完备顺畅。经调研，在全省 114 个与长征文化有关的历史遗迹中，有 62 个是有明确的管理主体和责任的，这些历史遗迹或属于党校现场教学点，或属于政府职能部门，如由退役军人事务局管辖，或由乡镇政府管辖，或直接成立专门机构管辖。但仍有 52 个在管理体制上不健全，存在权责不清晰、多头管理的现象。

5. 宣传力度

该指标是展示长征文化的主要手段，主要包括电视宣传、报纸宣传、自媒体宣传等，旨在考察长征文化遗址所在地是否通过多种宣传方式加大本地长征文化的传播力度，提升知名度。经调研，在全省 114 个与长征文化有关的历史遗迹中，有 71 个曾在多个渠道强化宣传，但经过详细了解，大多数采用的是传统的报纸、广播及人工宣传方式，只有少数采用了抖音、微信公众号等新型网络传播方式，仍有 43 个缺乏有效的宣传途径甚至没有开展宣传工作。

6. 特色品牌

该指标是发挥长征文化功能作用的有效途径，主要考察在长征文化遗址的开发利用中是否有独特的文化标签、呈现视角、内涵阐释等。经调研，在全省 114 个与长征文化有关的历史遗迹中，有 76 个对长征文化的阐释不再局限于历史故事表面化的叙述，而是在精神挖掘、内容布局上结合当地实际打造特有的文化品牌，如石阡县举办"困牛山红军集体跳崖千古壮举"专题研讨会，提炼"对党忠诚、信念坚定、勇于牺牲、忠心为民"的精神，打造红色美丽村庄。但仍有 38 个长征文化历史遗迹在开发利用过程中没有找准自身的特色亮点，创新性不足，开发的内容也存在与其他地区重复的问题，导致其吸引力不够。

7. 重视程度

该指标反映了长征文化开发利用的投入程度，主要包括政府保护长征历史遗迹投入的人力、物力、财力，以及开发利用长征历史遗迹的力度等，旨在考察当地政府对长征文化保护和开发利用的意识是否淡薄、观念是否正确。经调研，在全省 114 个与长征文化有关的历史遗迹中，108 个历史遗迹所在地均投入了大量的人力、物力、财力，制定了相应的保护、开发利用措施，当地政府都十分重视保护长征文化历史遗迹并挖掘其内在价值。剩下的 6 个虽然在主观上重视长征文化历史遗迹，但由于年久失修、地理位置极其偏僻等客观因素，许多历史遗迹没有得到有效保存。

通过对以上 7 个指标的分析，调研团队梳理了当前贵州长征文化资源保护与开发利用中存在的问题及其出现的频率（见表 1），并根据表 1 制作排列图（见图 1），计算累计频率以区分哪些是比较普遍存在的问题、哪些是次要的问题。

表1 存在问题频数频率统计

单位：%

序号	问题	频数	频率
1	内涵发展不足	86	24.23
2	产业发展不强	71	20.00
3	硬件设施薄弱	59	16.62
4	管理体制不畅	52	14.65
5	宣传力度不足	43	12.11
6	特色品牌不亮	38	10.70
7	重视程度不够	6	1.69
	总计	355	100

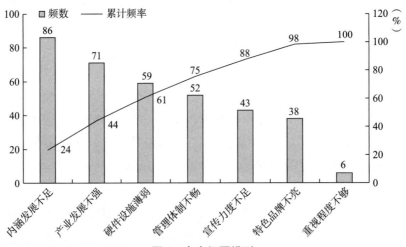

图1 存在问题排列

如图1所示，依据帕累托图分类方法，主要问题的累计频率分布在0%～80%，次要问题的累计频率分布在80%～90%，一般问题的累计频率分布在90%～100%。从图1帕累托曲线可得出，特色品牌不亮、重视程度不够两个问题的累计频率分布在90%～100%，属于一般问题，出现的频率较低。宣传力度不足这个问题的累计频率分布在80%～90%，不具备普遍代表性，属于次要问题。内涵发展不足、产业发展不强、硬件设施薄弱、管理体制不畅四个问题的累计频率分布在0%～80%，出现频率较高，是当前贵州长征文化资源保护与开发利用中存在的主要问题。

（二）访谈梳理问题背后的因素

得出当前贵州长征文化资源保护与开发利用中存在的主要问题之后，下一步需要分析可能造成这些问题的因素。通过访谈贵州长征文化研究领域的专家学者、党政机关相关管理人员、历史遗迹点的工作人员、历史遗迹点附近居民四类人员（访谈人员详细情况见表2），从多种视角对可能造成问题存在的因素进行识别。

表 2　访谈人员详细情况

单位：人

访谈时间	访谈对象	数量
2023 年 7 月	省委组织部相关处室工作人员	2
2023 年 8 月	省委组织部组干学院、贵州长征干部学院教师	2
2023 年 9 月	遵义市、黔西南州委组织部相关工作人员	4
2023 年 9 月	黔东南州剑河县委党校、黔西南州兴义市委党校、安龙县委党校党性教育现场教学点教师	3
2023 年 9 月	遵义苟坝会议会址、青杠坡战斗遗址附近居民	4

1. 对有关专家学者的访谈得出的因素

（1）文物资料保护力度不够。收集党史资料、保护红色文物是传承发展长征文化的基本前提。贵州省多次组织力量对红军长征在贵州的史料和文物进行了大量的收集和保护工作，但在史料征集、筛选、刊布、运用等环节存在力量不均衡的问题，导致部分史料相对薄弱。红军在贵州留下的红色文物种类众多、形式多样，有些文物保护难度较大，再加上风吹日晒、保管不善等原因，很多文物至今难以抢救。对于史料的收集和文物保护仍需加强。

（2）基础研究力量不足。加强贵州长征文化的内涵、价值、传播、传承等基础理论研究，是开发利用的基础支撑。有学者在访谈中说道："贵州长征文化的基础研究力量目前仍然不足，省内刚刚成立的贵州长征干部学院需要一段时间发展，以往的研究成果出彩的并不多，在深入地域与历史进行专题细化研究、为贵州长征文化总结现实经验与发展规律等方面还需加强。"

（3）内容阐释同质化。长征文化的阐释既要有共性，也要有地域性特色，贵州长征文化在结合各地实际打造地方特色方面有所欠缺。有受访者说道："黎平会议会址、苟坝会议会址等历史遗迹的现场讲解中，都把红军长征在贵州的重要战斗和重要会议从头至尾讲述一遍，内容存在同质化，聚焦本地实际深挖红色史实开展党性教育还有很大空间。"

2. 对政府机关相关管理人员的访谈得出的因素

（1）相关管理部门协调联动不够。长征文化资源的保护和开发利用涉及多方面多领域，牵涉很多管理部门，要提高开发利用的质量，需要各部门强化合作。有受访者说道："长征文化相关历史遗迹的功能发挥中，教育功能涉及宣传、组织部门，经济功能涉及文旅等部门，导致很多历史遗迹所隶属的管理部门不同，这种情况下，推动整体功能的发挥更加需要强化相关管理部门之间的协调联动。"在条块分割管理的体制下，更需要发挥党委统筹整合的作用，避免造成多头管理、秩序不清、权责不清等问题。

（2）开发利用缺乏深度和新意。长征物质形态文化资源如历史遗迹、会议会址等需要进行人工开发，才能更好地向大众展示长征文化，因此开发的质量直接决定了呈现效果。有受访者表示："目前我们省很多红色历史遗迹的开发利用仍然停留在较低层次，比如走马观花式的参观遗迹遗址、简单展陈相关文物、陈述式背景板，缺乏与红色革命历史的连接和深度体验，展现形式创新性不足，内容缺乏深度，导致参观者印象不够深刻。"

（3）资源整合力度不够。红军长征在贵州足迹遍布60多个县，因此贵州长征物质形态文化资源广泛分布在各处，地理形态上较为分散，整合起来有一定难度。有受访者表示："各个区县之间红色资源开发和运用联系不密切，开发方式和程度存在差异，一定程度出现单打独斗现象，需要强化资源整合形成系统集成。"这种各自为政的现象导致各景区、各教学点之间对红色资源的挖掘运用水平参差不齐，开发利用的质量高低不一。

（4）红色产业发展难以找到新的契合点。当前，贵州长征红色文化的相关产业主要以提供游览性产品、打造红色旅游景区为主，由政府对景区进行管理并为景区建设提供资金支持，产业发展形式较为单一。有受访者表示："红色资源开发中大多数都是以旅游为主，很多地方尝试利用其中闲置的大量场所，在艺术品加工等方面进行融合，但鲜有成功的。最大程度地挖掘长征文化资源的经济价值，需要找到新的结合点。"

3. 对长征文化历史遗迹点工作人员的访谈得出的因素

（1）内涵发展缺乏人才支撑。从调研组走访的全省114个长征文化历史遗迹点的情况来看，大部分没有独立的工作人员来维持日常运作，基本是依托党校教师、乡镇政府工作人员来进行展陈基本内容的介绍，而且大多业务能力不强，只能照本宣科做讲解，就事论事讲故事，教育内容缺乏理论深度、情感温度，个别甚至不讲正史讲野史，影响了红色教育的严肃性，又缺乏针对性和实效性。

（2）创新宣传方式不多。当前，很多地方对于长征文化的宣传主要是通过报纸图书、电视电影等传统媒体，没有运用现代数字技术来强化新媒体、自媒体的宣传。调研中了解到，全省114个长征文化历史遗迹点中只有少数有自己的微信公众号，在互联网上进行宣传，大部分宣传手段较为传统，效果有限，有的甚至没有进行宣传。有受访者表示："我们这个教学点没有自己的宣传平台，也没有专项的宣传经费，我们只能依靠最原始的人工宣传来推广自己这个教学点，效果很不好。"

（3）基础设施建设的财政投入有限。对长征物质文化资源的开发更多注重的是社会效益，经济效益是其在市场经济条件下附加的，而这是一个见效较慢的过程，因此有的地方对于经济价值较低的一些长征文化历史遗迹投入的财政资金十分有限，前往这些历史遗迹的道路状况很差，内部保护措施和展陈的相关配套设施也比较少。

4. 对长征文化历史遗迹点附近居民的访谈得出的因素

（1）长征文化氛围的营造不够浓厚。文化的整体呈现除了依靠良好的展陈、高质量的课程教材、优秀的文艺作品外，还需要营造浓厚的文化氛围。这需要在长征文化历史遗迹处开展与主题相关的文化活动。从走访调研的情况看，全省大部分长征历史文化遗迹周边并未举办过相关文化活动，周边居民的参与度极低，仅有少数地方如娄山关脚下的贵州长征干部学院组织当地居民进行了红色节目表演。有受访者表示："作为附近居民参与到红色节目的表演中，我深受长征文化和长征精神的教育，现在居住的村寨红色文化氛围十分浓厚。"

（2）居民保护文物的意识淡薄。有效保护历史文物、遗址遗迹不仅需要政府投入更多资金和精力，还需要附近居民的积极主动配合。红军在贵州遗留下来的文物和遗迹众多，但由于城市化的发展和年代久远，很多居民不认识文物，也没有形成文物保护的意识，很多文化资源遭到人为破坏，已无法复原。有受访者说道："我住的地方是一个红军村，由于自身不具备革命文物保护方面的知识，且有关部门对于红色资源的保护宣传也没有到位，很多时候我根本不知道自己的行为是否破坏了文物。"

（三）运用模糊因果分析模型计算甄别主次因素

模糊因果分析是评价事物或对象出现多个问题及导致问题出现的多个因素之间相互影响关系的方法。在对多个因素导致事物出现问题的影响程度进行评价时，会受到主观性和模糊性的影响，因此本文通过模糊数学模型的方法计算因素和问题之间的影响程度，使结果量化，从而最大限度地从客观上取得更好的评价效果。其计算过程如下。

贵州长征文化整体呈现存在的主要问题已通过帕累托图得出，进而确定问题反常空间 $Q = \{q1，q2，q3，q4\}$，其中 q1 = 内涵发展不足，q2 = 产业发展不强，q3 = 硬件设施薄弱，q4 = 管理体制不畅：

$Q = \{$内涵发展不足，产业发展不强，硬件设施薄弱，管理体制不畅$\}$

依据 4 个问题出现的总频数和单个问题出现的频数，计算四个问题的出现概率，进而确定模糊子集 A：

$A = \{0.32，0.27，0.22，0.19\}$

将访谈得到的 12 个因素记为：

$$V(1) = \{v1,v2,v3,v4,v5,v6,v7,v8,v9,v10,v11,v12\}$$

组成质量管理小组，包括课题组成员、长征文化领域的专家学者、党政机关相关管理人员、长征文化历史遗迹点工作人员共计 10 人，在充分讨论 Q 与 V 的模糊关系后，按每人 4 票进行投票打分，结果如表 3 所示。

表 3 Q 与 V 模糊关系打分结果

	v1	v2	v3	v4	v5	v6	v7	v8	v9	v10	v11	v12
q1	3	2	5	5	2	3	6	6	6	1	1	0
q2	1	1	6	5	2	2	8	5	6	2	1	1
q3	1	1	2	8	3	4	5	6	5	5	0	0
q4	1	1	5	6	4	3	7	5	5	2	1	0

令 $r = P/\sum P$ 求得归一化的隶属度，从而得出矩阵：

$$R(1) = \begin{Bmatrix} 0.075 & 0.05 & 0.125 & 0.125 & 0.05 & 0.075 & 0.15 & 0.15 & 0.15 & 0.025 & 0.025 & 0 \\ 0.025 & 0.025 & 0.15 & 0.125 & 0.05 & 0.05 & 0.2 & 0.125 & 0.15 & 0.05 & 0.025 & 0.025 \\ 0.025 & 0.025 & 0.05 & 0.4 & 0.075 & 0.1 & 0.125 & 0.15 & 0.125 & 0.125 & 0 & 0 \\ 0.025 & 0.025 & 0.125 & 0.15 & 0.1 & 0.075 & 0.175 & 0.125 & 0.125 & 0.05 & 0.025 & 0 \end{Bmatrix}$$

将 A 和 R（1）代入一级模型计算 B（1）：

$$B(1) = A * R(1) = \{0.041, 0.033, 0.115, 0.190, 0.065, 0.074, 0.163,$$
$$0.139, 0.140, 0.059, 0.020, 0.007\}$$

根据 PI 主次准则可知，0.190（v4）>0.163（v7）>0.140（v9）>0.139（v8）>0.115（v3）>0.074（v6）>0.065（v5）>0.059（v10）>0.041（v1）>0.033（v2）>0.020（v11）>0.007（v12）。因此，引起 A（贵州长征文化整体呈现存在的问题）的主要因素为红色产业发展难以找到新的契合点（v4）、相关管理部门协调联动不够（v7）、创新宣传方式不多（v9）、内涵发展缺乏人才支撑（v8）、内容阐释同质化（v3）；次要因素为开发利用缺乏深度和新意（v6）、基础设施建设的财政投入有限（v5）、文物资料保护力度不够（v10）；其余因素（v1、v2、v11、v12）为一般因素，不具有普遍性。其中，主要因素对贵州长征文化整体呈现的影响更为关键：红色产业发展难以找到新的契合点直接制约产业发展（q2）；相关管理部门协调联动不够会导致管理体制不畅（q4）并影响其他方面发展；创新宣传方式不多和内涵发展缺乏人才支撑对内涵发展（q1）和产业发展（q2）均有显著影响；内容阐释同质化严重阻碍内涵发展（q1）。次要因素也在一定程度上影响着贵州长征文化的整体呈现，开发利用缺乏深度和新意对内涵发展（q1）和产业发展（q2）有负面影响；基础设施建设财政投入有限导致硬件设施薄弱（q3）；文物资料保护力度不够也与硬件设施及内涵发展等存在关联。

三 优化提升贵州长征文化资源保护与开发利用的对策建议

提升贵州长征文化资源保护与开发利用的质量，必须准确把握党和国家对红色文化保护和开发利用的相关方针政策、基本要求，明确工作开展的基本原则，坚持以问题为导向，以调研梳理发现的主要问题以及模糊数学模型计算分析得出的主要因素为重点，着力在针对性、实效性和适用性上下功夫，提出科学合理的对策建议。

（一）基本原则

1. 社会效益与经济效益相统一

长征文化的底色是"红色"，是具有政治价值、教育价值、文化价值、经济价

133

值的综合性资源。传承红色基因、赓续红色血脉是红色文化的根本要求，也是检验衡量红色文化保护与开发利用的首要指标。要把社会效益和经济效益在红色文化开发利用中有机结合①，否则就破坏了红色文化的原真性，呈现的效果就会"变色变调"，失去其承载的精神财富。

2. 统筹推进与协同合作相统一

贵州长征文化的呈现需要综合考虑物质与非物质、保护与开发利用、传承与发展等众多要素，这些要素相互联系、彼此依赖，构成有机整体。必须立足全省的高度进行统筹谋划，同时各地要找准目标定位，相互协作、优势互补，形成整体推进、各司其职、协调统一的长征文化呈现格局。

3. 充分保护与持续发展相统一

长征红色文化历史遗迹总量有限，在开发利用的同时若不加以有效保护，将随时间消耗而逐渐减少。我们既要保护好红色文化资源的原真性，使之能够长久、可持续性地为人们所用，又要展现红色文化和红色精神的力量，使之代代相传。因此，贵州长征文化的保护与开发利用既要立足当下，做好文化资源保护工作，也要着眼未来，有规划地进行长远发展。

（二）对策建议

1. 推动长征文化与产业发展有机融合

在我国经济发展新常态下，要进一步提升国家文化软实力、优化产业结构，一个重要途径是推动文化与相关产业融合。长征文化只有与当地产业发展有机融合，才能更好地、更可持续地呈现在大众面前，才能更具传播力和影响力。贵州长征文化资源主要集中在农村地区，在乡村振兴的背景下，文化振兴、产业兴旺是推动农业农村现代化的内在要求。因此，必须在长征文化与产业融合发展上下功夫。

第一，大力发展红色文旅产业。党的二十大报告提出，"坚持以文塑旅、以旅彰文，推进文化和旅游深度融合发展"②。贵州是长征国家文化公园这一重大文化工程项目的重要组成部分，这为红色文旅产业创造了难得的发展机遇。要让"政府引导+市场调节"形成良性互动，让政府这只"看得见的手"和市场这只"看

① 薛梦涵：《沂蒙地区红色资源保护与开发利用研究》，延边大学硕士学位论文，2022。
② 习近平：《高举中国特色社会主义伟大旗帜　为全面建设社会主义现代化国家而团结奋斗——在中国共产党第二十次全国代表大会上的报告》，人民出版社，2022，第45页。

不见的手"紧密结合，推动社会资本与文化资源相融合①，把分布在贵州各地区的博物馆、文化馆、遗址、文物等作为推进红色旅游的重要载体，促进红色资源与乡村旅游、生态旅游、研学旅游、体育旅游、文化旅游交织渗透，带动住宿、餐饮、购物等行业联动发展，拓展附近居民就业渠道和增收路径。比如，毕节市持续推进长征国家文化公园与旅游资源、乡村振兴等进行融合，打造蕴含红色元素的景点景区 14 个。2023 年旅游参观人数达 31 万人，同比 2019 年增加 38.78%，带动群众增收 900 余万元。②

第二，推动产业集聚发展。要充分发挥贵州长征相关红色文化资源十分丰富的特点，紧紧围绕红色文化主题，瞄准红色文化旅游、党性教育培训、红色文化创意产品、红色影视传媒等细分领域精耕细作、精准发力，以丰富多元的红色元素吸引红色文化产业集群集聚，形成规模，再以规模效应助推产业升级发展，把红色文化资源优势转化成经济社会发展优势。比如遵义市始终坚持以传承弘扬红色文化为引领，充分利用红色文化资源丰富且集聚的特点，持续推出和打造"重走长征路"等红色文化体验旅游、红色研学旅行产品，设计红色文化和旅游创意产品，推动红色文化相关产业在遵义市集聚集群，使之成为助推遵义经济发展的重要引擎。

第三，创新长征文化开发形态。创新是文化产业发展的重要驱动力，因此，提升长征文化呈现质量还需创新开发形态。要以展示长征文化和长征精神为核心，以数字技术为载体，创新红色文化内涵的表达形式，创造红色文化新业态③，通过对长征文化进行数字化修复和再现，运用增强现实和虚拟现实等最新技术，增强参观者对特定历史场景的体验感，通过空间、时间等多维度全方位立体化展示，让观众在沉浸式互动中感受红色精神的魅力。比如，贵州"红飘带"长征文化数字展示项目运用前沿数字技术和声光电设备，深入挖掘贵州长征文化资源，并创新融入地域文化，穿插时尚元素，将长征文化与旅游、科技相融合，生动还原、艺术呈现了长征途中的浴血荣光与苦难辉煌。

2. 健全完善相关管理体制

有效地开展长征文化资源的保护与开发利用，制度的完备起着根本性、长远

---

① 赵泽仙：《乡村振兴战略视域下贵州长征文化资源开发路径探析》，《文化创新比较研究》2023 年第 19 期。

② 《毕节市多措并举推进长征国家文化公园建设可持续发展》，金台资讯，https://baijiahao.baidu.com/s? id=1779975889406396461&wfr=spider&for=pc。

③ 周琪、张珊：《论新时代红色文化资源的现实境遇与创新实践》，《重庆社会科学》2020 年第 12 期。

性、全局性的作用。没有一个健全完善的管理体制和机制，很难有效提升长征文化的整体呈现质量和效果。结合调研中发现的问题，贵州在文化资源保护、避免开发利用中条块分割管理以及多元力量参与方面需要强化制度建设，推动提升长征文化保护与开发利用的质量，更好传承红色基因。

第一，健全长征文化资源的保护机制。习近平总书记指出："各级党委和政府要增强对历史文物的敬畏之心，树立保护文物也是政绩的科学理念。"① 改革开放40多年是我国城市化快速发展的时期，各地在城市改造、新城区规划建设中，时有出现破坏长征文化相关遗址遗迹的问题，亟须从法律法规上解决。当前，贵州上下十分重视对红色文化资源的保护。2022年12月，文化和旅游部、国家文物局印发《支持贵州文化和旅游高质量发展的实施方案》，明确支持贵州强化红色文化资源保护工作。2023年10月，贵州省委宣传部起草《关于统筹实施多彩贵州重大文化工程的工作方案》，将红色文化资源保护作为四大工程之一——红色文化重点建设工程的重要任务。相关部门应大力抓住这一契机，有针对性地完善相关法规，健全红色文化保护的体制机制，避免在红色文化资源保护中出现"法律真空"现象。

第二，探索建立相关管理部门协调联动的体制。贵州各地在保护与开发利用长征文化的过程中，受限于条块分割管理体制，多头管理、步调不一的问题大大影响了长征文化资源保护与开发利用的效果。为此，需要打破条块分割界限，加强各相关管理部门间的协调联动，强化合作意识。应在省、市一级探索建立红色文化资源保护与开发利用领导小组和联席会议制度，明确领导小组成员的组成、联席会议的制度、协同机制和成员单位的职责，统筹、指导、协调、推动红色资源保护和传承工作，督促和推动各有关部门严格落实党和国家关于红色文化的战略部署和工作要求，充分发挥各管理部门职能作用，着力避免条块分割管理对长征文化的不利影响。

第三，完善多元参与机制。长征文化的保护与开发利用需要全社会的共同努力。要发挥好各级党委的主导作用，转变政府大包大揽的工作理念，积极争取相关企业、社会组织以及个人的支持，提升社会各界的参与度，进一步发挥社会资本的作用，拓展技术、人才、资金等要素来源渠道，构建多元化的长征文化开发模式。同时，要建立健全多元主体在长征文化资源保护开发过程中的参与保护机制、建议表达机制、利益分配机制、成效评估机制，有序引导支持各类企业、社

---

① 《习近平关于社会主义文化建设论述摘编》，中央文献出版社，2017，第190页。

会组织、公民个人等社会力量深度参与长征文化的呈现，进一步改善长征文化历史遗迹的硬件设施，汇聚更多长征文化资源保护与开发利用的有生力量，在周边营造良好的长征文化氛围，加大长征文化的开发力度。

3. 注重内涵发展

习近平总书记指出："推动中华优秀传统文化创造性转化、创新性发展，让中华文明的影响力、凝聚力、感召力更加充分地展示出来。"[①] 深入挖掘、深刻阐释长征文化资源所蕴含的丰富历史文化、人文情怀和革命精神，不断挖掘贵州长征文化资源的当代价值，对于我们提升长征文化保护与开发利用质量具有重要的意义，也是强化"四个自信"、建设社会主义文化强国的一项基础性、长期性工程。结合调研发现的问题和分析的因素，当前贵州长征文化的内涵发展仍然面临很多挑战，在相关基础研究、相关历史遗迹点的人才队伍建设、精品文艺作品创作等方面仍有较大的提升空间。

第一，深化基础研究。只有做好长征文化的收集、整理、总结等基础理论研究工作，才能让长征文化的内涵发展具有可持续的生命力，让长征文化在新时代背景下发挥出独特的凝聚力和号召力。首先，要大力开展红色史料常态化的收集活动，有系统、有组织地梳理并开展广泛的调查研究，做好相关文物文献的搜集、整理工作，强化对城市化进程中新发现的红色文化资源的保护工作。对于在农村地区的红色文化，要及时加以搜集、保存、复原；其次，强化相关管理部门与高校、科研机构、智库的合作，加强对保护与开发利用红色文化资源相关实践经验的总结，将红色文化研究与本土文化研究相结合，力图挖掘出各地红色文化资源的独特内涵；最后，通过基金项目、资金投入等政策措施，整合各个层级、各个部门的相关专家学者资源，加强对贵州长征文化的相关基础理论研究，推动长征文化与管理学、经济学、社会学等学科融合发展，形成学科之间融会贯通的更加宽广的研究视野。

第二，加强人才队伍建设。随着新时代精神文化建设需求的不断增加，长征文化蕴含的文化价值和教育价值凸显。当前，从事贵州长征文化研究、宣传的相关人才队伍储备不够，特别是很多历史遗迹点的工作人员的综合素质急需提高。首先，要抓好党校、干部学院、高校培训基地等相关培训机构师资队伍的建设，举办长征文化相关主题的师资研讨班，综合运用多种互动式教学方法，进一步拓

---

① 习近平：《在第十三届全国人民代表大会第一次会议上的讲话》，人民出版社，2018，第9页。

展教学内容的深度和广度，在长征相关课程教材建设方面取得更多新成果；其次，要依托党史研究室、史志办、档案馆、博物馆等部门，建立一支由多领域、多方面人才组成的贵州长征文化研究队伍，为推动深化贵州长征文化的研究打下人才基础；最后，要强化各长征历史遗迹点工作人员的能力培训，建立党性教育现场教学点讲解员、导学员常态化培训机制，通过培训课程开发、展板宣讲、礼仪姿态指导，不断优化展陈质量和讲解水平①，推动长征文化历史遗迹点的教学标准化、规范化建设。

第三，强化精品创作。自革命战争年代起，贵州长征文化的相关文艺作品就层出不穷，对统一思想意识和团结干部群众起到了至关重要的作用，也是呈现贵州长征文化的重要窗口。新时代，党和国家事业各方面取得了长足的进步、发生了巨大变化，需要用新的红色文艺精品阐释长征文化新的时代内涵，进一步筑牢红色思想阵地，展示贵州长征文化的最新成果。要以红军长征过贵州的故事和人物为原型，支持创作推出一批主题突出、特色鲜明的图书、影视剧、情景剧、歌剧、舞蹈等与贵州长征文化有关的文艺作品和文化创意产品，实现以长征文艺作品为载体、唱响时代主旋律的目的，以人民群众喜闻乐见的形式进行潜移默化的社会主义核心价值观影响。

4. 丰富宣传方式

当今是信息技术快速发展的时代，人人都是自媒体，信息的传播方式和人们接收信息的需求已经发生改变。这对于长征文化的宣传既是挑战也是机遇，要充分认识到信息技术和新媒体传播在长征文化呈现效果上大有可为，在提升长征文化社会影响力、充分发挥其社会价值等方面都具有独特作用。

第一，运用信息技术打造智能化平台。对于省内部分具备红色旅游景区特质的长征文化历史遗迹，要充分运用大数据等信息技术，建设完善专门网站，提供更为直观详尽的旅游路线和景区介绍，通过在线门票销售和住宿预订服务提升游客旅行的便捷程度，帮助游客了解实时景区动态、参观人数等，开展"线上游览"。同时，在展陈内容的设计上充分利用科学技术，将红色物质资源数字化，将非物质资源具象化，有效拉近人民群众和红色资源的距离，帮助群众更加直接地体验长征文化。

第二，强化新媒体宣传。报纸、广播、电视等传统宣传方式单向传播、互动

---

① 武娟：《党性教育中红色资源的价值及运用策略》，《活力》2021 年第 23 期。

性不强，已经无法适应人们对文化传播的需求。要充分利用新媒体便捷、开放、易于接受的特性，加强宣传方式方法的创新。首先，充分利用新媒体的传播特性，通过手机客户端、微信公众号等实时推送相关信息，让人们利用碎片化时间了解长征文化；其次，在自媒体平台如抖音、快手等上拍摄贵州长征文化宣传短片、人物故事介绍短视频，让"红色故事""红色地图""红色地标"活起来，推动大众"现场打卡"与"网上打卡"相互促进，形成热点效应、网红效应，进一步提升大众对贵州长征文化的兴趣；最后，通过 VR、AR 技术对长征相关文物和故事进行 3D 展示①，在大众眼前重现先辈们的奋斗历程，使其沉浸式感受长征文化。利用"云上贵州"丰富的存储资源，让大众利用手机等移动设备能够随时随地、360°旋转从各角度细致观察了解文物，增强对长征文物及其背后故事的深层次理解。

5. 打造特色品牌

长征文化资源具有独特的地域特征，要提升保护与开发利用质量，各地都应有自己的特色亮点。应着力整合各地长征文化资源，在充分挖掘地域特色内涵的基础上，结合各地实际特点灵活开发利用②，加强跨区域合作，促进差异化协同发展，打造更多贵州长征文化品牌。

第一，强化品牌凝练。一段时期以来，贵州各地都高度重视长征文化资源开发利用，力求打造独特的红色文化品牌，取得了一定的效果。但除了遵义较为成功地树立了"转折之城、会议之都"的红色文化品牌形象之外，其他地区依然不同程度地存在影响力不足和效应不突出的情况。因此，省内其他地区要加快对本地长征文化资源内涵的挖掘，凝练具有代表性的红色文化品牌，结合自身优势，推出一系列精品红色文化产品，适时进行相关文化产品的设计和升级，持续提升自身红色品牌的影响力，彰显独特的地域文化魅力。

第二，形成协同效应。调研发现，各地时常出现长征文化开发利用同质化的现象，这是亟须解决的问题。要加强省内各地区之间红色文化资源发展的交流合作，找准各自的目标定位，形成协同效应，避免重复开发利用，造成资源浪费。比如黔北地区长征文化资源状况较好，就要与黔中、黔东、黔南等状况相对落后的地区强化联系和整合，构建有效衔接、相得益彰的贵州长征文化网络格局，确

---

① 卞克文：《创新开发利用让红色资源活起来》，《当代广西》2021 年第 11 期。
② 王建军：《关于红色资源挖掘与利用研究——以北京市延庆区为例》，《理论建设》2020 年第 6 期。

保整体呈现效果得到最大限度的发挥。

第三，打造更为丰富多元的长征文化产品。随着长征红色文化公园建设的持续推进，要充分利用这个契机延伸产业发展方向，打造更多特色品牌产品。① 在纵向延伸方面，建立"＋长征文化"产品体系，如"健康服务业+长征文化""食品加工业+长征文化"；在横向延伸方面，建立"长征文化+"产品体系，如"长征文化+影视""长征文化+服务业""长征文化+大数据""长征文化+旅游"，着力将"长征文化"打造成为贵州经济发展的一张新名片，做大做强长征文化产业链，以助推贵州经济社会的高质量发展。

【责任编辑：陈　岭】

---

① 李晓琴、银元、何成军：《新时代红色文化资源的价值重构：驱动、内涵与科学问题》，《西南民族大学学报》（人文社会科学版）2022 年第 1 期。

革命文物高质量开发利用的路径探析[*]

曹开华　陈巧玲^{**}

【摘　要】 革命文物是中国共产党革命斗争的历史见证，是革命文化的重要载体，具有重要的开发利用价值。新时代革命文物工作要坚持以习近平文化思想为指导，以高质量发展为主题，以政治引领、人民至上、守正创新为原则，以提升政治价值、文化价值、经济价值为目标，以跨区域融合、跨层级协同、跨领域合作为动力，推动构建革命文物开发利用新格局。从原则、目标、动力三个维度探析革命文物工作高质量发展的实践路径，有助于贯彻落实习近平文化思想，促进革命文物在服务大局、教育人民、推动发展方面发挥更大作用。

【关键词】 习近平文化思想；革命文物；高质量发展；大思政课

革命文物是中国共产党带领人民争取民族复兴的实践产物，蕴含着中华民族的崇高价值追求和优秀革命传统，具有强大的精神激励作用。革命文物的开发利用关系着革命文化的传承与发展，是实现中华民族伟大复兴的题中应有之义，具有重大的学术价值和现实意义。中共中央办公厅、国务院印发的《关于实施革命文物保护利用工程（2018—2022 年）的意见》指出："新时代党和国家事业的发展，迫切需要加强革命文物资源整合、统筹规划和整体保护，迫切需要深化革命文物价值挖掘阐释传播，迫切需要发挥革命文物服务大局、资政育人和推动发展

---

* 基金项目：井冈山革命博物馆—江西师范大学国家革命文物协同研究中心 2023 年度专项课题"革命文物资源融入'大思政课'改革创新的实践路径研究"；井冈山革命博物馆—江西师范大学国家革命文物协同研究中心 2024 年度大学生革命文物专项研究项目"以革命文物弘扬中国共产党人精神谱系策略研究"（项目编号：2024DXSGMWW26）。

** 作者简介：曹开华，硕士，江西师范大学马克思主义学院教授，硕士生导师，主要研究方向为红色文化与高校思想政治教育；陈巧玲，江西师范大学马克思主义学院硕士研究生，主要研究方向为思想政治教育。

的独特作用。"① 这一重要论述明确了革命文物的多维价值，指明了新时代革命文物工作高质量发展的前进方向。因此，从理论层面和系统思维出发，探析革命文物开发利用高质量发展的立体化实践路径，明晰革命文物开发利用基本原则，统筹开发革命文物多重价值，调动革命文物工作各方力量，进一步增强新时代革命文物工作的整体性、系统性、实效性，发挥好其"举旗帜、聚民心、育新人、兴文化"的功能，是政策要求和大局所需。

一　服务大局：明确革命文物开发利用高质量发展基本原则

习近平总书记指出："在新的起点上继续推动文化繁荣、建设文化强国、建设中华民族现代文明，是我们在新时代新的文化使命。"② 这一重要论述彰显了中国共产党积极推进文化建设的历史主动性，指明了新时代文化建设的新使命，也为革命文物工作指明了方向。开发利用革命文物要以习近平文化思想为指导，服务于新时代新的文化使命，坚持人民立场和守正创新的原则，实现高质量发展，不断提升革命文物开发利用工作的政治高度、思想深度、实践效度，以更强大的能量助力文化强国建设。

（一）强化政治引领，明确工作前进方向

习近平总书记强调："必须坚持马克思主义，牢固树立共产主义远大理想和中国特色社会主义共同理想，培育和践行社会主义核心价值观，不断增强意识形态领域主导权和话语权……"③ 这一重要论述揭示了文化建设的旗帜和目标，为新时代革命文物工作明确了前进方向。要实现革命文物开发利用高质量发展，必须以科学理论、正确政策和远大目标为指引，始终与党的政治立场、政治方向、政治原则保持高度一致。举好旗、走对路，革命文物工作才不会迷失方向、失去动力。

其一，坚持以科学理论为指导。思想是行动的先导，开发利用革命文物要坚持以习近平新时代中国特色社会主义思想为指导，各革命文物单位要积极组织主

---

① 《中办 国办印发〈关于实施革命文物保护利用工程（2018—2022 年）的意见〉》，《人民日报》2018 年 7 月 30 日。

② 习近平：《在文化传承发展座谈会上的讲话》，人民出版社，2023，第 10 页。

③ 习近平：《决胜全面建成小康社会　夺取新时代中国特色社会主义伟大胜利——在中国共产党第十九次全国代表大会上的报告》，人民出版社，2017，第 23 页。

题教育和理论学习研讨会，坚持马克思主义立场观点方法，领悟习近平总书记关于革命文物工作的重要论述和精神，进一步提高革命文物工作者的政治判断力、政治领悟力、政治执行力，把稳革命文物工作思想之舵，为实现高质量发展奠定思想基础和理论基础。

其二，坚持以正确政策为指引。新时代革命文物工作要坚决贯彻落实党的路线方针政策，开辟正确的发展道路。当前，全国革命文物工作呈现向上向前的良好态势，相关制度和协同机制不断完善，全面明确了新时代革命文物工作的任务书和路线图。开展革命文物工作要按照中央统一部署，紧紧围绕任务书和路线图，坚持总体要求，落实重点项目，完成主要任务，沿着政策指明的发展道路，不断建设和打造革命文物研究阐释高地、革命文物开发利用示范地、革命文物融合传播矩阵。

其三，坚持以远大目标为指向。新时代革命文物工作要服务于中华民族伟大复兴的远大目标。习近平总书记指出："没有中华文化繁荣兴盛，就没有中华民族伟大复兴。"[1] 实现中华民族伟大复兴是全国人民心之所向、情之所盼，是党领导一切事业的奋斗目标。新时代革命文物工作必须自觉担当文化使命，树立高度的政治责任担当、民族复兴担当和为民服务担当，避免革命文物开发利用过度商业化、娱乐化，确保革命文物工作发挥好服务发展大局、助力民族复兴的作用。

（二）突出以人为本，主动回应社会关切

习近平总书记指出，"文艺……只有顺应人民意愿、反映人民关切，才能充满活力"[2]。这一重要论述深刻阐述了文化建设为什么人的问题，充分展现了我国文化事业坚定的人民立场。人民既是文化的享有者、检验者，也是文化的参与者、创作者。坚持"为民""靠民""利民"原则，是新时代革命文物工作"活起来"的必然要求。

坚持"为民"原则，要求深入实际地开发利用革命文物，站稳人民立场，把人民意愿、人民呼声作为开展新时代革命文物工作的根本遵循，创造出人民需要、人民满意的革命文物理论成果和实践成果。人民对文化产品和文化活动的要求日益从"有没有"向"好不好"转变。为此，革命文物工作不能因循守旧，要顺应

---

①　《习近平关于社会主义精神文明建设论述摘编》，中央文献出版社，2022，第19页。

②　习近平：《在文艺工作座谈会上的讲话》，人民出版社，2015，第17页。

时代潮流，创造出类似于"红色基因"丝巾、"八角楼油灯"种植冰箱贴、《英雄赞歌》系列短视频等承载革命历史和革命文化的文创产品与作品，实现革命文物的教育性与新媒体的便捷性、广泛性相统一，革命文物的历史性与网络传播的时代性、发展性相统一。

坚持"靠民"原则，要求从人民群众的创造性实践活动中汲取革命文物理论创新和实践创新的养分，集中人民智慧助力新时代革命文物工作。习近平总书记强调："人民的创造性实践是理论创新的不竭源泉，要真心拜人民为师，及时总结人民群众创造的新鲜经验……"① 革命文物工作要充分利用人民群众的文化生产力、文化创造力，从已有的人民文化活动中学习经验，畅通建言献策渠道，鼓励人民对革命文物工作进行检验和提出建议。同时挖掘群众中的能人志士参与革命文物开发利用工作，充分发挥人民群众的主体作用。如瑞金开展的"革命文物+社会参与"认护活动，以服务、资金和技术等方式，充分调动个人参与革命旧址保护利用的积极性。

坚持"利民"原则，要关注人民福祉，使更多的革命文物开发利用成果惠及人民群众。共享是中国特色社会主义的本质要求，也是文化建设的价值旨归。开发利用革命文物要将落脚点放在满足人民日益增长的精神文化需要上，坚持经济效益和社会效益的统一，着眼于繁荣发展文化事业和文化产业，致力于健全革命文物公共文化服务体系，增强革命文物经济驱动力，促进革命文物开发利用成果由人民共享，丰富人民的文化生活和精神世界，让人民群众从新时代革命文物工作中获得实实在在的利益。

（三）坚持守正创新，保障发展强劲动力

守正创新不仅是习近平文化思想的鲜明特点，也是对文化工作的重要要求。对文化建设来说，"守正才能不迷失自我、不迷失方向，创新才能把握时代、引领时代"② 。守正创新也是新时代革命文物工作实现高质量发展、可持续发展的必然要求。

守正就是要守好政治观、历史观，坚持内容为王。革命文物是在艰苦奋斗的革命历史中，由中国共产党和中国人民所创造的，它所蕴含的革命文化是还原历

---

① 习近平：《在纪念毛泽东同志诞辰130周年座谈会上的讲话》，人民出版社，2023，第18页。
② 习近平：《在文化传承发展座谈会上的讲话》，人民出版社，2023，第11页。

史事实、展现党性修养、言明中国精神的重要法宝，是革命文物开发利用的核心要素。忽略革命文物背后的思想精神，将会陷入文化虚无主义的圈套；歪曲革命文物背后的革命历史，就会落入历史虚无主义的陷阱。基于错误的历史观、文化观的开发利用必然是无根、无魂、无力的，将会迷失革命文物工作的正确方向。正确地还原历史、呈现当时的精神风貌，是做好革命文物工作的首要前提。习近平总书记强调："深入挖掘红色资源背后的思想内涵，准确把握党的历史发展的主题主线、主流本质，旗帜鲜明反对和抵制历史虚无主义。"① 新时代革命文物工作要坚持内容为王，以历史唯物主义的眼光，坚持正确的政治观、历史观、文化观，系统开展革命文物学理性研究，深入挖掘阐释革命文物的价值意蕴，梳理革命历史，增强革命文物工作学理性，以内容优势赢得发展优势，让人民触摸革命文物的历史刻度和情感温度。

创新就是要创造新理念、运用新模式、开发新途径，特别是用科技赋能革命文物工作发展。新时代革命文物工作要紧跟国家文化数字化战略，坚持科技与文化相结合，利用"数智化"技术手段，对革命文物进行数字建模，促进革命文物的呈现方式数字化、动态化，提高革命文物叙述革命历史的共情力和影响力。要积极搭建国家革命文物数字展馆，以创新的理念设计丰富多样的展览主题，从宏观、中观、微观视角把握党史发展的主题主线、主流本质，全方位还原革命历史，用心用情用力讲好革命故事和英雄事迹，更为有力地弘扬革命传统，传承革命精神。此外，还要加大革命文物融合传播体系建设力度，不断创新革命文物的传播方式，以话剧、短视频、电影等形式增添革命文物的艺术性，让革命文物借助更广阔的传播平台为历史发声、为精神叙述。以守正创新的正气和锐气，统一思想性与艺术性、历史性与时代性，让革命文物"活起来""潮起来"。

二 全面发展：激活革命文物开发利用高质量发展多维价值

习近平总书记强调："我们要积极推进文物保护利用和文化遗产保护传承，挖掘文物和文化遗产的多重价值，传播更多承载中华文化、中国精神的价值符号和文化产品。"② 这一重要论述表明，开发革命文物要有多重价值思维，力求

---

① 《习近平关于社会主义精神文明建设论述摘编》，中央文献出版社，2022，第167页。
② 《习近平关于社会主义精神文明建设论述摘编》，中央文献出版社，2022，第237页。

革命文物传承红色基因的"最优解"。全面释放革命文物价值潜能，需要在政治、文化、经济三大层面充分挖掘，实现政治价值、文化价值、经济价值的辩证统一。

（一）政治价值：强化资政育人"文物力量"

革命文物既是党和人民团结奋斗、攻坚克难、改革创新的见证，也是历史记忆和革命文化的承载者。充分挖掘革命文物背后的红色基因，在开发利用革命文物过程中铭记革命历史、弘扬革命精神，有助于回答中国共产党为什么能、马克思主义为什么行、中国特色社会主义为什么好的历史课题，解决实现中华民族伟大复兴的民族课题，讲好传播中国故事、让世界读懂中国的时代课题。

回答历史课题，要从历史长河中寻找答案。百余年党史进程中不断形成的革命文物，承载着灿烂的革命文化和光荣的革命历史，是党光辉形象的生动写照。新时代革命文物工作要充分利用革命文物的实物见证功能，回溯革命历史，用史实验证马克思主义的绝对真理性，证明党领导开辟的中国特色社会主义道路是符合中国国情、保障中国革命胜利和事业发展的正确道路，再现中国共产党坚定不移的理想信念、艰苦奋斗的拼搏精神、一心为民的价值追求，使党的初心使命、性质宗旨具象化。在扩大革命文物影响范围的同时，廓清人民对马克思主义、中国共产党、中国革命历史的模糊认识，厚植中国人民的爱国情怀，增强人民群众对党的拥护和信任，进一步坚定"四个自信"。

解决民族课题，要汇聚复兴磅礴伟力。习近平总书记强调："伟大的事业孕育伟大的精神，伟大的精神推进伟大的事业。"[①] 中国共产党的百余年奋斗史孕育产生了伟大的革命精神，构建起中国共产党人精神谱系，为革命事业和社会主义建设事业的成功提供强大的精神伟力。革命文物作为中国共产党革命精神的物化表征，是革命精神的最好"见证者"和"言说者"。人无精神不立，国无精神不强。我国正处于实现中华民族伟大复兴的关键时期，面临的挑战和问题依然严峻复杂，需要强大的精神力量武装全党和人民。新时代革命文物工作要充分利用革命文物蕴含的革命精神，将革命文物融入干部教育和社会主义精神文明建设。以革命历史为内容教育广大党员干部保持"赶考"的清醒，发扬斗争精神，敢于"涉险滩"、能啃"硬骨头"，形成应对风险挑战决不退缩的魄力和恒心。以革命英雄为

---

① 习近平：《在北京冬奥会、冬残奥会总结表彰大会上的讲话》，人民出版社，2022，第 11 页。

榜样教育中华儿女保持艰苦奋斗、团结向上的精神风貌，筑牢强国、报国精神堡垒，携手跨越"娄山关""腊子口"，画好民族复兴最大同心圆。

应对时代课题，要创新国际传播方式。在百年未有之大变局下，中国迫切需要与综合国力相匹配的国际话语权。习近平总书记强调："加快构建中国话语和中国叙事体系，讲好中国故事、传播好中国声音，展现可信、可爱、可敬的中国形象。"① 这是提升国家话语权的战略之需，也是促进文化交流交融、推动文化繁荣的必然要求。革命文物作为中华文化符号，是讲好中国故事、展示中国形象的宝贵资源。立足于宏观视角，用革命文物传播中国历史，展现党百年奋斗史的主题主线、主流本质，引导国际社会读懂中国化时代化马克思主义、中国共产党、中国特色社会主义，引导国际友人形成正确的"中国印象"。着眼于微观视角，用革命文物讲述革命故事，以通俗易懂的形式展现中国人民勤劳勇敢、团结向上、慧心巧思的形象，引导国际社会读懂"中国精神"。新时代革命文物工作要发挥好革命文物作用，讲述中国故事、展现中国形象，不断提升中国的国际影响力、话语说服力、文化感召力、形象亲和力，让世界透过革命文物读懂中国制度、中国道路和中国精神。

（二）文化价值：彰显文化发展"文物魅力"

巩固文化主体性，是更好地担负起新时代新的文化使命的内在需求。"文化主体性是指文化在实践中所展现的自主性、能动性和创造性，它包含对文化内核及其外在表现的自我认知、自我认同、自我决定和自我更新。"② 革命文物作为革命文化的物化表征，在文化传承、文化认同、文化建设等方面发挥着重要作用，是巩固文化主体性的宝贵教育资源。

在文化传承方面，开发利用革命文物有助于传承红色基因。在理论层面，革命文物所蕴含的革命文化是中华文化的一部分，保护好、利用好革命文物，就是在保护、传承红色文化，巩固中华文明的文化主体性。通过对革命文物的历史形成、人物故事和精神内核的研究所形成的理论成果，不仅有助于佐证革命历史、展现党性修养，还能帮助公众更好地理解红色基因的核心内涵，为传承红色基因奠定理论基础。在实践层面，作为党史学习教育、理想信念教育、爱国主义教育

---

① 习近平：《高举中国特色社会主义伟大旗帜　为全面建设社会主义现代化国家而团结奋斗——在中国共产党第二十次全国代表大会上的报告》，人民出版社，2022，第 46 页。
② 李奕斐：《巩固文化主体性的价值观教育意蕴》，《思想理论教育》2025 年第 3 期。

的生动教材，将革命文物融入"大思政课"建设，加快形成革命文物教育矩阵，以革命文物"小切口"，讲述为国为民"大道理"，有助于实现革命文物的直观性与教育的思想性相结合，提高传承红色基因的实效性。

在文化认同方面，开发利用革命文物有助于铸牢中华民族共同体意识。我国革命文物分布于全国各地，既展现了各民族、各地区的特色，又体现了中华民族伟大复兴的共同目标。革命文物见证了中华民族共有精神家园的发展历程，丰富了中华民族共有精神家园的内涵，延续了中华民族共有精神家园的经典表达。① 挖掘、阐述、传播好革命文物所包含的中华民族共同理想、共有精神，有助于巩固"五个认同"，树立"四个与共"的共同体意识。如 2023 年由国家民委主办的"铸牢中华民族共同体意识文物古籍展"，在"大团结"单元，通过展示大量新民主主义革命时期以来的革命文物，彰显了各民族在党的领导下共同实现民族解放、国家富强的大团结、大融合的图景和精神，有形、有感、有效地铸牢中华民族共同体意识。

在文化建设层面，开发利用革命文物工作有助于推动中华文明建设。建设中华文明，不仅需要坚持以中华文化主体性为基础，还需要在开放包容中推动马克思主义文明理论创新，推动中华优秀传统文化的创造性转化和创新性发展。革命文物作为具体形态和抽象精神的结合体，具有文化再创造的潜力。新时代革命文物工作要利用革命文化对中华儿女的深远影响，为建设中华文明提供强大的凝聚力、向心力。同时，针对民众对革命文化的自发追捧和对流行文化的盲目跟风现象，要加强对革命文物的现代阐释，推动革命文物实现创造性转化和创新性发展，形成既有历史底蕴又有时代气息的新革命文物文化"IP"，让人民群众从革命文物中看到中华文化的生命力，为中华文明建设助力。

（三）经济价值：激发老区振兴"文物能量"

革命文物不仅具有铸魂育人功能，还能与文创、旅游、娱乐游戏等项目相结合，创造巨大的经济价值。从资源分布情况来看，革命文物是革命老区丰富而独特的资源。2021 年，国家文物局印发《革命文物保护利用"十四五"专项规划》，强调要促进革命文物与乡村振兴、老区发展相结合，发挥文物在促进经

---

① 田艳、李帅：《革命文物保护与中华民族共有精神家园建设研究》，《中央民族大学学报》（哲学社会科学版）2023 年第 2 期。

济发展方面的作用。这既是实现中华民族伟大复兴的战略需求，也是革命文物的职责所在。新时代革命文物工作要充分发挥特色资源优势，用革命文物赋能老区振兴，激发革命老区高质量发展的内生动力，让老区人民过上更加富裕幸福的生活。

　　新时代革命文物工作要发挥革命文物的"产业能量"，形成革命文物"产业链"，增强老区振兴的产业支撑力。革命老区拥有大量的革命遗址、红色标语等革命文物，开发红色文旅项目具备得天独厚的条件。对此，老区要因地制宜地利用革命文物，健全公共服务设施，发挥资源优势，以"文"化"旅"，设计独具特色的精品旅游路线。通过场景式、体验式、沉浸式的活动项目，吸引越来越多的游客进入革命老区，了解革命历史和革命文化，推动革命老区相关旅游产业建设，拉动当地经济发展。例如，江西省瑞金市实施的"革命文物+"精准扶贫工作，从价值引领、经典景区、主题小镇、美丽新村、文创开发等方面入手，取得了综合贫困发生率0.91%的优异成绩，在赣南老区率先实现高质量脱贫摘帽，彰显了革命文物助力老区经济振兴的强大力量。① 此外，革命老区还可以利用当地革命遗址、革命纪念馆，建设革命传统和爱国主义教育研学基地，加强与高校、企事业单位的合作，吸纳学生、干部等人员进入老区接受实践教育，促进革命老区消费水平的提升，推动老区文化事业和文化产业兴旺。当然，老区振兴既要塑形，更要铸魂。新时代革命文物工作要发挥革命文物的"精神力量"，增强老区振兴的精神推动力。革命老区的红土地上氤氲着宝贵的老区精神，深深鼓舞着老区人民艰苦奋斗、开拓进取，是"老区不老"的关键所在，亦是老区振兴的精神动力。新时代革命文物工作要利用革命文物传播好、弘扬好老区历史和老区精神，就地取材于"革命文物"，讲述老区人民的革命故事，传承老区人民的革命精神，引导老区"新人"传承"勤俭节约""艰苦奋斗""自力更生""开拓创新"的优秀基因，在潜移默化中树立"劳动致富"的价值观念，为老区经济振兴提振良好的精气神，推动老区文化振兴，使老区精神在新时代焕发新的荣光。

三　融合联动：调动革命文物开发利用高质量发展多方力量

　　不谋全局者，不足以谋一域。唯物辩证法的联系观要求我们必须以系统思维

---

① 苏春生：《激发脱贫攻坚的"文物力量"——江西瑞金实施"革命文物+"精准扶贫工作探析》，《中国文物报》2020年4月21日。

来推动全局性谋划，这是做好一切工作的基本要求。新时代革命文物工作越向纵深发展，越要运用系统思维来整体布局，促进跨区域融合、跨层级协同、跨领域合作，调动多方主体，推动革命文物开发空间的拓宽、开发深度的深化，以及开发力量的协调。

（一）跨区域融合，促进资源共建共享

我国革命文物数量多、种类多、分布广泛，各地区的革命文物既各具特色，又共同"言说"着恢宏的中华民族奋斗史，这决定了开发利用革命文物能够兼具独特的地域性和统一的整体性。从目前来看，各地革命文物事业发展态势良好，相继出台一系列政策推动革命文物的保护利用。在跨区域融合方面，国家文物局强调，要"明确片区革命文物连片保护、整体展示、融合发展的主题提炼、空间结构和项目布局，健全革命文物领域跨部门合作、跨区域协调的推进机制"[1]。并且已经开展了鄂豫皖片区、闽浙（皖）赣片区和东北抗联片区等跨区域合作项目，促进了革命文物资源共享、人才共育、项目共建，形成了不少优秀案例。如联合60多家单位推出的"中流砥柱——中国共产党抗战文物展"，通过线性叙事方法，以物叙事、以物叙史、以物叙情，把抗战文物史料背后蕴藏的动人故事、书写的抗争历史和承载的伟大精神，准确传递给公众，引领人们从历史中汲取信仰、智慧和前行的力量。[2] 可见，推动跨区域融合发展，有利于在共建共享中推动革命文物工作实现高质量发展。但是，从现实来看，各片区的融合发展力度有待加大。各区、省都应加强合作意识，在资源、管理、路径三个方面下功夫，实现共同发展。

在资源方面，要整合资源，提炼跨区域发展主题。新时代革命文物工作既要利用大数据搭建国家革命文物数字资源库，打通沟通渠道，实现革命文物资源现状实时共享、互通互用，为区域合作创造信息前提。同时，还要注重整合、分析区域革命文物资源特征及其历史进程，提炼以革命历史为核心的主题，将分布在各地的革命文物串联起来，以革命文物"小切口"，讲述中国革命大篇章、中国共产党大智慧、中国人民大能量。如在京冀两地，可以利用中共中央机关从西柏坡出发前往北平的路线及其革命文物资源，形成以"进京赶考"为主题的跨区域革

---

① 《革命文物保护利用"十四五"专项规划》，《中国文物报》2022年1月4日。
② 欧阳敏：《以联合办展和"云展览"模式提升革命文物展示传播水平——"中流砥柱——中国共产党抗战文物展"的实践探索》，《中国博物馆》2021年第3期。

命文物开发利用系列工作。在管理方面，要实现人才共育，完善管理体系。人才是提高开发利用效益的关键，新时代革命文物工作要选拔、培育学科专家和管理专家，成立区域研究和协作机构。组织专家厘清区域革命文物资源的时间线索和空间分布，加强对革命文物区域主题的研究阐释，构建以历史发展脉络和典型精神生成过程为主要内容的革命文物叙事体系。积极促进政策协同，打破由行政划分造成的革命文物开发利用的隔阂，推动革命文物的区域融合开发工作更加系统化。在路径方面，要盘活功能，实现效益共享。各革命文物开发利用片区要在提炼主题的基础上，探索多样性区域合作实施路径。既可以利用革命历史演进的路线，形成以革命文物为叙事主体的红色主题旅游路线，让游客通过一条革命文物线，感受革命历史和中国精神的延续与发展，还可以结合非革命文物资源，形成产业集群，提升资源效益。例如，江西既是鱼米之乡，也是红色资源大省，可以建立"红色旅游+农家乐"的产业发展模式，推动当地农业和旅游业的发展。

（二）跨层级协同，优化组织管理体系

垂直层面的多层级治理是一种普遍且典型的治理方式，这种从中央到地方的协同管理模式，运用于我国行政管理的各个领域，有效地解决了幅员辽阔、人口众多的治理难题。革命文物的开发利用同样面临着数量众多、分布广泛的管理难题。据国家文物局统计，目前全国共有不可移动革命文物逾 3.6 万处，国有馆藏革命文物超过 100 万件（套）。① 这决定了新时代革命文物工作要实现高水平治理，必须在组织、保护、研究等方面实行跨层级协同管理。

在组织机构设定方面，我国已经形成了由国家文物局内设的革命文物司统一指导、拟定政策、组织规划全国革命文物工作的格局。在各省文化和旅游厅，内设的革命文物处负责指导全省革命文物工作。在省级以下地方，设有文物单位来保障大政方针政策的贯彻落实。在革命文物保护单位方面，针对不可移动革命文物，根据标准分为三类，即全国重点革命文物保护单位、省级文物保护单位、市级和县级文物保护单位。从目前来看，在组织机构和保护单位方面，我国革命文物的跨层级协同治理结构较为完善，有助于维护革命文物开发利用工作的秩序，促进革命文物工作心往一处想、劲往一处使，为社会发展大局服务。但是，在革

---

① 《全国不可移动革命文物逾 3.6 万处》，中国政府网，https://www.gov.cn/xinwen/2021-05/20/content_5609040.htm。

命文物研究层面，跨层级协同研究水平仍有待进一步提升。2024 年 3 月 11 日，教育部、国家文物局公布了 20 个国家革命文物协同研究中心的名单，旨在发挥高校优势，打造一批具有创新性、示范性、引领性的红色资源研究高地、革命文物保护利用高端智库、革命文化学术交流重要平台、红色资源共建共享中心，确立了革命文物研究的中枢力量，对高质量开展革命文物研究工作具有引领作用。新时代革命文物工作要实现高质量发展，要求国家级革命文物协同研究中心立足国家重大需求，高瞻远瞩地分析现实状况，把握革命文物开发利用大趋势，统领各地革命文物研究工作。同时，充分利用资源、人才优势，在价值阐释、功能释放、科技运用、开发路径等方面推出一系列科学实用的研究成果，为新时代革命文物工作实现高质量发展提供学理支撑。然而，革命文物的研究工作要更进一步，各省（区）、市、县也要跟上步伐，积极申报建立地方革命文物协同研究中心，促进各地革命文物工作实现高质量发展。除了参与建设国家革命文物协同研究中心的 20 个纪念馆外，依托旧址和革命文物建立起的一座又一座彰显历史厚度的革命纪念馆，为各地建立革命文物协同研究中心奠定了强大的资源基础。以江西为例，作为红色资源大省，既要发挥好井冈山革命博物馆—江西师范大学国家革命文物协同研究中心的牵头作用，还要依托各地革命文物资源建立地方革命文物协同研究中心。如苏区干部好作风陈列馆与赣南师范大学合作建立赣州市革命文物协同研究中心，加大对赣州革命文物的研究力度，实现革命文物研究工作的整体性和地方性相统一、共性与个性相结合，提高各省革命文物开发利用的整体水平。

（三）跨领域合作，形成开发利用合力

团结统一是中华民族的优良传统，也是克服各种艰难险阻的重要法宝。新时代革命文物工作正处于"船到中流浪更急，人到半山路更陡"的关键时刻，要跨越开发利用的"瓶颈"，实现高质量发展，还需团结社会各方力量，形成革命文物开发利用的最大合力。与此同时，"革命文物文化产品公共性较高，市场无法完全提供，具有消费的非竞争性、非排他性，适宜采取政府、市场混合提供模式面向公众"①。各革命文物单位应积极推进跨领域合作，以政府为主导力

① 李艳、宋舒扬：《重塑"物—人"联结交往体系：革命文物新媒体传播的转译困境与融合路径》，《传媒观察》2022 年第 9 期。

量，整合自然科学和人文社科领域的专家资源，吸引企业、社区等力量参与，构建起协同保护、开发、宣传的机制。

一方面，建立革命文物协同保护机制。由政府牵头，对各部门责任进行科学分解，以责任制促落实、保成效，做好资金投入、法律规范、司法保护等工作，保障革命文物的完整性，夯实开发利用的现实基础。既要组织专业技术人员对革命文物进行修复和修缮，还原其本来面貌；还要召集历史和党史研究者对革命文物背后所蕴含的革命故事、革命历史、革命精神进行深入挖掘和阐释，保存其历史记忆。同时，积极动员人民群众参与革命文物保护工作，主动监督革命文物工作的政策落实和意见整改情况。另一方面，建立革命文物协同开发利用机制。开发利用革命文物要坚持协同合作与开拓创新，突破传统的"革命纪念馆+高校"模式，创新革命纪念馆、高校与社区、企业、革命老区等相结合的开发利用模式，在发挥革命文物教育功能的同时，更多地推动文旅、文创等事业的发展，促进革命文物资源优势转化为发展优势。此外，还要建立革命文物协同宣传机制。多方主体应共同参与策划和制作，打造顺应时代发展的宣传大舞台，利用多媒体平台大力推送，实现线上线下双管齐下，全方位加大宣传力度。如央视推出的《国家宝藏》节目，由明星倾情演绎文物背后的故事，潜在地将主流价值传递给受众。这种兼具主流价值和娱乐性的宣传方式应更广泛地应用于革命文物宣传工作，推动"革命文物热"的兴起，使革命文物的"言说"功能借助新形式、新模式、新平台更好地发挥，实现育人效益与经济效益的双赢。

【责任编辑：廖同真】

红色经典《长城烟尘》的版本校勘与意义阐释[*]

龚奎林　张　琪[**]

【摘　要】柳杞的革命历史小说《长城烟尘》主要讲述的是抗日战争时期晋察冀边区的革命故事。该小说于 1962 年由解放军文艺出版社出版，1978 年由解放军文艺出版社重新出版修订本。修订后的《长城烟尘》不仅在内容格式上进行了修订，而且在感情色彩上也进行了非常细致的处理，尤其是人物形象及性格描写更加丰富生动，成为讲述革命战争、传播军民团结故事的红色基因载体。

【关键词】柳杞；《长城烟尘》；版本校勘

文学是时代的血脉，战争是残酷无情的，可人心是热血温暖的。新中国成立初期，需要把党和军队的革命发展历程以及革命先烈们的英雄壮举进行全国性宣讲和传扬，革命历史小说天然成为讲述革命战争、传播军民团结故事的载体。习近平总书记指出，"红色是中国共产党、中华人民共和国最鲜亮的底色"[①]，"要讲好党的故事、革命的故事、根据地的故事、英雄和烈士的故事，加强革命传统教育、爱国主义教育、青少年思想道德教育，把红色基因传承好，确保红色江山永不变色"[②]。20 世纪上半叶，在党的领导下，无数革命志士抛头颅洒热血，用青春谱写年华，用生命捍卫国人的灵魂，表达心中慷慨激昂的爱国情怀，矗立起永恒的丰碑。被称为"敌后模范的抗日根据地及统一战线的模范区"的晋察冀边区，

　　* 基金项目：国家社科基金一般项目"新中国革命叙事文学的文本改编研究"（项目编号：21BZW146）；江西省社会科学基金重点项目"新中国革命小说文本演变、版本汇校与善本集成"（项目编号：20WX02）。

　　** 作者简介：龚奎林，博士，井冈山大学人文学院教授，主要研究方向为红色文艺和现当代文学版本汇校；张琪，井冈山大学，学士，主要研究方向为中国现当代文学。

① 《习近平关于社会主义精神文明建设论述摘编》，中央文献出版社，2022，第 166 页。

② 《习近平关于全面从严治党论述摘编》（2021 年版），中央文献出版社，2021，第 178 页。

就发生过许多可歌可泣、振奋人心的革命英雄故事。当时，年轻的革命战士柳杞在这里做革命宣传工作，亲身经历着伟大的反法西斯战争，并用新闻记者的眼光记录着革命战争年代英雄们的革命事迹。新中国成立后，"面对来之不易的政权，中国共产党从打江山转变为管理江山，更需要把当年革命的历史通过知识固定的方式传承、传播，而文学创作无疑是革命知识通俗化传播的最佳方式，不仅容易固定而且迅捷。因此革命历史小说的创作成为新中国作家们最青睐的创作文体"①。柳杞是当年华北敌后战场雁宿崖黄土岭战役的亲历者，该战役击毙敌酋阿部规秀中将，以此战役为背景描写当年人民战争的图景也是诗人兼《解放军文艺》副主编柳杞的强烈愿望。1958年，柳杞终于成行，回到太行山故地采访，以自己亲眼见证的革命故事和采访记录的抗日战争事迹为素材，经过提炼和加工，创作出了《长城烟尘》等许多优秀作品，其本人也成为深深扎根农村创作精品的典范。《长城烟尘》描写的是1939年日本军队入侵晋察冀边区进行大扫荡时期，遭到中国共产党领导的抗日革命根据地军民沉重打击的英勇故事，尤其是日本所谓的"名将之花"阿部规秀中将被我八路军炸死在太行山上，沉痛打击了日本侵略者，确证着中国共产党建立新中国的必然性。这部红色经典是作者为庆祝新中国成立10周年而创作的，于1962年出版。在出版后的16年间，作者柳杞对初版本进行了一次修改。通过修改前后的版本比较，可以看出中国时代的变迁和作者对革命历史的深入把握，这进一步深化了这部作品的内容与特色。修订本不仅让读者感受到晋察冀边区战士们的热血英勇，还清晰地呈现了日军的残暴贪婪，更加激起了读者的爱国热情。

一　《长城烟尘》版本修改概述

《长城烟尘》共出版了两个版本，初版本于1962年由解放军文艺出版社出版，1978年经过修改后重新出版，形成了1962年初版本和1978年修订本。初版本相较于修订本，内容相对欠缺、情节不够连贯、人物性格相对简单、思想观念的融洽度不高。为了提高这部文学作品的艺术境界和思想意义，作家柳杞进行了较大幅度的修改，具体见表1所示。

---

① 龚奎林、韩源：《论红色经典〈林海雪原〉的版本修改与意义阐释》，载张泰城主编《红色文化资源研究》2021年第2辑，江西人民出版社，2021，第180~186页。

表 1　《长城烟尘》版本修改比对

	1962 年版本[①]	1978 年版本[②]
内容增加	—	35 处
内容删减	—	20 处
内容改动	—	11 处
标点符号改动	—	11 处
词语字形变化	—	3 处

注：①柳杞：《长城烟尘》，解放军文艺出版社，1962。
　　②柳杞：《长城烟尘》，解放军文艺出版社，1978。

1. 正文本内容修改

从表 1 可以看出，1978 年的《长城烟尘》相较于 1962 年版本，内容增加了 35 处，删减和改动了 31 处，标点符号改动了 11 处，词语字形变化了 3 处。作者内容增加和删减的次数明显多于其他方面的改动，但作者的巧妙之处在于整部小说的故事情节和线索并未发生任何变化。语言的润色，反而使故事情节更加连贯、人物形象更为丰富，各个章节所涵盖的内容也更加清晰明了，主题也更加深入。"作者原本是想要通过在晋察冀边区各位英勇抗战的战士们其经历的生活趣事、战争的危机和艰苦奋斗的精神来表达作者自己对抗日战士的敬佩与爱戴，并且向各位广大读者弘扬伟大的民族英雄精神"，[①] 而修订本无疑更好地体现了这一点。经过比对可以看出，小说在内容和文字上进行了较为仔细的打磨。因此，修改后的 1978 年版本故事内容更加丰富，情节也更加适当巧妙。这些修改使 1978 年版本的《长城烟尘》在感情色彩上有了很大的升华，人物性格的塑造更加饱满，词语和符号的运用更加精准，英雄情怀和思想意义也更加深入人心，更能让读者体会到作品人物的感染力。

2. 副文本的修改

插图不仅是小说内容的符号载体和意义补充，更是文字背后的线条编码，是沟通读者与理解文本的桥梁，正如鲁迅所说："书籍的插图，原意是再装饰书籍，增加读者的兴趣的，但那力量，能补助文字之所不及。"[②] 1962 年的《长城烟尘》初版本有三幅插画：第一幅是日本军官辻村宪吉给程万里送信后，程万里和几个八路军围在一起读信，并蔑视辻村宪吉、开怀大笑的画面；第二幅是白石山老人、

---

① 张效民：《简谈〈长城烟尘〉等抗战题材的小说》，《南充师院学报》1985 年第 4 期。
② 鲁迅：《"连环图画"辩护》，载《鲁迅全集》第 4 卷，人民文学出版社，1981，第 446 页。

方巧云和几位老百姓一起搬柴草，共同消灭汉奸赵兴亚以及日本敌人的场景；第三幅是日本侵略者失败，日本兵悲伤地围在即将死去的指挥官阿部规秀身边的画面。这三幅插图把太行革命根据地八路军的英勇气势和军民一家亲的团结和谐显露出来，具有革命浪漫主义情怀。不过这三幅画在1978年的修订本中全部被删除了。"封面、插图、地图等图像内容作为一种空间符号系统已经成为文本叙事的载体，不仅具有历史价值和文本价值，也具有史料学价值，它们成为作家的人生延伸、知识意义的发生与作品的世界参与的方式之一，反映出时代的变化、历史氛围的变迁、审美的转向、人与社会的不同追求。"[①]《长城烟尘》中这种视觉插图的删除只能通过文字弥补，让读者丰富想象，在感受作品立意的过程中构思出一幅属于读者自己想象的晋察冀边区战斗画面，让读者慢慢品味和想象作者所要弘扬的伟大民族英雄精神。

二 《长城烟尘》版本修改的意义阐释

任何一部小说，如果只有较为简单的故事情节，那它必定是索然无味的。小说的成功与否不单单看它是否拥有华丽的语言，更在于它是否具有深度的灵魂，革命历史小说亦是如此。美国学者韦勒克和沃伦在《文学理论》中谈到版本问题："一个版本几乎包括了每一项文学研究工作。在文学研究的历史中，各种版本的编辑占了一个非常重要的地位：每一版本，都可算是一个满载学识的仓库，可作为有关一个作家的所有知识的手册。"[②] 经过修改，《长城烟尘》的艺术性更为完善。

（一）故事情节更加丰富真实

一部战争作品，光描写枪战、打杀、战略布局，是不足以吸引读者的。如果能有好的人性情感故事情节加以支撑，那这部作品会更加血肉丰满。在《长城烟尘》修订本中，就增添了不少故事情节，使作品更有悬念和张力，整部作品的灵魂也更富有深度。

初版本的《长城烟尘》故事情节内容不多，由于作者是战争中边学习文化知识边革命的，其文学素养还略显不足，小说在故事过渡方面缺少一点美感和逻辑，

---

① 龚奎林：《"十七年"小说的图像叙事》，《文艺理论与批评》2010年第4期。
② 〔美〕韦勒克、沃伦：《文学理论》，刘象愚译，江苏教育出版社，2005，第56页。

读起来较为生硬。从逻辑方面来说，初版本在描写白石山老人的生活不如从前时，并未深入探讨地方官僚和地主的贪婪成性，而只是描述了树木更茂盛、景色更美，这样的描写无法凸显地方官僚和地主的恶性，两者之间的逻辑较为模糊。而修订版则添加了丰收成灾的细节及其原因：白石山老人果品丰收，而生活却不如前，这种丰收成灾的情节更能凸显地方官僚和地主反革命的霸道贪婪，逻辑上也更为清晰明了。初版本第五章"北线门户"的开头，写到了小猫用爪子不停地洗脸，紧接着就写道："老人们说，这预兆着会有稀少的贵客来临"①。这种关于猫的民俗描述缺少逻辑的真实性。而1978年修订本中则添加了这样一句话："按照当地人们对于喜鹊喳喳叫、小猫勤洗脸的习俗猜想"②，从这就能够看出老人们之所以说即将有贵客来临，是基于他们历代流传下来的习俗推测出来的。也就是说，八路军的出场在逻辑上有了可能性，也更能展现出当地的民俗风情，使小说更具有地域特色。所以，从小说的逻辑上来说，添加情节内容是为了让小说的故事更加丰富、情节更加缜密和连贯。

修订本在逻辑上处理得更加完善后，必然要摒弃索然无味的故事情节，或使故事情节更加生动具体。整部小说的内容增加共有35处，内容的删减和改动共有31处，增加的部分大体上是在内容删减和改动的基础上进行的。这些增加和改动大都是围绕小说的正反人物——牛青山、程万里、陈从源团长、王大娘、赵兴亚、辻村宪吉、阿部规秀展开的，这几位主人公贯穿整部小说。要想使作品更加精彩，就要有更加深刻的灵魂。例如，在牛青山的故事情节里，修订本第一章"不灰木山庄"中删减了主人公牛青山拔掉白石山老人胡子的内容，增加了他的内心波动和思想描写，表达了对日本侵略者的憎恨；在第九章"攻守进退"中，增加了牛青山"牵驴找驴，骑马找马"，在烟草堆里找烟的故事；还有在第十二章"离情"中增加了他与方彩云在敌人面前对话的内容。在程万里的故事情节中，修订本删减了三部分关于程万里妈妈嘱咐程万里不要刮胡子的内容，在第六章"雁宿涯"中增加了程万里与陈团长的对话，凸显出程万里给敌人辻村宪吉送信的心情。在第七章"山村清晨"中增加了程万里与队友郑好一起送信的情节。而在敌人辻村宪吉的情节故事中，修订本第三章"松山驻军"增加了他的两只狼狗的故事情节，勾勒了狼狗吃人的场面，展现了辻村宪吉的凶残。在

---

① 柳杞：《长城烟尘》，解放军文艺出版社，1962，第79页。

② 柳杞：《长城烟尘》，解放军文艺出版社，1978，第84页。

第六章"雁宿涯"中增加了辻村宪吉在寺庙祈福的情节。通过列举上述三位主人公的故事内容增加，可以看出作者的细腻之处，不仅诠释了人物的性格特点，还使小说的敌我矛盾更加深入人心。除此之外，作者在修订本中还增加了宣传军民关系融洽、凸显战士团结友爱、老百姓对八路军的爱护以及战争策略的严谨等内容。

经过以上比对，可以看出作者在修订本中更加注重语感。因为就 1962 年版本而言，整部小说的语言不太严谨，让人读起来更像是掺杂了一些平平无奇、无关紧要的叙述，在故事的衔接上有时让人摸不着头脑。修订本恰恰体现出了作者在 1962~1978 年这 16 年间语言和知识层面上的提升。作者为了让每一位人物看起来更加鲜活真实，增加了不少描述每位人物的线索，丰富了其故事情节。可以说，修订本的《长城烟尘》内容更为细致，正反人物更加生动、丰富、真实。朴实而又清新的语言，在各个具有深度灵魂人物的交融下，推动着小说走向鲜活。

（二）人物性格塑造更加真实可信

每一部小说都有属于它自己的核心要素，那就是人物的塑造。战争是贯穿《长城烟尘》整部小说的线索，也是小说人物情感丰富变化的血脉。作者柳杞对八路军战士及战争生活进行深入思考，生动形象地刻画出了八路军战士的个性化形象，八路军战士丰富的内心世界和复杂的感情性格铸就了小说的灵魂。

以下介绍修订本中几位小说重点人物的性格塑造改变。八路军战士程万里，一个最明显的性格特征就是"听妈妈的话"，但在修订本中基本上没有了这个痕迹。程万里的父亲，曾经也是一名英勇的战士，在战争中不幸中了敌人的暗算，死在了剃刀下。初版本中，程万里的母亲在孩子出征时，曾给程万里立下了三个嘱托：不准抽烟、不准喝酒、不准刮胡子。所以在初版本中，陈团长看见程万里浓密的胡子时，说的第一句话就是：不刮胡子是不是因为在遵守母亲的嘱托。[1] 程万里的回答是肯定的，他一直在认真遵循母亲的嘱托。而修订本中，当陈团长问起程万里是否在遵循母亲的嘱托时，程万里只说母亲曾嘱咐自己不抽烟、不喝酒，并没有嘱咐自己不刮胡子。所以，修订本隐含了程万里不刮胡子的原因，其目的是让程万里的八路军战士形象更加高大完整。毕竟程万里是一

---

① 柳杞：《长城烟尘》，解放军文艺出版社，1962，第 35 页。

位勇猛善战的强者,修订后也更能体现程万里独立的性格和对敌人杀害自己父亲的憎恨,不刮胡子既是自己对父亲的承诺,也是对自己的警示。这一修改,更加真实地体现了程万里独立的性格和骁勇善战的特征。

八路军战士牛青山,经过修订后形象更加可爱。初版本中描述牛青山的片段不少,但给人的感觉就像他的名字一样,倔强又带点木讷。如在第一章"不灰木山庄"中,有一个描述牛青山被敌人强迫拔掉老人胡子的故事情节。初版本描述简单,缺乏心理搏斗,这种简单的描述让读者感受不到牛青山内心的愤怒与屈辱。而在修订本中,增加了故事的曲折性,就在牛青山心理挣扎之际,突然"山边上响了两枪,吸引了敌人的注意力,才没有遭受屈辱,酿成灾祸"[①]。修订本增加了山边枪响的情节和牛青山心理挣扎的复杂描写,使故事更为曲折,人物性格也更为丰满,突出了牛青山对敌人的憎恨。在第十二章"离情"中,牛青山乔装打扮混进日军去救老百姓,修订本增加了牛青山与方彩云偶遇对话的戏剧性场景,展现了牛青山果敢、灵活应对的形象。

修订本对反面人物汉奸赵兴亚和日本军官辻村宪吉、阿部规秀的形象也进行了修改,使人物形象更加立体。初版本中,汉奸赵兴亚的塑造较为脸谱化,因此,在修订本第八章"污血路上"中,增加了赵兴亚油嘴滑舌的一面,他抓住战争失利这一传播流言的最佳时机,极其夸张地宣扬自己是如何打扮成八路军战士的,随后获得了日本军官的褒奖。第九章"攻守进退"也展现了赵兴亚阴险狡猾的一面:他为了保命,努力寻找被歼灭日军的大炮,游走在战场边缘谍听。对于日本军官辻村宪吉和阿部规秀,柳杞在修订本中也做了不少修改。例如在描写辻村宪吉养的狼狗时,一方面增加了注释,另一方面突出了辻村宪吉纵容狼狗吃人的凶残暴戾,与他虚伪的"优雅知性"形成鲜明对比。而小说的另一位反面人物阿部规秀,虽然表面上人畜无害,但柳杞在修改时更突出地塑造了这位日军指挥官内在的阴暗与残暴。例如,在第十章"黄土岭"中,王大娘为八路军战士做的鞋被阿部规秀发现,他就诱问王大娘鞋子是不是做给八路军的,无论王大娘说什么、怎么说,阿部规秀始终没有表现出愤怒的情绪,而是在内心想象着如何利用中国人来套取情报,并盘算着在危急时刻如何将老百姓作为人质。

因此,不管是正面人物程万里、牛青山,还是反面人物赵兴亚、阿部规秀等,作者都站在了每位人物的视角上,叙说着晋察冀边区的战争,讲述着革命

---

① 柳杞:《长城烟尘》,解放军文艺出版社,1978,第13页。

与反革命的故事。1962 年的《长城烟尘》初版本因为作者与战争间隔的时间不长，所以在正面人物描写上有点倾向动漫式的英雄人物，而在描写反面人物时又过于个人主义化，使其凶残又过于诙谐，从而让人感觉不协调。① 所以作者重新修改了《长城烟尘》，修订本在挖掘战士们的战争精神、荣誉感和尊严以及刻画敌人形象上，都做到了非常细致的处理，使人物形象更加立体生动、真实丰富。

（三）标点符号、字词运用更加精准

一部好的作品，不仅需要完美的故事情节和丰富立体的人物形象，还要有规范的用语、字词和标点符号，这样才能使小说更具严谨性和可读性。作者柳杞在初版本的《长城烟尘》基础上进行了精细化修订，不仅重新进行了故事情节润色和人物形象塑造，在标点符号和字词运用上也更加精准，其中修改最明显且最多的是省略号。在 1962 年版本的《长城烟尘》中，省略号是用 12 个点表示的，而在 1978 年的版本中，所有运用的省略号都改为了 6 个点，从而遵守了语言规范。同时，把 12 个省略号改为 6 个省略号，使得省略号上下两段衔接更为流畅。在标点符号的修改上，修订本还弥补了 1962 年版本的标点符号缺陷。不仅如此，作者在增加或删减故事情节时，也改动了多处的标点符号，增加了逗号、顿号以及问号和句号，使句子更加明白清晰。如初版本中第 7 页描述牛青山的形象时说道："鹤发童颜，大概说的就是这样子。"② 在修订本后变成了："鹤发童颜，大概说的就是这样子吧！"③ 增加了语气助词"吧"，改为感叹号，凸显出叙述者对男主人公牛青山外貌特征的猜想。

除了标点符号的变化之外，字词也进行了修改。例如，作者在描写日本侵略者被八路军打得措手不及想要逃跑时，初版本写的是"机灵多智的日兵"，这种略带褒义的形容词显然不太合适，而后在修订本中变成了"想要逃命的日兵"。还有人物描写也有修改，初版本描写八路军战士王宏声的面孔是"水玲玲"，在修订本中改为了"水灵灵"，字词本身正确，但用"水灵灵"来描写男性面孔仍显不恰当，或许作者想要表达的是战士王宏声的面孔白净透亮、容光焕发。在描写贺龙同志时，初版本只是简单说出"贺龙同志"这四个字，修订本则加上了贺龙同志的职位"一二〇师的首长贺龙同志"，从中可以看出作者的敬佩和爱戴。除了这

---

① 胡可：《阅新版〈长城烟尘〉思念柳杞》，《文艺报》2015 年 11 月 27 日。
② 柳杞：《长城烟尘》，解放军文艺出版社，1962，第 7 页。
③ 柳杞：《长城烟尘》，解放军文艺出版社，1978，第 8 页。

些，作者还修改了具有当地特色的称呼语。汉奸赵兴亚遇见了服侍自己父亲多年的白石山老人，初版本写的是"是你。"而后在修订本中写道："是你老。"并且特地在对话后面增加了一处解释说明："你老"是当地特色的称呼用语，无论对方是长辈还是小孩，都统称为"你老"，只不过这个称呼的含义因人而异，它可能含有俏皮、尊敬或讽刺的意味。作者的修改，正是为了体现汉奸赵兴亚对白石山老人的不尊敬。标点符号是书面语言不可或缺的一部分，标点符号运用规范对于故事的发展有着重要的作用。初版本受当时文化大环境及作者本人知识掌握程度的影响，在标点符号这种小细节上并未过多斟酌和处理，所以初版本中存在标点符号运用不当甚至是遗漏的情况。但修订本中，作者对标点符号进行了细致的斟酌和修改，使其更加精准得当，推动了作品思想内容的深化，也便于读者理解。

（四）英雄情怀、思想意义更加深入人心

习近平总书记于 2015 年 9 月 2 日在颁发中国人民抗日战争胜利 70 周年纪念章仪式上的讲话中指出："天下艰难际，时势造英雄。在 14 年反抗日本军国主义侵略特别是 8 年全面抗战的艰苦岁月中，全体中华儿女万众一心、众志成城，凝聚起抵御外侮、救亡图存的共同意志，谱写了感天动地、气壮山河的壮丽史诗……一个有希望的民族不能没有英雄，一个有前途的国家不能没有先锋。包括抗战英雄在内的一切民族英雄，都是中华民族的脊梁，他们的事迹和精神都是激励我们前行的强大力量。"[1] 英雄是民族的希望，他们永远演绎着这令人无法忘怀的过去。烈士是民族永续的精神支撑。每一个时代都有独属该时代的英雄战士，但无论是怎样的英雄战士，他们都有着共同的属性，那就是他们拥有着敢于战斗、坚强不屈的品质。他们不忘初心，用自己的艰苦奋斗，拼出一个繁荣昌盛的新中国。柳杞《长城烟尘》就描写了这样的英雄，他们坚毅、乐观、不畏艰险、敢爱敢恨，永远保持着自己的初心，为不灰木山庄的和平出谋划策，为群众的安危上下奔走。

学者袁洪权认为，版本修改可以呈现"政治塑造中的特殊意识形态建构"[2]。修订本《长城烟尘》为了适应文化语境的变化，增加了不少关于革命者的故事情节，围绕战士们的英勇事迹以及战士之间、战士与百姓之间的关系展开情节构建。无论是八路军沙场战敌还是军民之间团结友爱，都体现了那个时代的英雄主义。

---

① 《习近平在纪念中国人民抗日战争暨世界反法西斯战争胜利 70 周年系列活动上的讲话》，人民出版社，2015，第 15、19 页。
② 袁洪权：《康濯〈我对萧也牧创作思想的看法〉的版本修改》，《中国当代文学研究》2022 年第 5 期。

在第一章描写方彩云父亲为何牺牲时，修订本在初版本的基础上加入了方彩云父亲为国捐躯的背景，让读者理解前因后果。同时，第一章也加入了程万里父亲被敌人杀害的情节内容。在看到父亲被敌人杀害之后，方彩云、程万里、牛青山产生了为父亲报仇的革命动机，因此他们都勇敢地面对战争，与敌人拼搏到底，为拯救国家而努力奋斗。这正体现了一代青年人为了民族的希望而保家卫国、努力奋斗的故事，他们永远值得我们缅怀。在第一章中，除了上述修改，作者还细致地描绘了八路军战士的团结友爱以及军民一家亲的融洽关系。一场战争的胜利，离不开英雄的谋略，也离不开英雄的情怀。他们在战场上建立了友谊，把后背留给战友；在战争结束后，他们延续了革命的友谊和军民的情谊。他们会牵挂自己保护的百姓，所以在乡村邻里，百姓们会到处宣传军民鱼水情，为的是给战士英雄们安心。柳杞在修订本中增加了不少宣传军民鱼水情的故事情节。在第五章中，作者增加了团长政委和白石山老人商谈往事的内容，回忆了当时八路军在涞源城宣讲抗日道理和政策的场景。作者在每一章中都增加了不少八路军战士为民族和人民英勇奋斗的故事情节，这体现了为民族、为人民奋斗的精神。

杰姆逊认为，"所有第三世界的文本均带有寓言性和特殊性，我们应该把这些文本当作民族寓言来阅读"，"我们必须重新思考我们对叙事中的象征意义的习以为常的理解"，因为它们"总是以民族寓言的形式来投射一种政治"。① 因此，革命英雄是激励一个民族勇敢向前的精神支撑，是一个民族文化长河中最为宝贵的财富。柳杞作为晋察冀边区革命故事和革命思想的传播者，他的使命就是用自己的力量，本着让一代读者体会战争英雄初心的原则，奔波于各位战士之间，把自己所看所想一一写下来，② 所以修订本内容的改动，让作者柳杞更好地实现了自己的初心。《长城烟尘》让读者见到了日军的惨无人道，更加深切地感受到了战士们的英勇无畏，因为它描绘的不仅是革命战争年代的战争生活，更是让一代又一代人深思的英雄情怀。可以说，柳杞"严格遵循现实主义创作原则，在历史的轮廓和主线下展开情节，塑造人物，形象地展示中国人民英勇抗战的宏伟画卷"③。

---

① 〔美〕杰姆逊：《处于跨国资本主义时代的第三世界文学》，载张京媛主编《新历史主义与文学批评》，北京大学出版社，1993，第 235 页。

② 李薇：《晋察冀抗日根据地统一战线工作研究》，西安工业大学硕士学位论文，2020。

③ 潘颂德：《抗战文学名著〈长城烟尘〉是怎样炼成的——兼怀革命前辈、老作家柳杞老师》，《徐汇报》2015 年 8 月 17 日。

三 结语

总之，红色经典《长城烟尘》讲述着晋察冀边区的斗争面貌，战士们经历了艰难曲折的过程后走向了胜利。整部小说的基调积极向上，充满正能量，看不到战士们退缩、害怕的情绪，文笔也朴实无华，没有慷慨激昂的抒情，却能让人深深地体会到浓烈的乡土气息和战士们的英勇无畏。"任何社会的有效性都必须依赖一套能够提供其正当性基础的语言，藉着这套修辞国家的一切行动策略方能产生神圣化的效果。"① 修改后的《长城烟尘》无论是在故事情节上，还是在人物形象的塑造以及标点符号的使用上，都能更好地呈现这部小说的英雄主义情怀。柳杞笔下的每一个角色，不论是正面人物还是反面人物，都是美感与真实的结合。《长城烟尘》和其他红色经典一样，"为新中国的革命历史小说起了示范作用，为年轻的作者们提供了一条可资借鉴的写作道路；更通过军民鱼水情的革命故事为革命做传，为新中国述史，推动了革命知识的受众化传播，确证着新中国政权的合法性和必然性"②。这部小说更多的是呈现八路军战士的革命英雄主义和乐观主义情怀。其版本修改带来了丰富的经验启示：一个革命作家坚持修改自己的成名作品，无疑对当下的文学创作修改具有示范意义。我们要缅怀每一位烈士，将他们为国家、为民族、为人民而努力奋斗的英雄情怀永远铭记于心，传承红色基因，赓续革命传统，更好地遵循党的二十大报告强调的"弘扬以伟大建党精神为源头的中国共产党人精神谱系，用好红色资源"③ 的指示。

【责任编辑：肖发生】

---

① 王宇：《性别表述与现代认同》，生活·读书·新知三联书店，2006，第 16 页。
② 龚奎林：《论柳青〈铜墙铁壁〉的版本修改及意义阐释》，《绵阳师范学院学报》2022 年第 1 期。
③ 习近平：《高举中国特色社会主义伟大旗帜　为全面建设社会主义现代化国家而团结奋斗——在中国共产党第二十次全国代表大会上的报告》，人民出版社，2022，第 44 页。

《劳动界》政治动员话语策略研究[*]

廖同真　莫凤妹^{**}

【摘　要】《劳动界》周刊是中国共产党早期通俗报刊的代表，蕴含独到的话语策略，它在中国共产党主导的早期政治动员中发挥重要的作用。呈现国内外社会政治的情境是《劳动界》修辞行为的逻辑起点，将劳动者苦难的现实生活与修辞情境进行关联，塑造劳动者苦难、共同的集体记忆是《劳动界》唤醒劳动者阶级意识、推动社会变革的关键一步。在此基础上，它适时地提出社会变革的具体方式，解答社会变革运动中出现的问题，有效地将劳动者迸发的革命热情转化为变革社会的实践。《劳动界》话语策略所包含的技术思路对当下意识形态工作有积极的启示。

【关键词】《劳动界》；修辞策略；意识形态

报刊是中国共产党领导社会革命的舆论阵地，扮演党的"喉舌"和革命"工具"的角色。中国共产党"通俗报刊"是指中国共产党主办的、面向文化程度不高的工农群众的报刊。它在形式风格上贴近群众、在内容语言上浅显易懂。中国共产党成立后，积极创办通俗报刊以期唤醒工农群众。通俗报刊在中国共产党普及革命知识、进行社会政治动员以及指导革命运动上发挥着积极的作用，有力地推动了中国社会革命的向前发展。《劳动界》周刊是中国共产党通俗报刊的代表之一，它于 1920 年 8 月由中共上海小组创办，于 1921 年 1 月停刊，前后共出了 24 期，主编为陈独秀。它是中国共产党创办的第一份宣传马克思主义的通俗读物。

---

*　基金项目：井冈山大学科研基金一般项目"早期中共通俗报刊政治动员的话语机制及其时代价值研究"（项目编号：JYSK202406）。

**　作者简介：廖同真，博士，井冈山大学井冈山研究中心讲师，同济大学马克思主义学院博士后，主要研究方向为中国古代思想史、中共党史；莫凤妹，西南石油大学法学院硕士研究生，主要研究方向为社区社会工作。

学界对《劳动界》的研究通常基于"革命史"的视角，研究重点在于其政治宣传内容、管理模式以及政治动员功能，对于其作为宣传媒介的技术特点则有所忽略，如果将这点忽略，我们将难以解释《劳动界》是如何在推动社会进步、为中国共产党赢得受众支持方面发挥作用。本文以《劳动界》话语策略为聚焦点，阐释《劳动界》的政治动员功能是如何通过其话语策略产生的，进而探讨其对我国当下意识形态工作的启示。

一 修辞情境的呈现：国际"革命"潮流
与阶级压迫的中国图景

修辞是通过创造话语来改变现实的一种方式，而这种话语之所以产生正是因为特定情境的需要。① 也就是说，修辞情境是对修辞行为所处背景的再现，借助修辞情境，人们能更好地理解社会运动产生的原因。中国共产党早期办报活动为了能合理地提出自己的主张，特别重视修辞情境的呈现，将之作为其修辞行为的逻辑起点。就《劳动界》而言，对情境的呈现占了其绝大多数的篇幅，这些情境可分为国内和国外两种。就国外情境而言，世界各国劳动者都纷纷成立劳动联合组织，进行有计划的行业罢工以争取提高自身的生活待遇。如《劳动界》报道了英国的矿工、美国的白煤矿工、德国的市政职工、意大利的五金工的罢工运动。不仅如此，《劳动界》还连续开辟"各国妇女劳动运动的大势"专题，介绍世界各国劳动妇女争取权益的运动。在《劳动界》所介绍的这些运动中，有的完全达到了预期的目的，有些没有完全达到，但无论如何，这些罢工运动打击了资本家对劳动者蛮横的欺压，撬动了其坚固的防御堡垒，迫使其和劳动者进行对话，并做出某种程度上的妥协。《劳动界》试图从世界性的视角告诉劳动者：哪里有欺压劳动者的情况，哪里就有反抗，同时，劳动者要改变被压迫的境遇，唯有依靠自身的联合和抗争。

国内情境主要有两方面。其一，劳动者遭遇权益的不公。凭借着权势，少数资本家和官僚把控着社会的资源，占有大多数劳动者的劳动成果，而作为成果的生产者，劳动者却无法享有应有的权益。"既然是劳工神圣，既然是人工如此重

---

① Bitzer, L. F. "The rhetorical situation", *Philosophy and Rhetoric*, 1968, (1).

要，为什么大家都说做工的人是下等社会，不做工的人反来是上等社会呢？"①
"有许多出力做工的人做出粮食、房屋或是衣服，却仍然没得吃、没得住、没得
着，有许多人不劳一点力、不做一点工，反来吃得很阔、住得很阔、衣服也穿得
很阔，这还不算，还要把出力做工的人压在脚底下不当人看待。"②《劳动界》的
这些反问和控诉直指普通劳动者所遭遇的权益的不公。

其二，政治环境的恶劣。这主要体现为，军阀祸国，内外勾结。国家正值军
阀当道，为谋求私利，他们之间不断地争夺混斗，导致国家政局动荡、兵祸不断。
"民国消息种种"报道了吴佩孚、徐靳张、徐世昌、李奎元等军阀政要关于所谓
"国民大会"的分歧。"西南消息种种"揭露了陆裕光、陈炯明、莫荣新等军阀之
间的各怀鬼胎。"拿办安福党的命令""安福部大吞公款""缉拿安福党头赏格"
等揭露了安福党的腐败及其与各系军阀的冲突；"大将军男扮女装"揭露了在直皖
战争期间，军阀头目刘询为逃命而男扮女装的滑稽之事。同时，军阀之间的混战
往往有国外帝国主义的支持，"段祺瑞的定国军用账"便刊载了段祺瑞政府向日本
借款的事情。

国内外社会政治情境的呈现为《劳动界》提出自己的目标主张奠定基础。中
国共产党创办《劳动界》的目标是启发阶级意识，主张为建立一个公正的社会而
团结奋斗。《劳动界》在"为什么要印这个报"中提到："工人在世界上已经是最
苦的，而我们中国的工人比外国的工人还要苦，这是什么道理呢？就因为外国工
人略微晓得他们应该晓得的事情，我们中国工人不晓得他们应该晓得的事情。我
们印这个报，就是要教我们中国工人晓得他们应该晓得他们的事情。"③ 劳动者
"应该晓得的事情"是什么？一是遭遇权益的不公和国家政治的动荡腐朽，二是自
己拥有改变黑暗现实的力量。劳动者能够依靠自身的力量，变革不公平的社会。
"罗素与工人"篇中提到，"……社会改造，根本上要从劳动界入手……可惜我们中
国的劳动界还没有什么觉悟，并没有什么教育，不能领会罗素的学说……我们中国
工业的发达，还是很幼稚，受资本界的痛苦，不像欧美那般厉害，但我们中国现在
的趋势，不把他来纠正，恐怕又要步欧美的覆辙。中国的工人不能不快一点醒悟，
与俄国的工人握手，自己同时要做工人和主人，不要做他人的奴隶"④。

---

① 《红藏：进步期刊总汇（1915-1949）劳动界 劳动与妇女》，湘潭大学出版社，2014，第 4 页。
② 《红藏：进步期刊总汇（1915-1949）劳动界 劳动与妇女》，湘潭大学出版社，2014，第 4 页。
③ 《红藏：进步期刊总汇（1915-1949）劳动界 劳动与妇女》，湘潭大学出版社，2014，第 5 页。
④ 《红藏：进步期刊总汇（1915-1949）劳动界 劳动与妇女》，湘潭大学出版社，2014，第 165 页。

然而,《劳动界》启发阶级意识和建立一个公正的社会的主张并不是一开始就受到关注,也不会凭空实现,它首先需要引起劳动者,特别是工人的关注,进而才有可能转化为现实的行动。从现实来看,人们关心切身生活比关心社会的环境和世界的环境更为积极。因此,将所呈现的情境,特别是国内的情境和劳动者切身生活联系起来,是《劳动界》在揭示国内外情境之后要做的事情。

二 时局与劳动者的关联:集体记忆的建构

在呈现修辞情境的基础上,《劳动界》接着说明这些情境对劳动者的影响,塑造其苦难的社会记忆。《劳动界》此举意在表明,在如此情境下,每个人都无法独善其身,进而播下革命的火种,让启发阶级意识和建立一个公正社会的目标最终落到每一个劳动者身上。①《劳动界》认为,劳动者在这些情境下受到的影响有以下几个方面。

首先,资本残酷的剥削,生命受到摧残。国家政治的动荡使劳动者失去了生存的重要社会基础,他们纷纷破产而被迫依附于资本家。比起劳动者,资本家拥有大量的生产资料,资本的逐利性使资本家千方百计地压缩成本,针对劳动者的压榨伎俩层出不穷。为了生存,劳动者不得不接受资本家苛刻的剥削,这些剥削使他们生存受到各种摧残。其一,劳动者的劳动成果被剥夺。"我们自己底工,要他们(行东、厂主、雇主)定价值;由我们的工做出来底货物,也要他们定价值。我们挑的、抬的、掘的、磋的、磨的,一天一天卖出便宜的工去,我们吃的、穿的、用的又一样一样买回很贵的东西来。"②被剥夺成果后的劳动者一贫如洗,疲于奔命。《劳动界》用一组对比,展示穷人(劳动者)和富人(资本)在暑天截然不同的生活境况:

> 富人生活,开着电风扇打麻将;坐汽车四处兜风;住着高楼大屋还嚷着天气热;吃荷兰水冰淇淋还嫌不凉;吃西瓜还嫌不甜;睡在纱帐里,床前放着一盘水,点着根蚊烟香,肥鱼大肉嫌腻口,海参鱼翅又嫌腥。
>
> 穷人生活,昼夜在烈日里面,火炉旁边做工;拉车运货,走一步出一阵

---

① 周旭东、徐开彬:《作为运动主体的劳动者:中国共产党早期办报活动的运动修辞分析(1920-1926)》,《新闻记者》2021年第7期。

② 《红藏:进步期刊总汇(1915-1949)劳动界 劳动与妇女》,湘潭大学出版社,2014,第100页。

汗；十几个人挤在一间又小又矮的屋里，出气不得；路上遇见自来水或者施茶，不管脏不脏便咕嘟嘟的喝下；睡在矮楼底下，或小客栈里，终应供蚊虫蚤虱大开宴会；当了一件破棉袄，买来二升米，一家老小才吃得个半饱。①

其二，人格尊严受辱。工头和资本家勾结，用尽心机压榨工人，工头是"工人中极狡猾的人"，他们"对于工人，是用'强制'和'牢笼'的两种手段"②，工人一进厂就如同"卖身一样"，被"随意搜身"，"稍有干犯，打骂交加，重则除名罚工，一听他便"③，"工人受伤还要受罚"。其三，健康没有保证。劳工的工作环境非常恶劣，"空气很浊……许多带冷饭的工人，要吃的时候，将饭放在小篮里，用热水来泡，就拿来吃了；但那热水是有臭气的，他们似乎吃惯了，也不觉得什么"④。其四，生命权无法保证。劳动意外不时发生，"工人做工跌死""小工被电车碾毙""小工落水殒命"等意外在《劳动界》中时有报道。

其次，遭受军阀和帝国主义的欺压。拥兵自重的军阀把持着地方的政权，同资本家勾连在一起。劳动者在资本家那里遭受的不平，在军阀处不仅得不到伸张，反而变本加厉地恶化。当资本家需要压制劳动者时，政府会出台法律甚至直接暴力协助。《劳动界》有这样的场景：政府为了"老爷们的卫生"，将露宿街头、无家可归的失业者无情地驱逐，同时，为了协助厂主制止女工罢工，派出警察"弹压女工"。军阀政权为了自己的私利，无端剥夺劳动者生命，如"广西军队无理枪毙工人"。军阀需要国外帝国主义势力的支持，他们对帝国主义侵害自己人民的事情往往噤若寒蝉，如"日本公使保护亲日党"，同时对帝国主义极尽谄媚，如"南京警察不准妓女们看外国议员先生"。如此种种，使劳动者的苦难更加深重了。

《劳动界》基于逻辑性、切身性的话语叙事，将读者置于共同的苦难情境中。作为读者，劳动者们通过分享相同的苦难而让彼此处于一个共同体中，他们过往类似的、或大或小的苦难，在不断重复的关联中被影射、被提醒。他们心中那种长期以来压抑着的、绵延的痛楚被搅动了，并越发地让人愤懑和煎熬。更为重要的是，《劳动界》通过凸显"加害者"们的残酷，大大激化了读者与他们的对立与仇恨，埃里克·霍弗说："群众运动不需要相信有上帝……却不能不相信有魔

---

① 《红藏：进步期刊总汇（1915-1949）劳动界 劳动与妇女》，湘潭大学出版社，2014，第63页。
② 《红藏：进步期刊总汇（1915-1949）劳动界 劳动与妇女》，湘潭大学出版社，2014，第17页。
③ 《红藏：进步期刊总汇（1915-1949）劳动界 劳动与妇女》，湘潭大学出版社，2014，第17页。
④ 《红藏：进步期刊总汇（1915-1949）劳动界 劳动与妇女》，湘潭大学出版社，2014，第16页。

鬼……共同的仇恨可以凝聚最异质的成分……一如最理想的神应该是无所不能和无所不在，最理想的魔鬼也是如此。"① 辨别与他者的差别，甚至对立关系，可以强化一个共同体的内部团结和凝聚力。

与此同时，早期共产党人通过《劳动界》传达了他们与广大劳动者利益一致、价值追求与劳动者相向而行的理念。"劳动者与社会主义"篇指出，"社会主义主张推倒资本主义，废止财产私有，把一切工厂、一切机器、一切原料都归劳动者手中管理……这时候大家都要做工，都能得饭吃、得衣穿，资本家也变为劳动者了，大家都享自由，都得平等"②。利益的一致以及价值追求的同向，促使了劳动者在观念上、情感上对中共产生了认同，这也使得《劳动界》成为劳动者倾诉情感和表达见解的空间。《劳动界》在最显眼处标明了欢迎工人投稿，而受到影响的劳动者也不断地分享自己的苦难遭遇，分析其中原因，同时对如何破局提出自己的见解，如"一个工人的报告""一个工人的宣言"等。于是，借助《劳动界》，中国共产党建构了对劳动者有影响的"符号权力"，彰显了自身政治主张的合法性。对于劳动者而言，随着报刊传播时空的转移和扩展、更多劳动者的汇入，那些原本只是"个体性"的遭遇就逐渐演变成普遍性的、"公共性"的问题，同时，"变革社会"才能"改变自己"在他们看来也成了具有合理性的事情。至此，《劳动界》完成了其修辞运动的最重要的一步，这为接下来提出"改变社会"的具体路径奠定了基础。

三 指引劳动者实现变革的可行方略

社会变革需要有具体的行动，劳动者意识的觉醒并不必然导致变革社会行动的发生。如果劳动者对变革社会的规律和进路缺乏经验，对自身的力量缺乏有效的引导，那么，他们变革社会的行动非但难以成功，而且还会对其觉醒的阶级意识和变革意识产生消极影响。因此，对社会变革的可能性、适切的进路以及行动过程中的问题进行说明，是劳动者意识觉醒之后要做的重要事情。对此《劳动界》做了具体的指引。

第一，阐明劳动者变革社会的可能性和主体性。劳动者在"资本家生产制"

---

① 〔美〕埃里克·霍弗：《狂热分子 群众运动圣经》，梁永安译，广西师范大学出版社，2011，第150~152页。

② 《红藏：进步期刊总汇（1915-1949）劳动界 劳动与妇女》，湘潭大学出版社，2014，第228页。

下承受压榨和煎熬，但这个制度同时也蕴含着劳动者解放以及变革社会的可能性，其中的力量源泉就在于劳动者自身。《劳动界》在"劳动者如何努力"一文中作了说明：

> 资本家生产制，是因为有机器的出现才发生的……可是因为这个制度的一出现，社会上固然发生了许多新痛苦、新罪恶，但是全社会的组织，全世界的社会组织，全体上从根本上改变的新希望也就从此发生出来了……这个新希望在什么地方呢？就是因为这个新制度出现以后，劳动阶级的全体，方才得受一个共同训练，过共同生活，有共同利害的机会。而且许多女子劳动者，也方才得了个脱离的家庭奴隶，成为一个独立的人格，直接从事于社会生产事业的机会。有了这一个机会，于是在"平等的自由团结"里面，要求"平等的自由幸福"建设以"平等""自由""互助"为基础的新社会，这一个全世界人类一致协同的新要求，就由全世界劳动阶级的人，一致协力的活跃起来了。①

第二，指出劳动者努力的具体方式和确切目标。对于劳动者而言，其变革社会解救自身的具体方式是"劳动联合"，"劳动者唯一的'靠着'就是'劳动联合'"②，劳动者成立工会等劳动的联合组织，以其为纽带组织劳动者运动，以谈判、罢工等方式来争取自身的权益。"联合"要行业化、精准化、区域化，"有少数的联络，有团体的联络，有乡村的联络，有都市的联络，有本国的联络，有世界的联络，有同职业的联络，有同产业的联络"③。劳动者运动的目标有近期和长远的，近期的目标为提高生活质量，"我们暂且不要说什么'高大'的理想，什么公共'管理'，什么公共'享用'，那种高大理想原也是劳动者所企求，但是现在劳动者现在连生命都要被饥、冻夺取的时候，第一步却是先找到一个切实共济改善的'靠着'"④，"诸君若真心从事劳动运动，务必要专心在工会组织和工人生活改良上做工夫"⑤。长远的目标则是建立社会主义制度，"劳动者要怎样才能不饿死，不冻死呢？要怎样能够不受资本家的压迫呢？这就是现时代最大的劳动问题，也就是

① 《红藏：进步期刊总汇（1915-1949）劳动界 劳动与妇女》，湘潭大学出版社，2014，第154页。
② 《红藏：进步期刊总汇（1915-1949）劳动界 劳动与妇女》，湘潭大学出版社，2014，第243页。
③ 《红藏：进步期刊总汇（1915-1949）劳动界 劳动与妇女》，湘潭大学出版社，2014，第103页。
④ 《红藏：进步期刊总汇（1915-1949）劳动界 劳动与妇女》，湘潭大学出版社，2014，第244页。
⑤ 《红藏：进步期刊总汇（1915-1949）劳动界 劳动与妇女》，湘潭大学出版社，2014，第212页。

有志争经济的，自由和平等的人所研究的社会大问题了。这种社会问题即劳动问题，要怎样才能解决呢？这里有一个最大的根本解决方法，就是社会主义"①。

第三，及时回应在社会变革运动过程中出现的新问题，分享运动的情况和经验。如《劳动界》刊载的文章篇目中，"此时中国劳动运动的意思"回应了国外对中国劳动者运动的质疑；"着眼改善生活而非政治的腐臭"回应了劳动者运动被资本官僚利用的情况。对资本家打着社会主义旗号欺瞒劳动者，摇身一变成为革命者，"劳动者和非社会主义"做出了回应；对行业劳动者联合组织的出现做了介绍，如"漆业工人议创公会"。《劳动界》还连续跟踪报道了"上海米贵罢工的情形"，对于其他行业要求加薪的罢工也有大量分享报道，如"南昌劳动界罢工运动""香业工人要求增加工钱""三新纱厂罢工"等。

《劳动界》的话语策略使其在唤醒劳动者觉悟，特别是在唤醒工人阶级觉悟方面发挥了重要的作用。据记载，湖南华昌炼锑公司烧锑矿炉一位工人读了《劳动界》以后，懂得了工人受苦的原因，增强了反抗的决心和勇气。他说，"过去，我们的苦楚和工人的黑幕，无从表白，也无从揭破"，"今日我见了《劳动界》，为的是资本家和势力家对工人的苦楚和黑幕的抵抗，不觉欢热得了不得"。② 读者对《劳动界》给予了很高的评价，上海电灯工厂职工陈文焕曾在给《劳动界》的来信中说道："（这本刊物让）我们苦恼的工人，有话可以讲了，有冤可以伸了。"③这体现了广大工人读者对《劳动界》的高度信赖。《劳动界》也成了同类刊物的榜样，受其影响，北京共产党组织在同年 11 月创办的《劳动音》，采取了与《劳动界》类似的版面与栏目设计，该刊物成为北方工人运动的重要阵地。1921 年 1月陈独秀赴广州后，将上海《劳动界》的经营模式引入粤地，直接推动了《劳动与妇女》的出版发行。从 1920 年 9 月至 1921 年 3 月，在不到 1 年的时间里，仅湖南省的长沙文化书社一家书店就销售《劳动界》大约 5000 册，是其在售 40 多种重要杂志中最为畅销的，而这个数量又是同期《新青年》的 2.5 倍。④

《劳动界》推动了工人运动的发展，在它的号召下，上海工人李中等人发起创办了上海机器工会。在安徽，因《劳动界》鼓动民众破坏和颠覆旧社会秩序，在

① 《红藏：进步期刊总汇（1915-1949）劳动界 劳动与妇女》，湘潭大学出版社，2014，第 228 页。
② 刘明逵、唐玉良：《中国工人运动史》，广东人民出版社，1998，第 239 页。
③ 《红藏：进步期刊总汇（1915-1949）劳动界 劳动与妇女》，湘潭大学出版社，2014，第 81 页。
④ 虞志坚、钟声：《李汉俊对早期马克思主义大众化的贡献及启示》，《吉首大学学报》（社会科学版）2016 年第 4 期。

工人罢工及争取权益方面发挥突出作用，引起了当地反动政府的极大不安和恐慌。1921年，安徽省警察厅厅长呈请省长通电各个省份，严密查禁《劳动界》等刊物，以免进一步传播。他认为，《劳动界》散播反政府的过激言论，蛊惑民众运动，"一经传播，贻害无穷"①。受办刊经费短缺、法国租界干扰、陈独秀离沪去粤、社会主义青年团成员赴俄学习等一系列变故的影响，《劳动界》在1921年1月出版至第24期后停止发行。但是，即便如此，《劳动界》的生命力并未随之而止，其文本内容产生了广泛的影响。1921年8月中国劳动组合书记部成立后，相继在徐家棚、吴淞、张家口等地成立劳动补习学校，这些学校使用的教材中的许多内容取材于《劳动界》②。

习近平总书记强调："意识形态工作是党的一项极端重要的工作，是为国家立心、为民族立魂的工作。做好意识形态工作，事关党的前途命运，事关国家长治久安，事关民族凝聚力和向心力。"③意识形态可以作为一种工具性的思想武器，作用于该阶级，使其达成统一共识，同时与其他阶级的意识形态进行斗争，从而增强阶级的凝聚力，进一步促进阶级利益的实现。相对于意识形态作为一种思想体系的理论性，意识形态工作则是一项有明确目标和指向的具体工作，属于实践的范畴。这一实践总体上涵盖了意识形态理论的构建与创新、传播与转化、交流与斗争，涉及理论研究、文学艺术、新闻宣传、思想教育等多个领域。④作为中国共产党革命动员的"喉舌""工具"，《劳动界》的话语策略及技术思路对当下意识形态工作有着积极的启示。

首先，《劳动界》对工人生存状态及其社会根源及未来世界发展趋势的呈现，为其革命运动主张的提出奠定了基础，也是其修辞运动的逻辑起点。这启示我们，作为意识形态工作的主体，既要对工作对象的生存状态及其社会根源有客观的把握，又要对其所处社会未来发展前景有敏锐的洞察。这就要求在当下意识形态工作中，要有历史主动的精神：一方面，积极地进行马克思主义世界观和方法论的学习，掌握关于事物存在发展的科学规律；另一方面，要敞开心扉，多层面、多维度、多视角去了解事物发展的不同面向，把握贯穿其中的主要矛盾。与此同时，

---

① 中国第二历史档案馆：《中华民国史档案资料汇编 第三辑·文化》，江苏古籍出版社，1991，第537页。
② 程丽红、于军：《中国共产党早期媒介动员实践考察——以〈劳动界〉出版活动为中心》，《中国出版》2022年第24期。
③ 《习近平关于社会主义精神文明建设论述摘编》，中央文献出版社，2022，第85页。
④ 白立新：《略论党的意识形态工作话语权的内涵与本质》，《思想政治教育研究》2015年第5期。

意识形态领域的理念和观点的提出，要与工作对象所处的情境及其发展趋势具有逻辑上的关联性。意识形态问题实质上就是"党和国家的'形象'问题，是其能否得到国内民众和国际社会的广泛认同问题"①，意识形态领域的理念和观点在逻辑上的自洽是产生认同和进行政治动员的重要前提。

其次，《劳动界》将工人现实生活的苦难和所呈现的社会情境关联了起来，从工人苦难的现实生活出发，阐明工人群众生活在如此的社会环境下难以独善其身。这启示我们，意识形态工作的实践既要立足工作目标，从理论上建立不同层面事物之间的关联，又要体现对工作对象的现实关怀。这要求意识形态工作主体要到工作前线深入地调查，把握工作对象的真实生活现状及其关切的问题，同时，从他们切身利益出发，基于他们共同的经历，建构集体的记忆、培养集体的情感，结合意识形态工作目标，引导他们思考自身问题和社会现实。

最后，《劳动界》在建立了社会情境和工人的切身关联之后，对社会变革的可能性、内在动力、社会变革的适切的进路以及行动过程中的问题和经验进行了说明，同时，对读者的反馈进行及时的回应。这启示我们，在意识形态工作中，既要有理论上、情感上的动员，又要有实践上的指示。这要求我们在实际工作中要通盘考虑，将工作的目标进行细化，结合工作的目标提出实际可供奋斗的具体目标，及时回应工作对象的疑问，对其积极表现要予以宣扬。

【责任编辑：吴　强】

---

① 侯惠勤：《我国意识形态建设的第二次战略性飞跃》，《马克思主义研究》2008 年第 7 期。

《红色中华》标题用语考察[*]

刘禀诚[**]

【摘　要】《红色中华》标题用语在语法上表现为标记化，有前标、中标、后标，而后标为常态，可分为七大类；在语用认知上，表现为标题化、语体化、隐喻化与褒贬化，可分为议论类、杂记类和告知类；在比较考察上，从共时比较视角、历时比较视角考察了《红色中华》标题用语的公文化、高调化、通俗化特征，这些特征是由报刊的定位与功能决定的。当代汉语标题用语往往是对晚清民国时期标题用语的继承与发展，标题用语的形成往往要经过词汇化历程。

【关键词】《红色中华》；标题用语；标记化；语体化

一　研究缘起

《红色中华》[①] 指的是中华苏维埃共和国临时中央政府机关报（一度改为"中央苏区中央局、少共苏区中央局、中华苏维埃中央政府和全国苏区执行局合办的中央机关报"，详见《红色中华》第 49 期第 4 版"特别通知"），创刊于 1931 年 12 月 11 日，终刊于 1937 年 1 月 25 日。标题用语，"是指只用于标题或用于标题时有特定意义与用法的词语"[②]。这一定义可分解为"只用于标题的词语"（典型标题用语）、"用于标题时有特定意义与用法的词语"（非典型标题用语）两种，前者有"漫话铁路、改革刍议、童年琐议、文学概论、红中二次全苏大会特刊、

---

　*　基金项目：国家社科基金西部项目"语言学视域下的《红色中华》整理与研究"（项目编号：22XDJ027）。

**　作者简介：刘禀诚，博士，井冈山大学人文学院教授，硕士生导师，主要研究方向为红色文献整理。

　①　中央档案馆：《红色中华》（影印本），人民出版社，1982。

　②　尹世超：《标题用语词典》，商务印书馆，2007，前言第 1 页。

中央粮食会议<u>纪要</u>",后者有"经济<u>茶座</u>、歌曲<u>串烧</u>、心灵鸡<u>汤</u>、史海<u>回眸</u>、工人师<u>报告台</u>、扩大红军<u>广播台</u>"等(下划线为笔者所加。下同)。

从目前文献来看,刘戈最早涉足"标题用语"研究①,然而贡献最大的莫过于尹世超②。标题用语研究,前阶段成果多为词条释义分类及标题用语正确使用的探讨(比如鲍延毅的"书名常用词语"③研究),后阶段在尹世超等学者的引领下,拓宽了研究领域,加强了研究深度,取得了可喜的研究成果。

然而,目前的研究现状也存在一些不足。第一,就研究视野而言,研究的几乎都是近二三十年的标题用语,只有在举例时才会涉及古代、近代、民国时期。甚至有人认为苏区红色文献是"独立王国",忽略它是中华传统文化的继承,忽略它是彼时中华文化的一部分。无论是从中国革命史、中国文化史的角度,还是从整个民国史的角度,抑或从语言研究战略的角度看,苏区的语言文字状况,包括标题用语状况,不应该游离于或剥离出整个中国语言生态。第二,就研究态度而言,我们不应忽视红色文献研究的两种态度:研究党史党建的忽略研究语言文字,研究语言文字的则排斥红色文献,从而造成红色文献研究的"偏食"现象,以及研究队伍的"短板"现象(唱主角的往往是党史党建、新闻传播方面的专家,几乎没有专业的语言文字研究者参与其中)。④ 第三,就研究价值而言,很多人没有认识到标题用语具有信息处理价值。⑤ 通过《红色中华》"标题用语"内外比较研究,我们还可以窥视《红色中华》时期乃至民国某一时期的语言生态,了解汉语是在继承中不断发展的。

基于以上事实,本文试图从语法表现、语用表现、比较考察等角度来探讨《红色中华》标题用语的使用状况及其当代启示。

二 语法表现:标记化

标题用语具有可识别性与标记性。根据其标题位置,标题用语可分为前标、中标、后标。就我们的考察而言,《红色中华》的前标、中标主要是评论类标题动

① 刘戈:《标题用语拾零》,《新闻爱好者》1989 年第 7 期。
② 尹世超:《标题语法》,商务印书馆,2001;尹世超:《标题用语词典》,商务印书馆,2007。
③ 鲍延毅:《书名常用词语例释》,《枣庄师专学报》1990 年第 3 期、1991 年第 1 期、1992 年第 1 期。
④ 刘禀诚:《红色文献整理素养谈——以〈红色中华〉全编(整理本)为例》,《红色文化学刊》2020 年第 2 期。
⑤ 尹世超:《标题用语词典》,商务印书馆,2007,前言第 1 页。

词"评、论、谈、讲、斥",后标则较为丰富（详见下文）。

（一）前标、中标

前标主要有"评2、论1"（阿拉伯数字是根据贾翠玲《〈红色中华〉索引（1931年—1937年）》[1] 统计出来的语例数。下同）。例如（报刊名省略的为《红色中华》，对比时则会显示报刊名。下同）：

(1) 评希特勒之演说（第305期，第1版）
(2) 论目前"红中"的任务（第100期，第4版）

中标主要有"谈2、论20、讲1、斥1"。例如：

(3) 毛泽东同志谈目前时局与红军抗日先遣队（第221期，第2版）
(4) 马克思列宁论武装暴动（第44期，第3版）
(5) 李维诺夫同志讲世界经济的复兴（第88期，第4版）
(6) 毛泽东同志斥蒋介石荒唐无耻的卖国辩（第241期，第2版）

其中，"论"不但用于前标、中标，甚至还用于后标，如贾谊《过秦论》、苏洵《六国论》、鲁迅《"友邦惊诧"论》，使用时间跨度很广。相较而言，单音节的标记词"评、论、谈、讲、斥"一般用于标题，这是评论类标题用语单音节化用法的体现。换言之，标记化、单音节化是评论类标题用语的语法特征，也是古汉语用法的遗存与延续。试比较：

(7)《真理报》评论中日就地交涉（第197期，第3版）

此例中的"评论"为双音节动词，符合现代汉语词汇双音节化的特点，而不太符合标题语言的文言特点，标题性不强，诚如尹世超所言："标题语言处于古今中外的交汇点上。作为书面语体的极致，它简洁庄重，比非标题语言沿袭了更多

---

① 贾翠玲：《〈红色中华〉索引（1931年—1937年）》，人民日报出版社，2017。

古代近代汉语的词语和句式，往往具有文言特点。"①

（二）后标

后标很丰富，大致可分为"辑录"类、"纪略"类、"经过"类、"通讯"类、"纪实"类、"训令"类和"其他"类七大类。

一是"辑录"类。有"语录2、特辑1、汇志1、详汇1、谈话1、讲话1"等标题用语，表示辑录、摘录、汇集。例如：

（8）列宁语录（第60期，第3版）

（9）国际国内重要消息特辑（第201期，第4版）

（10）中苏复交消息汇志（第47期，第3版）

（11）红军独立第四师出击详汇（第52期，第1版）

（12）毛主席谈话（第307期，第1版）

（13）回民工作问答讲话（第307期，第2版）

其中"谈话、讲话"，孤立地看，算不上标题用语，且不限于标题用法，但"用于标题时有特定意义与用法"②，是非典型标题用语。这种标题格式可概括为"体词性结构+谈话/讲话"，此格式中间没有"发表、有了"一类动词性结构。

二是"纪略"类。包括含有"略"语素的"纪略2、略词2、事略2、记略1、略历1、略志1"等标题用语，表示纪略、略述。例如：

（14）江西各县保卫分局联席会议纪略（第16期，第4版）

（15）毛主席讲演略词（副刊第1期，第1版）

（16）"二七"事略（二七增刊，第1版）

（17）比国煤矿工人总罢工记略（第31期，第3版）

（18）国际反战代表团五代表的略历（第114期，第4版）

（19）苏联加入国联经过略志（第236期，第4版）

---

① 尹世超：《标题语法》，商务印书馆，2001，第8页。
② 尹世超：《标题用语词典》，商务印书馆，2007，前言第1页。

三是"经过"类。有"经过17、详情9、情形6、情报5、(之)内幕3、情况2、详载1、详述1、黑幕1、(之)真相1"等标题用语,相当于"始末""实情"。例如:

(20) 永丰第三次全县工农兵代表大会**经过**(第6期,第6版)

(21) 上海反帝群众大会**详情**(第9期,第5版)

(22) 苏区少先队代表大会**情形**(第7期,第7版)

(23) 瑞金云集区春耕**情报**(第165期,第1版)

(24) 法日缔结密约之**内幕**(第12期,第3版)

(25) 国联分赃大会**情况**(第13期,第3版)

(26) "一二八"的各地武装总示威**详载**(第11期,第6版)

(27) 上海电话工人罢工**详述**(第25期,第2版)

(28) "航空救国"的**黑幕** 国民党骗钱妙计(第60期,第6版)

(29) 满洲里护路军全部兵暴之**真相**(第36期,第6版)

有时"情形""经过"并列为联合式标题用语"情形和经过"。例如:

(30) 雩都检举的**情形和经过**(第168期,第5版)

四是"通讯"类。有"电讯13、近况12、通讯11、续讯8、捷报4、通信3、消息3、简报3、近讯2、捷电2、珍闻2、续报1、续闻1、零讯1"等标题用语。例如:

(31) 特约工农**电讯**(第37期,第2版)

(32) 兴国扩红突击**近况**(第205期,第1版)

(33) 赤色战士**通讯**(第62期,第4版)

(34) 中央苏区少先队总检阅**续讯**(第35期,第3版)

(35) 红四方面军**捷报**(第68期,第1版)

(36) 中央教育部粮食突击队员**通信**(第154期,第1版)

(37) 上杭县第二期扩大红军**消息**(第40期,第5版)

(38) 各地粮食突击运动**简报**(第158期,第1版)

(39) 中国工农红军军医学校近讯（第 55 期，第 4 版）

(40) 各个战线上的捷电（第 62 期，第 1 版）

(41) 各地选举运动珍闻（第 123 期，第 3 版）

(42) 永安胜利的续报（第 181 期，第 2 版）

(43) 东方胜利续闻（第 197 期，第 2 版）

(44) 世界零讯（第 226 期，第 4 版）

五是"纪实"类。有"（之）盛况 21、纪盛 13、纪实 3、续志 3、志盛 2、纪事 1、纪要 1"等标题用语。例如：

(45) 闽赣两省工人代表大会开幕之盛况（第 9 期，第 7 版）

(46) 红校六期开学纪盛（第 104 期，第 6 版）

(47) 会昌县反帝示威大会纪实（第 11 期，第 6 版）

(48) 闽赣两省工人代表大会续志（第 10 期，第 7 版）

(49) 国立沈泽民苏维埃大学开学志盛（第 170 期，第 3 版）

(50) 苏维埃剧团春耕巡回表演纪事（第 180 期，第 4 版）

(51) 中央粮食会议纪要（第 146 期，第 3 版）

六是"训令"类。有"训令 42、命令 39、宣言 22、决议 17、祝词 7、条例 5、贺电 4、申明 3、誓词 3、批示 2、细则 2、布告 2、通电 2、通函 1、纲要 1、章程 1、通令 1"等标题用语，基本是事务性的标题用语，属于告知类应用文体范畴。例如：

(52) 中华苏维埃共和国中央执行委员会训令（第 3 期，第 1 版）

(53) 人民委员会命令（第 12 期，第 5 版）

(54) 中华苏维埃临时中央政府宣言（第 59 期，第 1 版）

(55) 中央执行委员会决议（第 43 期，第 2 版）

(56) 美国共产党的祝词（第 156 期，第 6 版）

(57) 现金出口登记条例（第 78 期，第 6 版）

(58) 工农红军江西军区总指挥部及政治部贺电（第 39 期，第 4 版）

(59) 编辑部申明（第 45 期，第 1 版）

（60）赤卫军（少先队）<u>誓词</u>（第 179 期，第 1 版）

（61）中华苏维埃临时最高法庭<u>批示</u>（第 23 期，第 6 版）

（62）土地税征收<u>细则</u>（第 27 期，第 6 版）

（63）中华苏维埃共和国中央执行委员会<u>布告</u>（第 1 期，第 2 版）

（64）反帝拥苏总同盟<u>通电</u>（第 68 期，第 2 版）

（65）中华江湖抗日救国委员会<u>通函</u>（第 301 期，第 2 版）

（66）中华苏维埃共和国各级国民经济部暂行组织<u>纲要</u>（第 77 期，第 5 版）

（67）劳动感化院暂行<u>章程</u>（第 34 期，第 8 版）

（68）人民委员会<u>通令</u>（第 10 期，第 8 版）

七是"其他"类。又可分为五小类：①"速写 1"；②"总结 27"；③"专号 1、特刊 1"；④"（之）今昔 1、（的）比较 1"；⑤"面面观 1、概况 8"。例如：

（69）阅兵场的<u>速写</u>（红中二次全苏大会<u>特刊</u>第 2 期，第 4 版）

（70）工农红军学校革命竞赛大会<u>总结</u>（第 47 期，第 7 版）

（71）检查运动<u>专号</u>（第 110 期，第 7 版）

（72）亚美尼亚苏维埃联邦之<u>今昔</u>（第 132 期，第 4 版）

（73）五年来苏联对外贸易的<u>比较</u>（第 112 期，第 1 版）

（74）英国各报之<u>面面观</u>（第 11 期，第 4 版）

（75）万泰最近工作<u>概况</u>（第 115 期，第 3 版）

另外，除了以上句法上的标记手段以外，栏目化（相当于"前标"）、后置化（相当于"后标"）、（结构）严密化也是形成标题用语的重要句法手段，亦是标题用语，尤其是非典型标题用语（隐喻类标题用语）的重要句法特点。试以隐喻类标题用语"红匾"为例：

（76）<u>红匾</u>　兴国熬盐运动的成绩（第 238 期，第 3 版）

（77）收集粮食<u>红匾</u>（第 156 期，第 1 版）

（78a）突击运动中的<u>红匾</u>（第 145 期，第 1 版）→（78b）突击运动<u>红匾</u>

以上例（76）（77）分别体现了标题用语的栏目化、后置化特点，例（78a）含有助词"的"，标题结构不够严密。若要使例（78a）的标题结构更具标题性，标题用语特征更明显，则必须改为标题结构严密化的例（78b）形式。总之，隐喻类标题用语必须符合隐喻化、栏目化、后置化、严密化中的三个特征，其中隐喻化、严密化是必备的，栏目化、后置化二选一。①

三　语用认知表现：标题化、语体化、隐喻化与褒贬化

根据其语用认知表现，《红色中华》标题用语具有标题化、语体化、隐喻化与褒贬化四个特征，前两者立足语用，后二者立足认知。具体如下：

（一）标题化

根据其独立性、依附性与否，《红色中华》标题用语可分三类：栏目类标题用语、非栏目类标题用语、两可类标题用语。第一类为独立性的，第二类为依附性的，第三类为两可的。这些标题用语标题化特征明显。

一是栏目类标题用语。可分三类。第一，褒贬新闻型。表褒义的栏目有"红匾20、红角13、红板10、赤焰3"，表贬义的栏目有"铁锤20、警钟10、铁棍5、黑板2、铁帚1、警号1"。例如：

（79）红匾　节省经济　退还公债（第76期，第7版）

（80）红角　红五月的纪念节（第70期，第4版）

（81）红板　节省运动中的中央无线电队（第47期，第7版）

（82）赤焰　"五一"纪念专号（第72期，第5版）

（83）铁锤　逃跑的县苏军事部长（第65期，第4版）

（84）警钟　把粮食送给了敌人（第174期，第3版）

（85）铁棍　盗用公款的贪污分子（第59期，第3版）

（86）可耻的黑板　雩都县苏消极怠工（第151期，第2版）

（87）铁帚　把乐观的官僚主义的突击队长清扫出去！（第235期，第2版）

---

① 刘禀诚：《试析中央苏区〈红色中华〉隐喻类标题用语》，载邓声国、丁功宜主编《庐陵学术》第1辑，江西教育出版社，2020，第69~70页。

（88）**警号** 节省与浪费（第 171 期，第 3 版）

第二，时事评论型。栏目有"社论 35、论文 11、专论 3、短评 1"。例如：

（89）**社论** 纪念"五一"与拥护中央政府对日宣战（第 19 期，第 1 版）

（90）**论文** 中国苏维埃革命和国际无产阶级（第 156 期，第 6 版）

（91）**专论** 德国总选举后的政治情形（第 41 期，第 3 版）

（92）**短评** 反对滥发文件！（第 177 期，第 2 版）

第三，专电要闻型。栏目有"专电 5、特载 5、要闻 4"。例如：

（93）**专电** 国民党组织特务委员会（第 6 期，第 2 版）

（94）**特载** 苏联代表在日内瓦为着和平的奋战（第 202 期，第 4 版）

（95）**要闻** 国民党统治崩溃状况（第 7 期，第 3 版）

二是非栏目类标题用语。包括隐喻型、非隐喻型，前者有"广播台 5、一束 5、一斑 4、一瞥 1、断片 1、鳞片 1"，后者有"纪实 3、续志 3、纪略 2、事略 2、史略 1、纪要 1"（例见前文，此略）。后置化、依附性特征明显。例如：

（96）光荣例子**广播台**（236 期，第 6 版）

（97）福建捷报**一束**（第 32 期，第 4 版）

（98）英帝国主义最近态度之**一斑**（第 10 期，第 3 版）

（99）大会重要发言的**一瞥**（红中二次全苏大会特刊第 5 期，第 3 版）

（100）大会代表生活**断片**（红中二次全苏大会特刊第 4 期，第 3 版）

（101）陕北省二苏大会代表提案之**鳞片**（第 262 期，第 2 版）

三是两可类标题用语，指的是既可作栏目又可作非栏目的标题用语。双音节的有"更正 15、启事 14、通讯 11、目次 5、短评 1"，三音节的有"突击队 10、小辞典 9、广播台 4、报告台 3、无线电 1、发刊词 1、小词典 1、大事纪 1、勘误表 1"。语例从略。

（二）语体化

从表达角度划分，《红色中华》标题用语又可分为议论类、杂记类、告知类标题用语，或者分属于政论语体、文艺语体、事务语体。这些标题用语，语体化特征明显。标题，是标明文章、作品等内容的简短语句，而文章、作品等主要是用来谈论和欣赏的，当然也是为了获取信息的，这就决定了标题用语在标题中的分布类别：议论类、杂记类、（信息）告知类。

一是议论类，属于政论语体，包括前文提到的栏目类标题用语之褒贬新闻型、时事评论型。语例从略。

二是杂记类，属于文艺语体。单音节的有"记 5"，双音节的有"杂报 3、杂讯 1、后记 1"，三音节的有"访问记 5、印象记 2、探险记 1"。例如：

（102）红校模型室开幕记（第 76 期，第 2 版）

（103）经济战线杂报（第 147 期，第 3 版）

（104）经济战线上的杂讯（第 131 期，第 3 版）

（105）编者后记（第 95 期，第 5 版）

（106）全苏大会代表访问记（第 139 期，第 5 版）

（107）武阳区印象记（第 71 期，第 6 版）

（108）破冰船捷洛斯钦北极探险记（第 179 期，第 4 版）

三是告知类，属于事务语体。双音节的有"训令 42、命令 39、宣言 22、决议 17、祝词 7、条例 5、贺电 4、申明 3、誓词 3、批示 2、细则 2、布告 2、通电 2、通函 1、纲要 1、章程 1、通令 1"（语例从前"训令"类），三音节的有"比较表 4、判决书 3、证明书 2、总结表 1、统计表 1、进展表 1、勘误表 1、成绩表 1、调查表 1、控诉书 1、决议案 1、闭幕词 1"。例如：

（109）六月份各县退还公债比较表（第 91 期，第 3 版）

（110）江西省苏维埃裁判部判决书（第 18 期，第 7 版）

（111）纳税证明书（第 27 期，第 7 版）

（112）粤赣省突击运动成绩总结表（第 151 期，第 2 版）

（113）最近粮食动员统计表（第 229 期，第 3 版）

（114）苏联消灭文盲<u>进展表</u>（第 194 期，第 4 版）

（115）<u>勘误表</u>（第 47 期，第 8 版）

（116）瑞金七月份扩大红军<u>成绩表</u>（第 105 期，第 2 版）

（117）代表成分<u>调查表</u>（红中二次全苏大会特刊第 7 期，第 4 版）

（118）国家保卫局<u>控诉书</u>（第 32 期，第 10 版）

（119）苏维埃建设<u>决议案</u>（第 152 期，第 5 版）

（120）大会<u>闭幕词</u>（第 91 期，第 5 版）

（三）隐喻化与褒贬化

如果说标题用语的隐喻化是隐喻类标题用语产生的内因，那么社会评价的褒贬化即隐喻类标题用语产生的外因。苏区的生存状态决定了标题用语的社会评价倾向：阶级性（斗争性）、革命性、军事性。前文提及的"铁棍、铁锤、铁帚、警号、警钟、赤焰、红匾、红角、红板、黑板、突击线、突击队、无线电、前进曲、进行曲、报告台、广播台"等隐喻类标题用语，反映了"支援革命战争、扩大红军、节省经济、购买公债公谷、退还公债"是彼时苏区的主要生存状态，因而标题用语附带的评价色彩、感情色彩也很强烈，褒贬色彩泾渭分明：一方面，像"铁棍、铁锤、警钟"等贬义隐喻类标题用语（例见本部分"栏目类标题用语"），其阶级性、斗争性就很强烈；另一方面，像"赤焰、红匾、红角、红板、突击线、突击队、无线电、前进曲、进行曲、报告台、广播台"等褒义隐喻类标题用语（例见本部分"非栏目类标题用语"），其革命积极性、军事鼓动性就很强烈。

四　比较考察

前文我们已经从语法表现、语用认知表现两个方面论述了《红色中华》标题用语的标记化、标题化、语体化、隐喻化与褒贬化等特征。本部分我们先从共时比较视角，即苏区内外部考察《红色中华》标题用语的特征，再从历时比较视角考察《红色中华》标题用语的发展脉络。

（一）苏区内部比较 1：《红色中华》复刊前后的标题用语比较

《红色中华》长征前办至第 240 期（1934 年 10 月 3 日），1935 年 11 月 25 日

在陕北瓦窑堡复刊，接续了红军长征前在瑞金出版的期码，从第 241 期续办至 1937 年 1 月 25 日第 324 期止。实际上，瞿秋白等同志在中央主力红军长征后，与韩进、徐名正等人一起继续坚持承担《红色中华》报的编务工作，至少编至第 264 期，与复刊后的期数有重叠。① 复刊后的期数相对较少，对《红色中华》复刊前后的标题用语作绝对比较缺乏参考价值。因此，我们只撷取复刊后才出现的标题用语来展示其发展动态，比如前标"评"、中标"斥"、后标"谈话、讲话"都是复刊后才出现的（语例参前文第二部分）。此外，复刊后还出现了"简讯 1、致词 1、史略 1、素写 1、通函 1、随笔 1"等标题用语（语例从略）。"通讯"类标题用语"近况"在《红色中华》出现 12 次，复刊前后各为 6 次。有意思的是，复刊前"近况"前面带"的"的有 5 例，复刊后的 6 例无一带"的"；换言之，复刊后不带"的"的"近况"较为普遍，标题用语特征更趋明显。

（二）苏区内部比较 2：《红色中华》与《青年实话》② 的标题用语比较

如果说《红色中华》复刊前后的标题用语比较能够显现该报前后发展脉络的话，那么苏区内部的《红色中华》与《青年实话》的标题用语比较，则能显现各自的功能特征与标题用语特征。我们试从表现形式、功能、定位视角出发概括《红色中华》与《青年实话》标题用语的主要特征。《红色中华》标题用语主要呈现如下特征。

第一，多样化。如前所述，标题用语在语法上表现为标记化特征，有前标、中标、后标，尤其是后标非常丰富，大致可分为"辑录"类、"纪略"类、"详情"类、"近况"类、"纪实"类、"宣言"类和"其他"类七大类，每一大类下面均有丰富的标题用语。标题用语在语用上表现为标题化、语体化特征：栏目类标题用语、非栏目类标题用语、两可类标题用语，标题化特征明显；议论类、杂记类、告知类标题用语，语体化特征明显。

第二，公文化。这是《红色中华》的功能、定位使然。《红色中华》的功能、定位可概括为"政府管理的工作平台、新闻宣传与信息传播、舆论监督"③，位列第一的就是"政府管理的工作平台"，这就决定了《红色中华》要发布很多公文条例，其标题用语往往有浓郁的公文化色彩。对机关报的工作平台功能，可作如

① 陈信凌：《江西苏区报刊研究》，中国社会科学出版社，2012，第 101~103 页。
② 欧阳淞、章育良：《青年实话》（影印本），湘潭大学出版社，2014。
③ 陈信凌：《江西苏区报刊研究》，中国社会科学出版社，2012，第 103~170 页。

下解释："处在一个特殊的环境中，《红色中华》在宣传机关的主张和方针的同时，还要直接配合政府的日常工作。具体来说，就是力求成为政府管理的一个工作平台。"① 这一工作平台的标题用语主要有"训令 42、命令 39、宣言 22、祝词 7、条例 5、贺电 4、简报 3、誓词 3、细则 2、通电 2、布告 2、批示 2、来件 2、纲要 1、纪要 1、章程 1、税则 1、通令 1、通知 1、通函 1；比较表 4、判决书 3、证明书 2、控诉书 1、决议案 1、总结表 1、统计表 1、成绩表 1"等，语例从略。

同属苏区的《青年实话》是中国共产主义青年团苏区中央局机关报，是广大工农劳苦青年群众自己的喉舌，起到在革命与战争中组织、教育、宣传鼓动青年群众的作用。②《青年实话》标题用语主要呈现如下特征。

第一，两极化。据我们统计，《青年实话》的栏目类标题用语有"轻骑队 34、儿童栏 11、读者的意见 10、苏维埃中国青年红板 8、共产儿童 8、皮安尼尔 7、列宁轶事 6、问题答复 5、世界大事述评 5、青年实话画报 4、满洲近状 3、散页革命词典 3、文盲的学校 3、军事常识 3、农业知识 2、问事处 2、扩大红军报告台 2、青年卫生顾问 2、批评与建议 2、赤色体育 2、体育消息 1、赤色体育消息 1"等，其中隐喻化的"轻骑队"遥遥领先，与第二名"儿童栏"的频次相差甚大。对于同一题材消息的栏目类标题用语，两报刊还是有所不同。如对于大梦沉沉、嗜睡懒散的区乡领导，《红色中华》用的是"铁棍"（第 60 期，第 6 版），《青年实话》用的则是"轻骑队"（第 2 期，第 7 页）。

第二，青年化。《青年实话》的栏目类标题用语中具有青年化特色的有"轻骑队、儿童栏、苏维埃中国青年红板、共产儿童、皮安尼尔（Pioneer 的音译，意译为"少年先锋队"）、青年实话画报、青年卫生顾问、体育栏、赤色体育、体育消息、赤色体育消息、谜语"等。这些标题用语是由报刊的定位与功能决定的。《青年实话》从"体现青年的意识""满足青年的趣味""营造青年化的风格"三方面体现与构建该刊的"青年化特征"，其中"满足青年的趣味"就包括体育活动、谜语游戏、歌谣故事。③ 此外，标题用语的隐喻化特征也较为明显，主要有"轻骑队、冲锋季、斗争的一幕、旅次行军的一瞥、苏大会的一角、青年团模范比赛中的花絮、扩大红军中的花花絮絮、行军中的随笔、经济动员的冲锋号、节省战线、苏维埃中国青年红报、苏维埃中国青年红板、推销公债报告台、节省经济

① 陈信凌：《江西苏区报刊研究》，中国社会科学出版社，2012，第 104 页。
② 陈信凌：《江西苏区报刊研究》，中国社会科学出版社，2012，第 207 页。
③ 欧阳淞、章育良：《青年实话》（影印本），湘潭大学出版社，2014，第 293~321 页。

箱、五一示威进行曲、红板与黑板、闽中行动写真、战场上速写、蓝衫团学校学生生活片段"等。下文我们撷取《红色中华》与《青年实话》中10个隐喻类标题用语来进行频次比较。

表1　《红色中华》与《青年实话》的隐喻类标题用语比较

单位：条

	突击队	轻骑队	报告台	一瞥	一角	红板	随笔	鳞片	花絮	片段
红	10	0	3	1	0	10	1	1	0	0
青	0	34	4	2	1	8	1	0	1	5

由上可知，标题用语在两个报刊中的分布态势是"你中有我、我中有你"（如"报告台、一瞥、红板、随笔"）、"我有你无、你有我无"（"轻骑队、一角、花絮、片段"是《红色中华》没有的；"突击队、鳞片"是《青年实话》没有的）。

（三）苏区内外比较：《红色中华》与同一时期《大公报》[①] 和《申报》[②] 标题用语的比较

除了苏区内部比较以外，还可通过苏区内外部比较（《红色中华》与《申报》《大公报》的比较）来凸显《红色中华》标题用语的语体特征。

首先，在语体类别上，各有侧重。前者侧重公文事务类，后者侧重广告启事类。《红色中华》公文事务类标题用语居多，如来自中央政府文件的有"训令42、命令39、宣言22、决议17、指示（信）10"[③]。《大公报》和《申报》中广告启事类标题用语"启、启事、广告、通告"使用频次很高，几乎每张报纸都有其踪迹。仅以《大公报》1931年12月1日第2版为例，以"启事"为标题用语的就有10条之多；而《红色中华》只有中缝才有一两条关于报刊征订、知识讲座的启事。例如（因为前文多有涉及《红色中华》，为节省篇幅，以下举例主要是《申报》和《大公报》的。下同）：

（121）中北公司启（《大公报》1931年12月1日，第1版）

---

① 中央档案馆：《大公报》（影印本），人民出版社，1982。
② 《申报索引》编辑委员会编《申报》索引，上海书店，2008。
③ 贾翠玲：《〈红色中华〉索引（1931年—1937年）》，人民日报出版社，2017，第138~154页。

（122）中法房产公司<u>启事</u>（同上）

（123）义兴公司售煤处<u>广告</u>（同上）

（124）大生第二一三纺织公司召集股东会<u>通告</u>（《申报》1931 年 11 月 10 日，第 2 版）

（125）中西大药房股份有限公司召集创立会<u>公告</u>（同上）

除了"启、启事、广告、通告、公告"等，《大公报》以"鉴、赐鉴、公鉴"为标题用语的亦有不少，在《红色中华》中未见此用法。例如：

（126）刘维哲<u>鉴</u>（《大公报》1931 年 12 月 1 日，第 5 版）

（127）船行货栈转运公司<u>赐鉴</u>（《大公报》1931 年 12 月 1 日，第 1 版）

（128）捐助马占山军慰劳金诸君<u>公鉴</u>（《大公报》1932 年 1 月 14 日，第 14 版）

而《大公报》和《申报》有些标题用语是《红色中华》与《青年实话》没有的，比如"一页、一览、一览表、一览图"：

（129）国难痛史<u>一页</u>（《大公报》1932 年 1 月 6 日，第 2 版）

（130）游艺<u>一览</u>（《大公报》1932 年 1 月 3 日，第 7 版）

（131）《申报》旅行<u>一览表</u>（《申报》1931 年 11 月 4 日，申报本埠增刊第 4 版）

（132）最新世界形势<u>一览图</u>（《申报》1931 年 11 月 5 日，第 6 版）

其他标题用语如"详情、近况、随笔、一瞥、访问记"，《红色中华》《申报》《大公报》都有使用，而《青年实话》则没有"详情、访问记"（但同属"详情"类的"情形"则有 11 条）；"轶事"，《申报》《青年实话》都有使用，《红色中华》则无；"零拾、鳞爪"，《申报》《大公报》有使用，《红色中华》《青年实话》则无。

其次，在语体风格上，各有千秋。前者侧重高调化、通俗化，后者侧重谦称化、文言化。

一是高调化与谦称化。高调化的标题用语多为非典型，且以三音节词语居多，如"大××"（"大胜利、大活跃、大示威、大检阅、大检举、大兵暴"）、"新××"（"新胜利、新计划、新方式、新热潮、新纪录、新创造"）等。谦称化的标题用语则主要有典型用语"浅说"。例如：

> （133）各地红军<u>大胜利</u>（第7期，第3版）
>
> （134）闽赣红军<u>新胜利</u>（第88期，第1版）
>
> （135）寄生虫病<u>浅说</u>（《大公报》1932年1月13日，第8版）

二是通俗化与文言化。这里以表示开始义和结束义的标题用语为例。《红色中华》表示开始义的主要有"开学、开办、开审"，表示结束义的主要有"毕业、落成、闭幕"，通俗易懂。例如：

> （136）看护学校将<u>开学</u>（第5期，第4版）
>
> （137）红军四十师<u>开办</u>教导队（第18期，第5版）
>
> （138）最高法庭<u>开审</u>季黄反革命案（第30期，第1版）
>
> （139）瑞金列宁小学教员训练班<u>毕业</u>（第12期，第5版）
>
> （140）苏联特聂泊水电厂<u>落成</u>（第45期，第5版）
>
> （141）中国农业工人第一次代表大会<u>闭幕</u>（第68期，第4版）

《大公报》《申报》在大量使用"开幕、闭幕"等通俗标题用语的同时，也较多使用书面语或文言词语，表示开始义的主要有"视事、开演、开映、开铸、开赛、开业"。例如：

> （142）朱怀冰<u>视事</u>（《大公报》1931年11月3日，第3版）
>
> （143）鄂民厅长朱怀冰已<u>视事</u>（《申报》1931年11月3日，第6版）
>
> （144）齐天舞台1931年11月2日日夜<u>开演</u>（《申报》1931年11月2日，第4版，戏剧广告）
>
> （145）1931年11月2日日夜<u>开映</u>（《申报》1931年11月2日，第6版，电影广告）
>
> （146）中央造币厂筹备<u>开铸</u>（《申报》1931年11月4日，第6版）
>
> （147）1931年11月10日星期六高级杯<u>开赛</u>（《申报》1931年11月10

日，第 9 版）

    （148）女国医叶蓁诊所<u>开业</u>（《申报》1931 年 11 月 11 日，第 10 版）

    其中"视事"指官吏到职开始工作，具有开始义。具有结束义的主要有"售罄、葳事、完竣、告竣、竣事、罄"。例如：

    （149）电热水器现已<u>售罄</u>（《大公报》1931 年 11 月 1 日，第 10 版）

    （150）本市日货昨封存<u>葳事</u>（《大公报》1931 年 11 月 2 日，第 7 版）

    （151）刘郭等部点验<u>完竣</u>（《大公报》1932 年 2 月 17 日，第 5 版）

    （152）全部工程四个月可以<u>告竣</u>（《申报》1931 年 11 月 11 日，第 8 版）

    （153）四全代会会场布置<u>竣事</u>（《申报》1931 年 11 月 12 日，第 8 版）

    （154）开平煤现货将<u>罄</u>（《申报》1931 年 11 月 4 日，第 14 版）

    其中"葳事"（chǎn shì）指事情办理完成，具有结束义。查"晚清、民国时期期刊全文数据库"，"葳事"共计 148 例，它始于《查地<u>葳事</u>》一文（《益闻录》1882 年第 194 期，第 373 页），终于《杭供应社交接<u>葳事</u>》一文（《浙赣路讯》1949 年第 548 期，第 2 页）。苏区、解放区报刊均未见此用法，新中国成立后的用例在中国知网里也未查到。

（四）历时比较：标题用语的继承与词汇化

    一是当代汉语标题用语往往是对晚清民国标题用语的继承与发展。比如《红色中华》时期已经较多使用、现在广为使用的标题用语（包括标题格式）"纪略""有……说""语录""讲话"，晚清时就已开始使用。例如：

    （155）方维祺殉难<u>纪略</u>（《四溟琐纪》第 1 期，1833 年）

    （156）物中<u>有</u>银质<u>说</u>（《六合丛谈》第 9 期，1857 年）

    （157）京江<u>语录</u>（《益闻录》第 621 期，1886 年）

    （158）博物：通俗博物学<u>讲话</u>（《安徽俗话报》第 15 期，1904 年）

    其中"有……说"这一标题格式，民国时期出版的《申报》亦有使用。例如：

（159）刘黑七<u>有</u>窜扰坊子<u>说</u>（《申报》1931年11月7日，第8版）

1932年出版的《红色中华》也有运用。例如：

（160）日军<u>有</u>占领锦州<u>说</u>（第4期，第3版）
（161）帝国主义分赃机关国联行政院<u>有</u>改组<u>说</u>（第65期，第6版）

又如标题用语"一瞥"，自1911年开始一直有语例见诸各类报刊：

（162）秋夜的<u>一瞥</u>（《学生文艺丛刊汇编》，1911年第3期）
（163）新土耳其之<u>一瞥</u>（《东方杂志插画汇订》，1911年第5期）
（164）琼州渔业<u>一瞥</u>：渔民于晒场上晒制海参之情形（《水产画报》，1911年第13期）
（165）中华养蜂场之<u>一瞥</u>（《教育与职业》，1929年第4期）
（166）丹麦农民生活的<u>一瞥</u>（《教育与职业》，1929年第5期）
（167）日本农村改进事业——碧海<u>一瞥</u>（《教育与职业》，1931年第3期）
（168）云冈<u>一瞥</u>（《地质论评》，1937年第2期）
（169）染料工厂<u>一瞥</u>（《化学世界》，1947年第6期）
（170）莫斯科大学<u>一瞥</u>（《世界知识》，1952年第44期）
（171）晚明小品<u>一瞥</u>（《新闻业务》，1963年第1期增刊）

由上可知，"一瞥"在前阶段往往要前加结构助词"之""的"，标题用语特征不是很明显，这与我们对《红色中华》的考察（参见前文第99例）基本吻合。

二是标题用语的形成往往要经过词汇化历程。我们试以"辑录"类标题用语"文摘"的演化为例来说明。查"晚清、民国时期期刊全文数据库"之"全国报刊索引"，先后有"中文摘要"（1911）、"××文摘录"（1915）、"论文摘述"（1922）、"论文摘要"（1923）、"公文摘录"（1926）、"收文摘要"（1927）、"发文摘要"（1927）、"论文摘译"（1927）、"碑文摘录"（1927）、"呈文摘要"（1928）、"公文摘要"（1929）、"收文摘由"（1929）、"发文摘由"（1929）、"条文摘要"（1930）、"收发文摘由"（1931）、"电文摘要"（1932）、"省文摘要"（1933）、"发文摘录"（1935）、"收文摘录"（1935）、"悼文摘刊"（1935）、"论文摘萃"（1935）、"来文摘要"（1936）、"英文摘要"（1937），多为四音节短语，尚未演变为双音节词。例如：

（172）关于印度摄影展览（附中文摘要）（《中国影艺》第 1 卷第 8 期，1911 年）

（173）福建省党部呈请通令全国设置积谷仓文摘录（《浙江民政刊要》第 28 期，1930 年）

（174）文摘：瘰子颈（《上海医报》第 3 期，1930 年）

（175）《十日文摘》（刊物名，1937 年广州创刊）

由上可知，标题用语"文摘"的演化经过了以下路径：多音节短语（"X 文摘 Y"）→三音节化（"××文摘录"）→双音化〔其中包含了前置化（"文摘××"）到后置化（"××文摘"）的演变〕。到 1937 年，作为标题用语的"文摘"得到普遍应用，这可从同年的诸多案例得到印证：

（176）《半月文摘》（刊物名，1937 年汉口创刊）

（177）《文摘》（刊物名，1937 年上海创刊）

（178）《战时文摘》（刊物名，1937 年上海创刊）

（179）少年创作文摘：我们底家塾教师（《中国少年》第 1 卷第 7 期，1937 年）

顺便提一下，贾翠玲编著的《〈红色中华〉索引（1931 年—1937 年）》中出现了《真理报文摘》这一标题，并认为它见于 1933 年《红色中华》第 84 期第 5 版。[①]经查阅《红色中华》影印版，原文并没有"文摘"这一标题用语，显然是整理者所加。这一发现，再一次印证了我们的论断：1937 年以前"文摘"尚未完全词汇化，也未普遍应用。

五　结语

《红色中华》标题用语在语法上表现为标记化，有前标、中标、后标；其中，

---

① 贾翠玲：《〈红色中华〉索引（1931 年—1937 年）》，人民日报出版社，2017，第 369 页。

后标为常态，可分为七大类。在语用认知上，表现为标题化、语体化、隐喻化与褒贬化，可分为议论类、杂记类和告知类。在比较考察上，从共时比较视角、历时比较视角考察了《红色中华》标题用语的公文化、高调化、通俗化特征，这些特征是由报刊的定位与功能决定的。最后认为，现代汉语标题用语往往是对晚清民国时期标题用语的继承与发展，标题用语的形成往往要经过词汇化历程。

这一考察结论，给予了我们如下启示：一是要有发展观，要有动态眼光，要从发展视角看待《红色中华》标题用语的继承性；二是要有唯物史观，研究民国时期的语言文字，一定要放在彼时的历史背景下考察，要从比较视角看待《红色中华》标题用语的个性化；三是要有范畴化意识，尤其是语体范畴化意识，要区分典型标题用语、非典型标题用语，有的标题用语不属于典型标题用语，但可归入非典型标题用语。

太行精神的传播与传承[*]

——兼论《太行红色文艺作品选介（1939—1949）》的艺术特色与时代关切

彭 翠 徐兰英[**]

【摘 要】在中华民族伟大复兴的历史征程中，红色文化的传播效果显著。红色文艺作品及其传承的红色基因，作为中国共产党在不同历史时期的记录，在新时代重新焕发活力。尤其是"不怕牺牲、不畏艰险；百折不挠、艰苦奋斗；万众一心、敢于胜利；英勇奋斗、无私奉献"的太行精神，在燕赵大地更是得到了最直接的保护和最有效的传承。《太行红色文艺作品选介（1939—1949）》正是着重选取河北涉县、武安一带1939~1949年的典型文艺作品，以主题导读和作品再现的形式，讲述了中国革命史上伟大悲壮的抗日战争活动和解放战争时期农村改革的真实场景，具有站位准确、内容真实、形象丰满、细节感人等鲜明特色。回望历史，太行红色文艺作品已然成为太行精神的重要传播媒介。面对新征程，《太行红色文艺作品选介（1939—1949）》中的典型人物和典型事件以及老区人民的牺牲奉献精神，为新时代太行精神的传承提供了原始的红色基因，其作为一种时代关切，具有全新的精神内核和当代价值。

【关键词】太行精神；《太行红色文艺作品选介（1939—1949）》；艺术特色

太行革命根据地横跨河北、河南和山西三省，区域辽阔，人口众多，划归属于晋冀鲁豫边区。作为中国共产党在抗日战争时期创建的华北敌后抗日根据地，

---

[*] 基金项目：河北省青年拔尖人才项目"传播符号学视域下雄安新区的城市品格与城市精神研究"（项目编号：BJS2023009）。

[**] 作者简介：彭翠，博士，河北大学新闻传播学院副教授、硕士生导师，主要研究方向为媒介批评；徐兰英，河北大学新闻传播学院副教授，主要研究方向为思想政治教育、青年问题等。

不仅在抗日战争和解放战争时期发挥了重要的作用，也为太行精神的孕育与形成提供了天然基础。河北邯郸一带的涉县和武安作为晋冀鲁豫边区的腹心地带，自然深受太行精神的滋养与浸润。在硝烟弥漫的年代，太行人民在党的领导下，与八路军相互配合、密切协作，在血与火的斗争中谱写了可歌可泣的太行精神。建党百年之际，当各行各业都在用自己独特的方式为党献礼时，商建辉与王矿清于2021年3月在河北人民出版社出版的《太行红色文艺作品选介（1939—1949）》，通过红色文艺作品的导读与再现，将太行精神在新时代的传播与传承重新带入了历史语境。不言而喻，红色文艺也必将因为与人民同呼吸共命运的精神气质和永恒魅力而承担起新的时代使命。

一 历史之维：太行精神的发端

进入新时代，太行精神在河北、河南、山西等省份依然熠熠生辉，依然是具有时代特色的红色文化基因，是中国共产党领导人民实现中华民族伟大复兴的精神动力和集体记忆。面对新征程和新使命，这种精神若想在更广阔的地域得到进一步传播与传承，首先就需要正确认识它的历史内涵与当代价值。

提起太行山，一代枭雄曹操就曾发出过"北上太行山，艰哉何巍巍"的感叹；诗仙李白也写过"北上何所苦？北上缘太行"的诗句描绘其艰辛；而陈毅同志则以"仰望天一线，俯窥千仞壁"的诗句再现了太行山的巍峨与艰险。顾名思义，太行精神的形成与发展与太行山有着千丝万缕的联系。一方面，这种地位与它的艰难险峻与雄奇壮美密不可分；另一方面，用一座山表征一种革命英雄主义精神显然离不开发生在这座山上的感人故事和光辉历史。近代以来，综观太行山区英雄的壮举，太行革命根据地的建立及其在中国革命史上发挥的重大作用无疑是形成太行精神最主要的现实依据。

随着抗日战争全面爆发，1938年4~9月，太行革命根据地"普遍建立起多种多样的群众组织，包括工救会、农救会、自卫队、妇救会、儿童团等抗日团体等，截至1939年春天，这些抗日团体组织起来的成员多达一百四十万人"[1]。群众基础的确立为全民抗战提供了先决条件。朱德、彭德怀、刘伯承、邓小平等老一辈革命家带领工农红军在太行山区通过游击战、运动战和阻击战等艰苦卓绝的武

---

[1]　太行革命根据地史总编委会：《太行革命根据地史稿》，山西人民出版社，1987，第25页。

装斗争，为抗日战争和解放战争时期党及其领导的八路军、人民解放军搭建了前沿阵地和可靠后方。尤其是邓小平在太行根据地战斗过8年，其间"他不断总结革命经验，在经济、政治、科技、统一战线等各个方面提出了许多独到的见解和重要理论，不仅指导推动了当时太行抗日根据地的发展壮大，而且成为几十年后邓小平理论形成的重要源头和萌芽"①。同时，这也为太行精神注入了科学的内涵。

具体到太行精神的基本内涵，不同历史阶段要义不同。基于民族危亡背景的太行精神，其实质内核可以用"不怕牺牲、不畏艰险；百折不挠、艰苦奋斗；万众一心、敢于胜利；英勇奋斗、无私奉献"②等革命英雄主义的优秀品格予以概括；新中国成立后，"太行人民仍保持和发扬了可贵的太行精神，在社会主义建设中不甘落后、自强不息、艰苦奋斗，并涌现出了以李顺达、申纪兰等为代表的一大批誉满华夏的全国劳模"③，将太行精神进一步发扬光大；进入新时代，太行人民始终"坚定正确的理想信念，始终保持对党对人民对事业的忠诚；坚持执政为民的政治立场，始终保持同人民群众的密切联系；锤炼坚韧不拔、百折不挠的品格，始终保持知难而进、奋发有为的精神状态；坚守党的政治本色，始终保持艰苦奋斗的优良作风"④，建设新家园。以上对太行精神的新内涵做了与时俱进的新诠释。值得注意的是，"中国共产党的领导是太行精神生发的决定因素"⑤，包括政治领导、组织领导和思想领导三个层面。

质言之，由巍巍太行孕育而出的太行精神，正是毛泽东、朱德、彭德怀、刘伯承、邓小平、聂荣臻、徐向前等老一辈革命家把马克思主义理论与中华民族的优良传统和中国革命实践相结合而形成的一种民族精神，是中国共产党领导英雄的太行军民用鲜血和生命谱写的英雄史诗，"是中华民族生命机体中不可分割的重要成分。这一精神同我们党领导人民在长期革命、建设和改革中形成的优良传统和时代精神结合在一起，是中华民族生生不息、发展壮大的强大精神动力"⑥。放眼当下，太行精神承担起助力中华民族伟大复兴的时代使命，增强文化自信、打造红色品牌，促进太行地区的转型发展，以及再造马克思主义新闻观教育高地，

① 史耀清：《民族精神的瑰宝——论太行精神的深刻内涵和时代价值》，《前进》2005年第7期。
② 胡玥：《太行精神的内涵与由来》，《人民政协报》2017年12月21日。
③ 赵志忠：《赋予太行精神新的时代内涵》，《山西日报》2004年12月21日。
④ 光明网：《屹立不倒奋勇向前的太行精神》，《光明日报》2021年3月3日。
⑤ 苗慧敏：《太行精神内涵及其当代价值研究》，山西大学硕士学位论文，2020。
⑥ 张民省：《论太行精神的历史地位》，《理论探索》2011年第4期。

其作为中华传统文化创造性转化、创新性发展的一座丰碑，注定与中华民族伟大复兴的历史征程一起载入史册。

二 审美之维：《太行红色文艺作品选介（1939—1949）》的艺术特色

任何一种红色文化的传播与传承都离不开恰当的传播媒介与有力的传播主体，太行精神也不例外。尤其是在广袤的燕赵大地上，太行革命根据地建立之初，"太行区文联从1939年成立到1949年中华人民共和国诞生前夕，一共10年时间，就有9年时间在涉县；而晋冀鲁豫边区文联也是1946年诞生于与涉县相邻的武安"①。为了创作出符合人民和革命需要的文艺作品，延安、国统区的知识分子和作家相继来到太行革命根据地，甚至还有加拿大、英国的外国友人来到这里，与当地的文艺创作者和人民群众相互融合，创作了许多诸如《邪不压正》《鸡毛信》《情书》《漳河水》《纪念左权同志》《看你还想变天不》等有持续影响力的小说、诗歌、散文和纪实文学等不同体裁的优秀作品。这些作品作为"太行精神"有力的传播媒介，穿越硝烟弥漫的岁月依然有着强大的生命力和影响力。究其原因，离不开革命文艺工作者的红色情怀和这些作品本身的艺术特色。

就文艺创作主体而言，太行红色文艺作品的作家队伍由"作家、新闻记者、国际友人、乡村教师、热血青年、贫苦农民"②等组成。诸如范文澜、陈荒煤、欧阳山、于黑丁、葛洛、林火、卞之琳、马加、吴伯箫、梅益等，他们都是来自延安的鲁艺、新华社和抗大总校及抗大文工团、延安作家访问团的人员；光未然、王亚平、荒芜、芦甸等人则来自大后方；高咏、曾克、唐仁钧等人则是来自国统区的文艺工作者；此外，还有美国的李敦白、加拿大的伊莎白、英国的柯鲁克等国际友人。在革命文艺的创作大潮中，太行（包括冀南地区）本地的文艺工作者绝不会缺席，诸如赵树理、高沐鸿、王博习等创作了大量符合劳动人民审美趣味的优秀文艺作品。再加上邯郸涉县、武安一带的赵振国、何履祥、傅金元、李文珊等本土作家，太行红色文艺的创作阵容强大，创作力惊人，无数脍炙人口的作品流传至今。正是这些来自四面八方的知识分子在那个时期、那个地点，利用自

---

① 商建辉、王矿清编著《太行红色文艺作品选介（1939—1949）》，河北人民出版社，2021，第1页。
② 商建辉、王矿清编著《太行红色文艺作品选介（1939—1949）》，河北人民出版社，2021，第3页。

己独特的艺术发现和创作才能写下的那些有血有肉且带有浓郁生活气息的文艺作品，抗日战争和解放战争时期太行革命根据地人民特有的精神风貌才得以全面展现。同时，这些文艺工作者克服万难的创作激情和革命浪漫主义精神，既为太行精神内涵的确立奠定了坚实的情怀基础，也为太行精神在新时代的传播与传承赋予了"以文艺杰作守护新征程中的人民之心"①的新使命和新任务。

面对这一新使命和新任务，商建辉与王矿清以不忘初心的红色情怀和使命担当的责任意识，依托河北省爱国主义教育基地、河北省国防教育基地涉县新华社暨邯郸新华广播电台、陕北新华广播电台、《人民日报》、太行文联旧址等红色新闻文化旧址，将在太行出版发行的《华北文艺》、《太行文艺》、《北方杂志》、《新华日报》（华北版、太行版）、晋冀鲁豫《人民日报》等大量红色报刊中具有代表性的文艺作品进行整理，编著成《太行红色文艺作品选介（1939—1949）》一书。全书41.5万字，着意挖掘、介绍并论述了每位代表作家和作品及其背后的故事，以追寻红色文艺历史的足迹。即便如此，由于太行山区域地域广阔，编者无法逐一收录，故而"侧重选介、论述邯郸，尤其是在涉县、武安创作并且以当地干部群众为素材的作品，或者在地域上与这一带相关联的作品，或者在别的地方创作但内容与这一带有着千丝万缕关系的文学作品，包括小说、诗歌、散文、纪实文学、译著，时间跨度为 1939 年到 1949 年"②。之所以选择这个阶段的作品，一是因为该阶段的文艺创作充满了强烈的战斗性、鼓舞性和鲜明的时代特征，特别是河北红色新闻文化小镇涉县、武安的文艺工作者创作的红色文学及经典译著等，在中外文学史上都产生过重要的影响；二是因为新生代的文艺工作者不胜枚举，且创作质量参差不齐。

第一，太行红色文艺作品在创作理念上站位准确，率先践行了日常生活审美化的原则。在革命战争年代的燕赵大地上，老区人民以高度的政治觉悟和革命豪情，协助八路军和人民解放军取得了抗日战争和解放战争的胜利。在硝烟弥漫的年代，面对死亡、饥饿和战争的威胁，越是艰苦的环境，越能够激发他们的战斗激情和对幸福生活的向往。"千山万壑，铜壁铁墙，敌人从哪里进攻，我们就要它在哪里灭亡"的慷慨激昂，更是唱出了他们的英勇无畏。再加上主题鲜明的红色小说、散文、诗歌的真情讴歌，以及地方特色浓厚的小曲儿、小调等艺术形式，

---

① 王一川：《以文艺杰作守护新征程中的人民之心》，《文艺报》2021 年 7 月 12 日。
② 商建辉、王矿清编著《太行红色文艺作品选介（1939—1949）》，河北人民出版社，2021，第 3 页。

共同凸显了太行人民"让文艺成为一种生活"的精神境界和革命需求。可见，"日常生活审美化"不仅是新时代的一种审美理想，也是抗日战争和解放战争时期老一辈革命家和人民群众的切实需要。同时，"让文艺成为一种生活"也是太行人民在特殊年代不可或缺的一种精神状态。文艺工作者们应时而作，以朴实性、原真性的战争生活为样本，以文艺为人民服务为宗旨，创作了大量照亮太行人民精神世界的文艺精品。

第二，《太行红色文艺作品选介（1939—1949）》的作品主题鲜明、情节突出，具有很强的时代性和典型性。在该书的小说选介部分，15篇作品中的主人公涵盖不同的身份、年龄，在主题选择上既有反对封建主义和翻身求解放的妇女心声，也有全民参战中机智勇敢的儿童团团长；既有为了全中国的解放送最后一个儿子赴战场的伟大母亲，也有觉悟群众和觉醒农民的代表，以及我党早期相关干部；既有爱人牵挂前线战士的儿女情长，也有战士转变和成长的典型，尽可能全面地反映全民抗战的同仇敌忾与家国情怀。赵树理的《孟祥英翻身》《邪不压正》，华山的《鸡毛信》，李庄的《良民证》，黑丁的《母子》，葛洛的《雇工》，赵枫川的《回地》等作品便是佐证。此外，纪英所写的红色文学史上一场别有意味的《约会》、曾克以掩护革命者的太行母亲为视角创作的《掩护》、柯岗的描写残酷战争生活的《包围圈内》，以及阮章竞创作的《山魂》，都是对战争年代典型人物的再现。当然，除了善于表现人物和主题的小说，还有漳河岸边的翻身歌《漳河水》《圈套》，永远回荡的战斗号角《五月的悼念》，拓荒者的赞歌《拓荒》，给人以希望和力量的《诗三章》，抒写太行精神的《蝗旱》，以小见大的小叙事诗《拦牛人的故事》，折射革命战士信仰的《血的证件》，意味深长的《刘伯承的故事》等精心选介的诗歌10篇。再加上《纪念五四对文化工作的点滴感想与意见》《纪念左权同志》《陈赓将军印象记》《旅长马忠全同志》《劳动的回忆》等散文佳作，它们要么是对太行文化工作的真知灼见，要么是对将军侠骨柔肠的刻画，要么是对军民战斗生活别出心裁的折射，同样具有很强的感染力和代表性。

第三，太行红色文艺作品内容真实，人物塑造原型可考。诸如《第七七二团在太行山一带》《阳邑的血》《什里店——中国一个村庄的革命》《看你还想变天不》《下窑办学校》5篇纪实类作品的选介，既有边区土地改革运动最为全面、真实的描述，也有反映前线战斗和农民翻身的纪实；既有解放战争时期涉县农村改革的缩影，也有血的教训和深刻的启迪。如果说纪实文学本来就应该反映历史真实的话，那么，赵树理的《孟祥英翻身》虽在小说选介部分，却同样具有内容真实的特质。该作取材于涉县合漳乡郊口村的年轻女性孟祥英追求自身解放并最终成长为模范人物的故事。在作家笔下，现实中深受封建制度残害且自杀两次都未遂的孟祥英，被刻画成一个有血有肉且敢于追求进步的妇女干部形象。赵树理借助孟祥英翻身的故事，揭露了一系列农村尚存的封建"老规矩"，特别是针对婆婆和丈夫对媳妇的特权予以了生动的鞭挞，诸如"娶到的媳妇买到的马，由人骑来由人打""补衣服的布也不应向公公要""丈夫打老婆是不用理由的""媳妇出门，需要婆婆的命令，要是回来的迟了，可以打可以骂"。针对这些陋习，作者偏偏让孟祥英以我党干部的身份将那些残害妇女的封建特权一一打破，而她的婆婆和丈夫只能够"两个坐到一块各人吸各人的嘴唇"。也正是这部作品，改变了孟祥英一生的命运。新中国成立后，她长期在邯郸工作，直至20世纪90年代去世。作品的主人公可考，其事迹可查。虽是艺术创作，却具有高度的真实性和典型性。赵树理的作品，既为农村妇女的全面解放释放正能量，也切实遵循了艺术源于生活的基本规律和文艺为人民服务、为工农兵服务的基本宗旨。

第四，太行红色文艺作品善用语言描写来凸显人物形象的立体多元形象。以郑笃的《情书》为例。作品通过女主人公竹香让人念信、回信来组织情节，编撰故事。透过竹香所表现出来的一位农村妇女有些缠绵和紧张的心事，"折射了当时环境下解放区农村的男人和女人们的心理状态：他们渴望和平和幸福的生活，但也不怕战争，只要国民党反动派和美帝国主义胆敢前来破坏，就要与他们斗争到底！"[1] 这点通过心思缜密的竹香"叫你请假回家来照照，可不是叫你回来不干了，是想现在和平了，军队上工作该松点了。不过你看吧，国民党说话，也许不算话，要是他们还要进攻解放区，你就光捎个相片回来"[2] 这段话，得到了充分体现。年轻夫妇在保家卫国、全民抗战的大环境下，不仅能够以大局为重，而且还能够将家国情怀置于儿女情长之上，实属难能可贵。与孙犁小说中描写的冀中风情一样，《情书》娓娓道来，诉说着有关战争与和平的严肃话题，并在结尾处将这个话题挑明，达到高潮。这也间接说明，涉县、武安的太行作家中不乏能创作出缠绵悱恻、清新明丽作品的重要作家，郑笃就是其中一位。他的《情书》取材于号称太行腹心地带的涉县与山西交界的地区，在平实的叙述中体现了这一带独特的风土人情，这也使这篇小说流溢出一种特有的迷人气息。

---

① 商建辉、王矿清编著《太行红色文艺作品选介（1939—1949）》，河北人民出版社，2021，第91页。
② 商建辉、王矿清编著《太行红色文艺作品选介（1939—1949）》，河北人民出版社，2021，第101页。

　　加之，这篇小说"语言质朴浑厚，地方气息浓郁，在不知不觉中把人拉回到了那种异常紧张的战争气氛中，同时又洋溢着一种浓浓的爱意。竹香的形象随着她心事的流动愈加清晰，无论是找人念信时的急迫心情，还是求人回信时的自信和期待"①。这一系列缜密的心理变化，构成了人物的立体形象。除了代表男女心事的《情书》，黑丁笔下的《母子》还刻画了申老太婆这一普通却又伟大的母亲形象和申老汉这一深明大义的父亲形象。作品讲述了春生为革命战死，春起被同胞打死，而春发要为大哥和弟弟报仇的故事。面对春发对母亲的挂念，申老汉对孩子说："有我在家，你娘难受几天，也会放宽心的。你在外头好好干！"面对两个儿子的死，申老汉以令人意想不到的政治觉悟对申老太婆说："想开一点吧，春起为大家牺牲了！革命流血不流泪！"② 在申老汉的宽慰下，申老太婆在经历了复杂的心理斗争后，最终同意唯一的儿子春发也去参战，这充分表现了在民族危难时刻一个母亲的不舍，以及在这不舍中的大义凛然和义无反顾。透过语言的力量，读者也深切感受到了全村一致对外的决心，以及积极正面的群体形象所展现出的感染力。

　　概言之，《太行红色文艺作品选介（1939—1949）》除了在创作理念上遵循"日常生活审美化"的准确站位，具有主题鲜明、情节突出的时代特征，以及内容真实、人物有原型可考、擅长用语言描写凸显立体多元的人物形象的艺术特色外，其创作主体的红色情怀也不可忽略。无论是小说、散文、戏剧，还是长篇叙事诗《漳河水》，都具有这一鲜明的特质。不言而喻，太行红色文艺作品艺术特色的彰显离不开太行精神的滋养。而且，正是"产生、成长于太行抗日根据地的太行精神，把中国革命精神提升到一个新的境界，是具有时代特色的民族精神"③。换言之，太行红色文艺作品的创作与选介是太行精神烛照的结果；同时，太行精神作为一种红色信仰，也影响着太行文艺作品的创作与生命力。

三　时代关切：太行精神的当代传播价值

　　习近平总书记强调："要把红色资源利用好、把红色传统发扬好、把红色基因

---

① 商建辉、王矿清编著《太行红色文艺作品选介（1939—1949）》，河北人民出版社，2021，第93页。
② 商建辉、王矿清编著《太行红色文艺作品选介（1939—1949）》，河北人民出版社，2021，第85页。
③ 张民省：《论太行精神的历史地位》，《理论探索》2011年第4期。

传承好。"① 太行精神作为我党红色文化不可或缺的重要组成部分，不仅在红色文艺经典中占有一席之地，还在中华民族伟大复兴的伟大征程中扮演重要角色。这是因为，太行精神"既是地域的又是民族的，既是历史的又是现实的"②。从中国革命的历史实践来看，"太行精神既是中国革命史上的一座丰碑，也是中国共产党和中华民族的宝贵财富"③。进入新时代，我们更要坚信"江山就是人民、人民就是江山，打江山、守江山，守的是人民的心"④。故而，作为一种时代关切，必须从传播内容、传播技术、传播媒介、传播对象等多个层面做好太行精神的传播与传承。

从这个意义上来说，《太行红色文艺作品选介（1939—1949）》显然是一个优秀的案例。正如阮援朝所说："编者从作品的创作背景、时代背景、艺术特色、价值意义等方面，非常准确、贴切地进行了选介评论，选取大众化的视角，有一定的温度和深度，还特别注重挖掘每件作品和每位作家背后鲜为人知的动人故事，从而形成了这些选介评论文章独特的艺术价值，是对太行红色文艺作品的最全面、最生动、最有代表性的诠释。"⑤ 这一评价颇高。实际上，以太行英雄故事为背景创作的文艺杰作，就是在讲述"平常时候看得出、关键时刻冲得上、危急关头豁出去"的感人故事。这类故事本身就是探索红色资源创造性转化和创新性发展的一个重要内容，理应成为多种媒介形态共同深耕的素材库。诸如红色文献纪录片《继往开来：红色经典党史纪录片合集》《山河岁月》《思想的力量》《绝笔》《诞生地》和图书《太行红色文艺作品选介（1939—1949）》等作品，既是广大党员干部和青年学子传承红色基因、弘扬红色传统的具体实践，也是对新闻传播学子进行马克思主义新闻观教育的红色宝藏和进行爱国主义教育的有力作品。众所周知，马克思主义新闻观是"马克思主义经典作家关于新闻传播活动、新闻信息生产流通消费及其规律的观点与思想总汇"⑥，其"中国化历程是与中国革命同频共振的"⑦。正如有学者所言："中国共产党的百年，也是用马克思主义新闻观指导

---

① 习近平：《贯彻全军政治工作会议精神 扎实推进依法治军从严治军》，《人民日报》2014 年 12 月 16 日。

② 窦岩平：《太行精神及其当代价值研究》，西北工业大学博士学位论文，2017。

③ 张萍：《红色基因代代传——对太行精神的再认识》，《支部建设》2020 年第 22 期。

④ 习近平：《在庆祝中国共产党成立 100 周年大会上的讲话》，人民出版社，2021，第 11 页。

⑤ 商建辉、王矿清编著《太行红色文艺作品选介（1939—1949）》，河北人民出版社，2021，第 2 页。

⑥ 童兵：《中国特色马克思主义新闻观的组成和来源：为庆祝中国共产党成立 100 周年而作》，《当代传播》2021 年第 2 期。

⑦ 徐玲英、童兵：《用红船精神厚植"马新观"》，《新闻界》2021 年第 7 期。

党的新闻事业的百年，百年里涌现了无数体现马新观的经典新闻作品和其他传播形态的作品，研究这些宝贵的新闻与传播的历史实践，是深化研究马新观的突破口。"①

此外，近年来全国各地都陆续开展了如火如荼的红色教育活动，如各地党建联合体组织参观陈云纪念馆的"重温红色足迹，追寻百年荣光"主题党日活动；各基层党组织为了关心爱护老党员，开展的"光荣在党50年"系列活动，以及对烈士家属进行真切慰问与生活关怀；全国各地的党员干部为庆祝党的生日而展开"唱支山歌给党听"的红歌比赛活动；以太行山、延安、井冈山、西柏坡等为代表的革命老区的多个国家级、省级爱国主义教育基地的成立和马克思主义新闻观研究基地的揭牌，无不是在传承红色基因，无不是在马克思主义新闻观的指导下，为中国特色新闻学的建构努力"形成自己的学科体系、学术体系、话语体系"②。尤其是像河北这一自古多慷慨悲歌之士的革命老区，更是"凝结共产党人血脉的红色热土。危难关头，无数燕赵儿女为救民族于水火，挽狂澜于既倒，不惜置生死于度外，慷慨悲歌，共赴国难。从以身许党、忠于信仰的李大钊、弓仲韬、董振堂，到不畏牺牲、奋勇杀敌的马本斋、狼牙山五壮士、董存瑞，再到艰苦奋斗、勇于创新的侯占友、李保国，他们永载华夏史册"③。

岁月流转，除了太行山根据地的丰功伟绩被世人铭记，还有燕赵大地上的英魂忠烈千古传扬。与此同时，毛泽东的故居韶山、红色故都兼共和国的摇篮瑞金、写满传奇色彩的赤水之战旧址、革命圣地延安、英雄之城武汉，以及重庆、井冈山、南昌、大庆、广州、龙州、友谊关等不计其数的革命圣地，同样承载着革命先辈的丰功伟绩和红色遗产。故而，"对英雄人物旧址旧居的保护挖掘，对革命圣地的挖掘与保护，对英雄事迹的整理与考证，对遗书、家信、绝笔声情并茂的讲述，都是对革命精神与红色信仰的传播与传承"④，都是讲好中国故事的宝贵素材和应该重视的红色文化资源。一言以蔽之，红色资源作为中国传统文化的一部分，既关乎中国特色社会主义主流价值观的重塑，也关乎坚守马克思主义的人才培养，更关乎传统文化在新时代的传播价值与民族复兴伟业。故而，做好红色

---

① 陈力丹：《"狼牙山五壮士"新闻报道与传播的80年：马克思主义新闻观经典新闻与传播作品研究》，《当代传播》2021年第4期。

② 林颖颖：《溯源创新实践：我国马克思主义新闻观研究路径考察（2011—2020年）》，《新闻与写作》2021年第7期。

③ 姚建敏：《弘扬红色传统传承红色基因》，《河北日报》2018年5月23日。

④ 彭翠：《中华传统文化在新时代的传播与传承》，中国传媒大学出版社，2022，第201页。

传统文化在新时代的传播与传承，任重道远，意义重大。

四　结语

红色文化资源是"党的建设的重要内容和中国共产党的独特优势"①。红色文艺作品及其承载的红色精神，作为中国共产党在不同历史时期的精神动力和历史记忆在百年未有之大变局中重新焕发活力。《太行红色文艺作品选介（1939—1949）》着重选取太行山区 1939~1949 年的典型文艺作品，以主题导读和作品再现的形式，讲述了中国革命史上伟大悲壮的抗日战争活动和解放战争时期农村改革的真实场景，切实让我们看到了只有"经典的文艺作品加上创新的表达方式，才能让革命精神薪火相传"②。回望历史，太行红色文艺作品已然成为太行精神的重要传播媒介。面对全新的传播技术、传播形态和传播对象，在对太行精神"现代性内涵阐释上，既要把握好历史理性与人文关怀之间的张力，更要注重文艺的审美表达和作品的审美品质"③。只有这样，才能"坚持以人民为中心的创作导向，创作无愧于时代的优秀作品"④，才能真正用好太行资源。一方面正确发挥"青年亚文化与主流文化之间的纽带作用"⑤，赓续太行传统；另一方面有助于进一步讲好太行故事，利用红色资源"向世界展现中国的大国形象"⑥，从而进一步传承好太行精神，助力中国式现代化的有效推进。

【责任编辑：龚奎林】

---

① 王永友、蒲友桢：《延安整风：党内正确政治文化形成的根本标志》，《重庆邮电大学学报》（社会科学版）2025 年第 1 期。
② 刘厦静：《用文艺作品传承红色基因》，《人民日报》2021 年 6 月 9 日。
③ 范玉刚：《"红色文艺经典"的现代性内涵阐释》，《中国文艺评论》2021 年第 4 期。
④ 张清民：《两个文艺"讲话"的话语意义分析》，《文学评论》2020 年第 1 期。
⑤ 彭翠、王妍：《抵抗与收编：青年亚文化的娱乐化转向——以"科目三"爆火现象为中心的考察》，《重庆邮电大学学报》（社会科学版）2025 年第 3 期。
⑥ 彭翠等：《论时政类微纪录片〈思想的力量〉的叙事特色与价值导向》，《电视研究》2023 年第 4 期。

近 40 年来红色档案研究的溯源、嬗变和进路[*]

冯军成　刘　钊^{**}

【摘　要】 红色档案研究是档案学的重要研究对象。溯源近 40 年来红色档案研究概况，是建构红色档案理论体系的需要，也是挖掘红色档案精神基因的需要，是利用红色档案物质资源的需要。近 40 年来，学界主要关注红色档案的科学内涵、系统保护方法、传播方式、利用策略、时代价值、现实意义和发展趋势。红色档案研究成果将个人记忆与集体记忆、学科发展与国家需求、静态研究与动态研究、地域研究与系统开发相结合。今后，红色档案研究要着力于加强基础理论研究，增强红色档案的科学性；持续研发文化产品，推动红色档案的特色化；培养一专多能人才，提高红色档案的竞争力；定期组织相关活动，扩大红色档案的影响力；守住主要传播阵地，增强红色档案的凝聚力；继续完善保障机制，确保红色档案的服务力。

【关键词】 红色档案；红色资源；档案学

红色档案作为红色资源的有机组成部分，见证了中国共产党艰苦奋斗的历史，是中华民族文化主体性的重要标识之一，是重要的育人资源。近 40 年来，红色档案研究取得了显著成绩。梳理近 40 年来红色档案研究成果，阐释研究过程中的变化，并指出今后的努力方向，具有重要的理论意义和现实意义。

---

* 基金项目：国家社会科学基金一般项目"'00 后'大学生劳动观特征及教育引导研究"（项目编号：20BKS096）；德阳市社科联"十四五"规划项目"习近平文化思想融入马克思主义原理教学的现状与机制研究"（项目编号：DY25C066）。

** 作者简介：冯军成，硕士，四川工业科技学院讲师，主要研究方向为思想政治教育；刘钊，博士，西华师范大学教授，硕士生导师，主要研究方向为思想政治教育。

一 问题提出

档案是历史的真实记录。红色档案不仅是档案资料的重要组成部分，还记录了中国共产党的奋斗历程和伟大成就，展现了党的光辉历程和优良作风，蕴含了党的历史经验和实践创造，是宝贵的精神财富，具有极高的史料价值和学术价值。之所以对近 40 年来红色档案研究进行溯源，主要是基于以下三个方面的思考。

（一）建构好红色档案理论体系的需要

红色档案是档案学的重要组成部分，更是档案学研究的重要对象。经过近 40 年的发展，红色档案研究越发受到学界的关注，并取得了喜人的成绩。然而，这些成绩是否已构成理论体系，能否作为档案学研究的重要方向，丰富档案学的研究内容，拓展档案学的研究视域，推动档案学科发展壮大，仍需深入探讨。要回答好这些问题，就需要对近 40 年来红色档案的研究成果进行较为系统性的梳理。

（二）挖掘好红色档案精神基因的需要

红色档案不仅是中国共产党人的物质财富，更是精神财富。之所以说红色档案是物质财富，是因为它以史料、图文、音频等多种形式记录着党的革命、建设、改革历史，展现了中国共产党人的奋斗形象。而之所以说红色档案是中国共产党人的精神财富，是因为它背后蕴含着一个个鲜活的历史人物和一段段生动的历史故事，这些不仅书写着个人、社会、国家和民族的历史，还体现着其精神世界的变化，寄托着其精神追求。红色档案到底蕴含何种精神基因、以何种方式呈现，以及它对个人、社会、国家和民族的发展起到了哪些具体作用，这些都是值得探讨的问题。要回答好这些问题，就需要对近 40 年来红色档案的研究成果进行较为系统性的梳理。

（三）利用好红色档案物质资源的需要

红色档案是宝贵的资源，兼具物质和精神两个层面的价值。其中，红色家书、红色诗词、红色漫画、红色政令、红色歌本等，都是可以触摸的现实物，可以通过文本、语言以及数字化的方式展现出来。近 40 年来，红色档案研究领域的成果是否能够借助新技术、新手段实现转化，产生经济效益，这也是一个值得研究的问题。要回答好这一问题，同样需要对近 40 年来红色档案的研究成果进行系统性梳理。

二 红色档案研究的溯源

在 CNKI 输入主题"红色档案"，从 1987 年至今，显示结果有 2000 余条，其中学术期刊 1700 余篇，学位论文 140 余篇，会议论文 10 余篇，报纸文章 100 余篇，图书近 10 部。这一数量是庞大的。对这些研究成果进行梳理后，我们发现学界围绕红色档案主要开展了以下七个方面的研究，取得了喜人的成绩，但同时也存在一些问题需要引起注意。

（一）红色档案的科学内涵研究

内涵指的是一个概念所反映的客观事物的本质属性。档案一词中的"档"指横木框档，即木架柜格；"案"古称案几，指长木板或长方形的小桌子，后来把处理一桩事件的有关文书称为"一案"。我国档案在不同时期的称谓也有所不同。商代称为"册"，周代叫作"中"，秦代称为"典籍"，汉、魏之后称为"文书""文案""案牍""案卷""簿书"，清代以后多用"档案"，今统一称为"档案"。王靖元介绍："苏联十月革命胜利后，俄罗斯联邦中央档案馆于 1922 年创办《红色档案》杂志。"[1] 这是已有研究中最早关于"红色档案"一词的表述。关于何谓红色档案，学者在研究过程中形成了四种观点。徐艳芳认为，红色档案是红色文化的一个重要因素，它真实地反映了某区域的政治、军事、经济、文化、教育、民族等基本情况，记录了中国共产党领导人民推翻三座大山、翻身求解放谋发展的光辉历程。[2] 毕军梅认为，红色档案是指在新民主主义革命时期，由共产党机关、组织和个人在各种敌对斗争和政治活动中所形成的、具有保存价值的文字、图表、音像及其他方式和载体的历史记录。[3] 宋平认为，红色档案特指中国共产党在新民主主义革命时期领导的机关、组织和个人在各种敌对斗争和政治活动中所形成的，具有保存价值的文字、图表、音像实物及其他各种形式和载体的历史记录。[4] 李争婕认为，红色档案可称为革命历史档案，是中国共产党在长时间的各类政治活动、对敌斗争中所形成的历史记录，包括音像资料、图表、文字等。[5] 其

---

① 王靖元：《苏联〈红色档案〉介绍》，《历史档案》1987 年第 1 期。
② 徐艳芳：《加强地方红色档案建设刍议》，《广西民族师范学院学报》2012 年第 3 期。
③ 毕军梅：《红色资源与红色档案的结合与利用》，《内蒙古宣传思想工作》2014 年第 3 期。
④ 宋平：《红色档案资源与大学生思想教育有效结合探讨》，《档案管理》2015 年第 4 期。
⑤ 李争婕：《弘扬红色档案文化，促进革命老区建设》，《党政干部论坛》2017 年第 9 期。

中，毕军梅和宋平认为红色档案的时间范围是新民主主义革命时期，该观点值得商榷。新民主主义革命时期的红色档案仅记录了中国共产党带领中国人民实现民族独立和人民解放的历史，对于中国共产党带领中国人民实现国家富强、人民富裕的历史没有囊括在内。因此，红色档案的科学内涵应强调红色档案是记录着中国共产党革命、建设和改革历史的档案，其载体有文本、图表、音像资料等。

（二）红色档案的系统保护研究

高度重视红色档案的征集、编写和保护工作是中国共产党的优良传统。新中国成立后，特别是改革开放以来，我国红色档案的保护工作取得了显著成绩。其一，《中华人民共和国非物质文化遗产法》《中华人民共和国档案法》等法律法规都不同程度地提出了如何保护好红色档案的问题，为红色档案的保护工作提供了法治保障。其二，数字化保护红色档案成为学界的热点问题。2024 年，郭晓文和杨立武认为要充分利用数字技术保护好红色档案，如借助政策优势，营造数字化赋能红色档案保护氛围，以及培养好保护红色档案的人才等。① 其三，广西、湖北、湖南、山东等地的档案馆都举办了红色档案保护相关活动。2021 年，川渝联合发布了红色珍档目录。2024 年，上海发布了首批珍贵红色档案名录。同年，长江中游三省签订了协议，共享红色档案开发成果。其四，出版了以档案为主题的书籍。如 1988 年，吴宝康主编的《档案学概论》作为高校文科教材使用，1999 年，吴宝康重新编写了《档案学概论》；张美芳和唐越进编写了《档案保护概论》（2013 年，中国人民大学出版社）；朱鸿召编写了《延安时期档案汇编》（2014 年，陕西人民出版社）；中国档案报社编写了《红色档案揭秘》（2015 年，现代出版社）；四川农业大学编写了《丹心谱汗青：川农大红色档案》（2020 年，四川人民出版社）；中央电视台与国家文物局编写了《红色印记：百件革命文物的声音档案》（2021 年，中国国际出版社）；冯惠玲编写了《档案学概论》（2023 年，中国人民大学出版社）；中国档案学会编写了《红色档案》（2024 年，中国文史出版社）收录了 54 篇有关红色档案收集、整理、鉴定和保管的论文；《闽西红色档案》《兰州红色档案》《邵阳市红色档案记忆》等红色档案也已相继出版。

（三）红色档案的传播方式研究

红色档案要真正发挥教育作用，就必须进行传播。学界对红色档案传播问题

---

① 郭晓文、杨立武：《数字背景下红色档案的保护开发》，《赤峰学院学报》2024 年第 2 期。

的研究相对较晚。管中洣指出红色档案作为重要的文献，在传播工作中面临一定的困境。① 范雪香从新媒体视角对红色档案文化的传播问题进行了思考，提出要从加强基础建设和人才培养等方面着手。② 学界继续关注新媒体背景下红色档案的传播问题，代表性的学者有王红霞、张岩、毕鹏瑶等。这一年，红色档案传播研究视域具体化。曹彬彬分析了抖音在红色档案文化传播中的问题和具体策略。③ 聂勇浩、牟胜男分析了场景传播视角下红色档案文化的传播策略，如加强移动场景、增加场景牵引、延展场景等。④ 黄娴则从仪式传播角度分析了红色档案如何讲好中国故事等。⑤ 崔晓苗、王毅则从筑基、共情、赋能三个方面分析了红色档案传播中的情感向度问题。⑥ 彭登辉分析了红色档案短视频传播的机遇、挑战和进路等问题。⑦ 红色档案的数字化保护成为热点。白海燕、陈凌岩从 AI 赋能红色档案开发利用的角度提出了具体的策略。⑧ 常大伟、程芊慧从国家数字化战略视角研究了构建红色档案文化传播体系的具体策略。⑨ 丁紫彤、戴旸分析了红色档案在国际传播中的价值、现状与路径，提出要从传播主体、传播内容、翻译技巧等方面入手。⑩ 2025 年，《山西档案》第 1 期刊发了《社交媒体时代红色档案的公众参与及传播策略》《红色档案数字化传播与高校思政教育融合的模式探索》《新时代背景下红色档案资源的叙事逻辑与传播策略》《红色档案中的革命家书信：内容、风格与传播影响》四篇文章，从中可以看出，红色档案数字化传播是今后乃至一段时期内红色档案研究的热点问题。通过梳理近 40 年来红色档案传播问题，发现传播方式主要有口语传播（如访谈）、文本传播、文艺传播（含活动、仪式和场景传播）、数字传播四种。

---

①　管中洣：《探索图书出版与文献资料的保护与传播——以陕西人民出版社〈红色档案〉的出版为例》，《出版参考》2016 年第 7 期。

②　范雪香：《新媒体环境下加强红色档案文化传播的思考》，《城建档案》2019 年第 9 期。

③　曹彬彬：《基于抖音平台的红色档案文化传播探究》，《档案学刊》2022 年第 2 期。

④　聂勇浩、牟胜男：《场景传播视角的红色档案资源的开发与传播》，《浙江档案》2022 年第 7 期。

⑤　黄娴：《仪式传播中的"知识"对话：用红色档案讲好党史故事》，《视听界》2022 年第 5 期。

⑥　崔晓苗、王毅：《红色档案展览的情感传播向度研究》，《山西档案》2022 年第 4 期。

⑦　彭登辉：《机遇、挑战和进路：新媒体环境下红色档案短视频传播研究》，《档案》2023 年第 4 期。

⑧　白海燕、陈凌岩：《从"活"到火：AI 赋能红色档案资源开发利用的路径辨析》，《周口师范学院学报》2024 年第 1 期。

⑨　常大伟、程芊慧：《国家文化数字化战略下红色档案文化传播体系建设研究》，《档案与建设》2024 年第 1 期。

⑩　丁紫彤、戴旸：《红色档案在国际传播中的价值、现状与路径探究》，《云南档案》2024 年第 4 期。

（四）红色档案的利用策略研究

红色档案的利用策略是学界研究红色档案时的重要方向，也是投入精力最多的领域。梳理近 40 年来的成果，红色档案的利用领域或应用领域主要包括三大类：第一大类是红色旅游如何利用好红色档案；第二大类是党政干部培训如何利用好红色档案；第三大类是思想政治教育工作（包括思政课改革创新、大学生理想信念教育、大学生心理健康教育、大学生形势与政策教育）如何利用好红色档案。就第一大类成果来看，数量较少。程巧首次将红色档案的开发与红色旅游的发展联系起来进行研究。① 黄巧巧则是从文化旅游视角探讨了红色档案开发的问题。② 第二大类成果数量比第一大类多一些。2014 年，黄明嫚以百色起义的红色档案为切入点，探讨了其对强化群众路线意识的作用。③ 张清政探讨了红色档案资源对于激发干部正能量的作用。④ 第三大类成果数量是最多的。梁楚晗、魏洁、梁洁以右江民族医学院为例，深入探讨了民族地区高校人才培养工作中如何利用好红色档案的问题，认为要从运用红色档案资源、依托红色档案资源等角度入手。⑤陈欢研究了红色档案在边疆民族地区大学生理想信念教育中的作用，认为要从红色档案入手，促进思政课教学改革，全面构建起大学生理想信念教育的长效机制。⑥ 勾淑玲、沈玲玲从红色档案资源角度，将其与大学生红色基因传承教育工作联系起来进行了研究。⑦ 曹燕红提出要把红色资源融入高校思想政治教育，认为要从构建全方位的教育体系、建立高校基地联动机制、利用互联网传播红色文化、构建校园文化育人体系等方面着手。⑧ 张振岳以高校红色档案为切入点，不仅指出了高校红色档案的特点，还将其与高校思政课教学紧密联系起来，认为要从思想保证、文化创设、实践根基、教学创新等角度着手推进。⑨ 潘坤、王继红从红色档

---

① 程巧：《红色档案的开发与红色旅游的可持续发展》，《兰台世界》2009 年第 20 期。
② 黄巧巧：《文化旅游视角下红色档案开发探析》，《内蒙古科技与经济》2019 年第 7 期。
③ 黄明嫚：《开发红色档案资源，强化群众路线意识——以百色起义为例》，《传承》2014 年第 6 期。
④ 张清政：《用红色档案资源激活党员干部正能量刍议——基于信阳市红色档案资源的分析》，《延边党校学报》2017 年第 1 期。
⑤ 梁楚晗、魏洁、梁洁：《红色档案资源在民族地区高校人才培养中的探讨——以右江民族医学院为例》，《右江民族医学院学报》2012 年第 2 期。
⑥ 陈欢：《红色档案视角下边疆民族地区大学生理想信念教育机制的构建》，《经济与社会发展》2014 年第 3 期。
⑦ 勾淑玲、沈玲玲：《红色档案资源与大学生红色基因传承教育研究》，《教书育人》（高教论坛）2018 年第 9 期。
⑧ 曹燕红：《红色档案资源融入高校思想政治教育中的探讨》，《山西档案》2019 年第 1 期。
⑨ 张振岳：《红色档案在高校思政课教学中的应用研究》，《山西档案》2019 年第 2 期。

案助力的视角出发，探讨其对高校思政课教学的必要性及其路径问题，认为要从走进思政课和走进红色场馆做起，还要注重运用互联网的传播优势。① 申灿、李瑶认为在红色档案信息资源开发过程中要注重弘扬革命文化，弘扬民族精神。② 王素红从高校立德树人的角度，探讨了红色档案的创新路径。③ 可以看出，学者对红色档案的利用问题是重视的。唯一不足的地方，就是缺少实证性研究，如对红色档案利用率缺少调研。

（五）红色档案的时代价值研究

红色档案的价值是巨大的。梁楚晗、梁洁认为，红色档案具有历史、经济、文化、教育价值。④ 黄明嫚提出，要通过产业链来促进红色档案经济价值的开发。⑤ 鄢嫦认为，红色档案蕴含着教育价值，并对如何有效利用这些教育价值提出了一些具体措施。⑥ 张珊珊指出，红色档案具有四种价值，分别是经济价值、教育价值、情感价值和传承价值。⑦ 方丽真以闽西苏区的红色档案为例，强调其具有鲜明的时代价值。⑧ 张珂以柏桐山歌中的红色档案为例，指出其具有历史凭证价值、红色文化价值、时代教育价值和艺术形态价值。⑨ 由此可见，红色档案的时代价值至少包含四种。笔者认为，除了上述价值外，还应包括学术价值。作为中国共产党的传家宝，红色档案不同程度地体现了中国人的理想信念和情感表达。研究红色档案，就是在推动其创造性转化和创新性发展，对以红色档案助力中国式现代化、实现中华民族伟大复兴具有重要意义。

（六）红色档案的现实意义研究

红色档案的现实意义指的是红色档案在现实中具有一定的可操作性，对现实生活具有一定的帮助。学界在红色档案的现实意义研究问题上，侧重于研究其教育意义。王丹丹从红色档案短视频角度探讨了其教育意义。⑩ 冀静主要关注红色档

---

① 潘坤、王继红：《红色档案助力高校思政课教学刍议》，《学校党建与思想教育》2021 年第 2 期。

② 申灿、李瑶：《红色档案信息资源的开发利用研究》，《档案管理》2021 年第 4 期。

③ 王素红：《红色档案视角下高校立德树人的传承与创新研究》，《才智》2023 年第 4 期。

④ 梁楚晗、梁洁：《红色档案信息资源的开发和利用刍议》，《档案》2011 年第 5 期。

⑤ 黄明嫚：《以产业链促进红色档案经济价值的开发》，《兰台世界》2014 年第 32 期。

⑥ 鄢嫦：《红色档案教育价值的实现路径研究》，《山西档案》2020 年第 6 期。

⑦ 张珊珊：《红色档案资源的开发和利用研究》，《办公自动化》2020 年第 15 期。

⑧ 方丽真：《红色档案资源时代价值及开发利用——以闽西老区为例》，《北京档案》2021 年第 6 期。

⑨ 张珂：《柏桐山歌中红色档案资源的发掘利用》，《档案管理》2021 年第 5 期。

⑩ 王丹丹：《提升红色档案类短视频传播效果和教育意义的思维模式研究》，《兰台世界》2024 年第 7 期。

案资源建设问题。① 高永红从党的初心使命角度出发，认为红色档案的意义在于打开红色记忆、印证历史逻辑、鉴证初心使命等。② 尽管红色档案的现实意义在理论层面的研究不是很多，但实践层面对于红色档案的应用正是其现实意义的具体展现。今后，学界还需在现实意义层面不断深入研究。

（七）红色档案的发展趋势研究

红色档案的发展趋势研究是建立在以往研究的基础之上的。李娟以《国内红色档案研究现状与展望》为题，对我国红色档案研究趋势进行了一定的展望。王娅、王向女以《我国红色档案资源研究综述》为题，对我国红色档案资源研究趋势进行了深入的思考。夏雨晴、刘华英则从计量学角度，对国内红色档案资源的基本情况和趋势进行了分析，指出要在红色档案资源的信息化建设、挖掘和红色文化传承上重点发力。③ 综合来看，如何实现红色档案数字化建设、保护和利用，必将成为今后红色档案研究的热点问题。

三　红色档案研究的嬗变

梳理近 40 年来红色档案研究的历程发现，红色档案研究从最初的萌芽，经过一代又一代专家学者的共同努力，如今已呈现一片繁荣的景象。在研究过程中，学者们始终坚持将个人记忆与集体记忆、学科发展与国家需求、静态研究与动态研究、地域研究与系统开发相结合，共同书写了红色档案研究的生动篇章。

（一）将个人记忆与集体记忆相结合

记忆是建立在实践基础上的。回顾中国共产党的百余年历史，充满艰辛，从民族独立、人民解放到今天推动实现中国式现代化的历程，令人难以忘却。红色档案正是记录这些历史的重要方式。回顾近 40 年来红色档案的发展历程，我们发现，红色档案正不断将个人记忆与集体记忆相结合，小到一个革命人物，大到国家和民族历史的书写。1997 年，黄允升出版了著作《毛泽东与中共早期领导人》（中共中央党校出版社），系统性地研究了毛泽东与中共早期领导人的历史。2012

---

①　冀静：《新时代加强高校红色档案资源建设的意义》，《城建档案》2019 年第 6 期。

②　高永红：《红色档案鉴证初心和使命》，《档案管理》2021 年第 5 期。

③　夏雨晴、刘华英：《基于文献计量的红色档案研究综述》，《资源信息与工程》2024 年第 2 期。

年，陈铭康在西苑出版社出版了著作《毛泽东与中共早期领导人》（上下），黄允升参与了编写工作。这些书籍的出版丰富了红色档案的内容，更多的是作者个人对历史的记忆和理解的重现。进入 21 世纪后，发挥有关部门和组织力量出版的《百年革命文物的声音档案》《旅俄华侨华人的红色档案整理与研究》则是将众多个人记忆进行加工后所形成的集体记忆，全面展现了社会、国家和民族的发展历程。

（二）将学科发展与国家需求相结合

红色档案研究成果丰硕，离不开学科体系的发展壮大。梳理已有的研究成果发现，情报学、传播学、档案学、历史学、马克思主义理论学科的学者都在不同程度地研究红色档案。从中看到了红色档案的征集、保护和管理工作的重要性。党的十八大以来，红色档案研究进入了一个新的阶段，越来越多的学者关注红色档案的信息化问题，学科视角和所用的理论具有一定的特色。比如，陈慧、刘赛楠等以全域旅游为背景研究了红色档案的全景式展现问题。[1] 该研究对于发挥红色档案的经济价值具有重要的促进作用。龙家庆从数字叙事理论出发研究了红色档案的开发问题，认为要从叙事源头、叙事组织和叙事创新角度入手。[2] 韩倩从数字化传播角度探讨了红色档案与高校思政教育融合问题。[3] 数字化传播、数字经济是中国建成经济强国和文化强国的题中应有之义。学者在研究红色档案的同时，将理论研究与国家发展的需求紧密结合，提出具有可操作性的策略。

（三）将静态研究与动态研究相结合

静态研究是一种质的研究，动态研究是一种量的研究。红色档案研究成果越来越多的背后，是学者们紧跟时代发展步伐，敏锐地观察到红色档案的变与不变。梳理近 40 年来红色档案研究成果发现，诸如地方性红色档案的征集和利用工作，就是将静态的红色档案以数字化的方式保护或展现出来，整个过程就是将静态研究和动态研究相结合的体现。学者对于某个红色档案的研究，看到的红色档案文献，这是一种静态的物，这种静态的物背后的生动故事则是动态的。随着越来越多人主动讲好红色档案故事，红色档案故事的生命力会越来越旺盛。

---

① 陈慧、刘赛楠、廖雪琴：《全域旅游背景下红色档案资源全景式呈现模式探索——以洪湖市红色档案开发利用为例》，《档案学研究》2023 年第 4 期。

② 龙家庆：《基于数字叙事理论的红色档案开发策略研究》，《档案管理》2023 年第 4 期。

③ 韩倩：《红色档案数字化传播与高校思政教育融合的模式探索》，《山西档案》2025 年第 2 期。

（四）将地域研究与系统开发相结合

红色档案分布广泛，在研究过程中，学者发挥自己的专业特长，结合各地红色档案特点提出了红色档案的开发策略。例如，田青刚从资源学视角探讨了地方红色档案资源的管理和利用问题。① 杨涛认为，要从服务理想信念教育、开展红色档案的整体开发和传承红色基因等方面利用好地方红色档案资源。② 邱佳佳对湖南地方档案的红色旅游资源开发问题进行了研究，认为要突出特色化，发挥产学研作用，强调红色档案资源的开发意义，助推红色旅游内涵式建设，发挥红色旅游的思政教育作用，提升红色旅游的政治引领价值。③ 还有个别学者对民族地区的红色档案资源的开发问题进行了研究。这些地域性的红色档案研究成果共同构成了中国红色档案研究体系。

四 红色档案研究的进路

红色档案研究工作还在继续。新时代有新问题、新使命。梳理近 40 年来红色档案研究成果，有成绩，也有不足。今后需要做好以下六个方面的工作。

（一）加强基础理论研究，增强红色档案的科学性

实践每前进一步，理论研究就要紧跟一步。红色档案基础理论研究的深入要立足我国红色档案的实际，对红色档案在征集、管理和保护中的现实问题要进行深度调研，拿出解决问题的真招和实招。以高校为例，有的高校开设了"档案学概论"课程，但在讲授过程中，课程的针对性不强和吸引力不够的问题时常存在，如何将红色档案有机融入"档案学概论"课程需要进行深度研究。有关档案保护的法律法规普及度不够，主管部门面对档案法普及度不够的情况，是否尝试充分利用互联网进行红色档案的宣讲活动，这些都值得深入研究。坚持问题导向，相关部门要把保护好和利用好红色档案资源作为重要任务去完成。学者要深入社会，建立与场馆和有关党史部门的联系，发挥专业特长，不断挖掘红色档案蕴含的哲学智慧与做人道理，增强红色档案的科学性。

---

① 田青刚：《资源视角下的地方红色档案管理与利用》，《兰台世界》2011 年第 21 期。
② 杨涛：《地方档案馆红色档案资源的保护与开发策略探讨》，《山东档案》2023 年第 1 期。
③ 邱佳佳：《论湖南地方档案资源的红色旅游开发路径》，《湖南科技学院学报》2023 年第 6 期。

（二）持续研发文化产品，推动红色档案的特色化

红色档案绝不应当被人们尘封，它所记录的历史应当通过一定的方式或渠道传递出来。红色档案有的是地方性的，有的是全国性的，各省都有负责管理档案的部门，如何结合本地特色设计出具有地域特色的红色档案文创产品尤为重要。一个好的文化产品，传递的不仅仅是档案人的思想，更表达着档案人丰富的情感。文创作品的设计可以通过组织征集的形式开展，政府和相关文旅部门要完善奖励机制，让红色档案的文化产品活起来、火起来，吸引更多的青年群体热爱红色档案事业。

（三）培养一专多能人才，提高红色档案的竞争力

一切竞争，归根结底是人才的竞争。红色档案的征集、保护、管理和利用工作具有很强的专业性。高校承担着人才培养的重要职能。现实生活中，个别人对于红色档案真伪无法辨别，主要原因在于自身所掌握的鉴定技巧和知识少，缺少鉴定的经验和机会等。高校要学会主动应变，根据国家和社会需求，更新教学大纲和人才培养大纲，要发挥各自高校的专业优势，主动与文博、文旅部门开展合作。比如，互派人员进行学习，提升人才的专业素质，为红色档案的征集、保护、管理和利用工作作出贡献，不断提高红色档案保护和管理的竞争力。

（四）定期组织相关活动，扩大红色档案的影响力

活动是将思想认识转化为具体行动的重要途径。每年 6 月 9 日是国际档案日，举办相应的活动是纪念国际档案日的最好方式。以四川档案馆为例，在第十七个国际档案日就举办了"四川档案文创联盟"、"跟着档案走中国"和万档思政"五进"等活动。档案是历史的真实记录，也是连接过去和未来的纽带。要让红色档案真正进入寻常百姓家，除在重要节日举办相关活动外，还要常态化开展红色档案普及教育活动。随着国际交流越来越频繁，应充分挖掘红色档案的价值观念，做好翻译工作，发挥自身优势，讲好红色档案故事，扩大影响力。

（五）守住主要传播阵地，增强红色档案的凝聚力

红色档案离不开传播。要做好红色档案的传播工作，需要对传播主体、传播内容、传播环境和传播效果等进行深入研究。传播主体应在政府的主导下，实现社会公众的广泛参与。近年来，新技术的产生和发展为人们的生产生活助力。审视红色档案的传播现状，除了纸质传播、仪式传播、艺术传播、场馆传播外，短视频已成为传播红色档案的新渠道。短视频具有短平快的特点，为红色档案的传

播提供了新的路径。今后，红色档案传播在利用好传统媒体传播力量的同时，还要主动适应互联网，增强红色档案的凝聚力。

（六）继续完善保障机制，确保红色档案的服务力

机制是确保一些活动实施的重要保障。近年来，随着人们对红色档案的重视，一些红色档案被发现。一些别有用心的自媒体，以"重评"为噱头，捏造红色档案故事，这是一种错误行为，是历史唯心主义的表现。一些红色档案理论研究以"解密"为题，缺少详细的史料支撑，出现臆想红色档案形成历史的情形。一些参观红色档案馆的行为和活动存在形式主义倾向。究其原因，这与缺少完善的监管机制有关。今后，相关部门要将红色档案相关工作纳入地方发展规划，完善奖惩机制，确保红色档案的服务力。

庆祝新中国成立 75 周年暨全国第十届红色文化资源研究理论研讨会会议综述

陈　岭　董佳慧

【摘　要】本文综述了 2024 年 10 月 26~28 日在井冈山召开的"庆祝新中国成立 75 周年暨全国第十届红色文化资源研究理论研讨会"的主要内容。此次研讨会聚焦红色文化资源的传承与创新，涵盖"红色文化资源与构建中国自主知识体系""红色文化资源与中国式现代化""红色文化资源与中国共产党人精神谱系""红色文化资源与思想政治教育"等重要议题。本文从会议开幕式、主旨发言、分论坛讨论等方面进行系统总结，力图展现红色文化资源在新时代中国特色社会主义建设中的关键作用。

【关键词】红色文化资源；中国自主知识体系；中国式现代化；精神谱系；思想政治教育

为庆祝新中国成立 75 周年，深入贯彻党的二十届三中全会和全国教育大会精神，2024 年 10 月 26~28 日，由井冈山大学主办的"庆祝新中国成立 75 周年暨全国第十届红色文化资源研究理论研讨会"在井冈山隆重召开。来自北京大学、清华大学、中国人民大学、北京师范大学、南开大学、中山大学、同济大学、华东师范大学、国防大学、南昌大学、江西师范大学、中国井冈山干部学院、中共江西省委党校、江西省社会科学院等高校、军事院校、科研院所、干部学院、党校、地方党史部门以及革命博物馆的 130 余位专家学者参加了会议，《中国教育报》《中国人民大学学报》《贵州社会科学》《江西师范大学学报》《井冈山大学学报》等期刊和媒体也参加了会议。大会围绕"红色文化资源与构建中国自主知识体系""红色文化资源与中国式现代化""红色文化资源与中国共产党人精神谱系""红色文化资源与思想政治教育"等主题展开深入研讨交流。

一 研讨会开幕式及大会主旨发言

开幕式由井冈山大学党委常委、副校长敖四江主持，井冈山大学党委副书记肖宜安致辞。肖宜安首先代表井冈山大学对与会嘉宾表示欢迎，并强调了红色文化作为中华民族重要的历史财富和中国共产党实践经验的重要组成部分，对资政育人及自主知识体系构建的意义。他指出，红色文化作为具有中国特色的文化体系，承载着中国共产党的初心和使命，蕴含着丰富的历史智慧和精神力量，既是我们党和国家宝贵的精神财富，又是推动社会进步的关键。井冈山大学长期以来专注于井冈山精神及红色文化资源的研究，取得了一系列科研成果，为推动新时代中国自主知识体系构建和新时代中国特色社会主义文化建设提供了重要学术支持。希望通过研讨会的召开，在专家学者们的推动下，进一步探讨红色文化资源与构建中国自主知识体系之间的历史逻辑、理论逻辑、现实逻辑，为中国式现代化注入强大的精神动力和历史主动性，增强中国特色社会主义道路自信、理论自信、制度自信、文化自信，让红色文化资源在新时代更广泛地发挥其理论和实践价值。

大会主旨发言分为三个阶段进行。北京师范大学中共党史党建研究院院长王炳林教授，湘潭大学毛泽东思想研究中心主任、教育部"长江学者"李佑新教授，华东师范大学马克思主义学院二级教授、紫江学者丁晓强教授，井冈山大学原校长张泰城教授等 12 位专家学者作了主旨发言。

在主旨发言第一阶段，北京师范大学王炳林教授发表了题为《红色文化资源与中共党史党建学科发展》的报告。他指出，红色文化资源不仅为中共党史党建学科的发展奠定了坚实基础，还在价值引领方面发挥了重要作用。红色文化资源的丰富性为该学科提供了广阔的研究领域和内容，促进了学术研究的深入和多样化。湘潭大学李佑新教授在报告《中国共产党人精神谱系的重大意义》中指出，精神谱系作为党的辉煌历史所铸就的永恒精神丰碑，不仅给后人留下了英雄榜样，还蕴含了中国共产党永恒的精神品质。这些精神特质形成了各族人民共同的记忆和精神家园，因此他呼吁大家加大对中国共产党人精神谱系的研究与弘扬力度，以更好地传承这一宝贵遗产。华东师范大学丁晓强教授就《上海红色文化资源建设与上海文化》进行了深入分析，着重探讨了上海地区红色文化资源的建设现状及其对上海文化发展的影响。井冈山大学张泰城教授做了《红色文化资源研究的发展态势分析（2023）》的报告。他从发文状况、作者队伍、经典文献、发文单位、关键词以及学科归属等多个维度对 2023 年红色文化资源研究的发展态势进行了详尽分析，不仅揭示了当前红色文化研究的热点与趋势，也为未来的研究指明了方向。本阶段的主旨发言展现了红色文化资源在中国共产党历史及中共党史党建学科发展中的核心地位，强调了精神谱系的重要性，探讨了地区文化建设的实践案例，并提供了对红色文化研究发展的全面分析。

大会主旨发言第二阶段，北京大学林绪武教授就《红色文化资源与中共党史学科建设》做了报告。同济大学蒙象飞教授在《红色文化赋能精神生活共同富裕的价值意蕴、内在肌理与实践要求》中，探讨了红色文化如何为实现精神生活共同富裕赋能。江西师范大学的周利生教授在《革命文物融入思政课教学的思考》中指出，革命文物和红色文化资源是具有重要历史、文化和教育价值的载体。他强调，这些资源是传承红色基因、弘扬革命精神的重要组成部分。在新时代的思政课教学中，调动社会资源，突出实践导向，落实"入脑入心"的基本要求显得尤为重要。革命文物不仅承载着中国共产党人的崇高精神和革命传统，还为高校立德树人提供了重要教材，创新教学方式，拓展教学内容，可以有效提升育人效果。综上所述，本阶段的主旨发言集中探讨了红色文化在中共党史党建学科建设、精神生活、红色故事传播以及思政课教学中的重要作用。从专家学者们的深入分析中可以看出红色文化不仅是历史的承载者，也是当代社会精神建设的基石。

大会主旨发言第三阶段，南京师范大学贾冀川教授以《中国红色戏剧：百年赓续、美学特质与当代表达》为题进行了发言。他指出，中国红色戏剧不仅记录了百年来社会的巨变，还蕴含了中华民族的优秀文化基因和时代精神，表达了中国共产党对人民的关怀，揭示了个体命运与国家、民族之间的深层联系。南方医科大学曾楠教授在《纪念馆的记忆叙事对历史认同的建构与形塑》的报告中，探讨了纪念馆作为历史记忆重要载体所发挥的独特作用。她指出，纪念馆是"记忆之场"，通过实物象征性叙事和媒介技术的应用，促进历史认同的构建与强化。她分析了中国共产党历史展览馆的功能，强调合理挖掘历史资源和创设展陈空间，可以有效增强观众的历史认同感，并提出优化纪念馆记忆叙事、促进对党伟大奋斗历史的认同的路径。南昌大学胡伯项教授在《信息化赋能革命文化资源传播的价值分析》中强调，革命文化资源作为珍贵的物质与精神财富，其传播方式亟须与信息化结合。他指出，信息化的发展不仅拓展了革命文化资源传播的实践时空，也提升了传播的政治认同度。胡教授详细分析了信息化对革命文化资源传播的多重赋能，认为信息化赋能融情于艺、寄介于景和寓教于游的三重进路，可以有效提升传播效果，促进革命文化的广泛认知和接受。南开大学刘一博副教授在《练就讲好红色故事的过硬本领》中指出，思政课教学的关键在于讲好红色故事。他认为，教师需要注重细节和真实的情感，通过个人坚定的信仰与对内容的高度认同，有效引导学生深入理解和运用红色文化。本阶段的主旨发言充分展示了红色文化在戏剧、纪念馆、信息传播、教育与思政课程中的多维度影响与实践应用。各位专家的研究不仅深化了对红色文化的理解，也为新时代背景下的红色文化传播与教育实践提供了宝贵的理论支持和实践方向，不仅有助于推动红色文化的进一步传承与创新，也为实现中华民族伟大复兴的中国梦提供了丰富的精神资源和理论依据。

二　平行论坛及发言综述

2024 年 10 月 27 日下午，大会分四个平行论坛进行，与会学者围绕红色文化资源与构建中国自主知识体系、红色文化资源与中国式现代化、红色文化资源与中国共产党人精神谱系、红色文化资源与思想政治教育四个主题展开研讨。在会议讨论中，各种新见迭出，展示了红色文化资源研究前沿的学术活力和创造力。

第一组平行论坛以"红色文化资源与构建中国自主知识体系"为主题。在构建中国自主知识体系的进程中，红色文化资源的作用和地位逐渐凸显，学界对此进行了深入探讨，并提出了多种具有实践性和前瞻性的见解。《中国人民大学学报》编辑部林坚提出，应将"四史"（党史、新中国史、改革开放史、社会主义发展史）与红色教育和爱国主义教育密切结合，加大对红色历史文化资源的保护力度，把"点"和"线"连成"片"，实现"立体化"，加强革命历史纪念设施、遗址及爱国主义教育基地建设，以增强群众的爱国主义情感和民族精神。北京化工大学余永和教授探讨了红色文化资源的学科属性，主张在中共党史党建学一级学科下设置红色文化资源二级学科，同时应加强与中国史、文学等学科的交流，以促进红色文化资源学科的长期发展。中共成都市委党史研究室黄蕾以成都建设践行新发展理念的公园城市示范区为例，论述了红色文化资源在城市治理现代化中的重要作用，探讨了红色资源价值转化路径。此外，牡丹江师范学院孙强指出，东北抗战红色文化资源是东北抗联精神传承和弘扬的重要载体，开展东北抗战红色文化资源的数字化保护和网络传播研究意义重大。应通过创新的传播策略保护东北抗战红色文化资源，并创新东北抗战红色文化资源网络传播的路径。西南交通大学何薇则从习近平总书记关于红色文化资源的重要论述出发，提出将红色文化资源转化为现代化建设精神动力的思考。中国医科大学邹长青研究了红医文化的精神内核，认为红医精神成为当前深化医药卫生体制改革、培养新时代仁心医者的重要精神动力。总体来看，以上学者的研究从不同维度出发，强调了红色文化资源的多元应用潜力及其在中国自主知识体系构建中的关键作用。尽管各自关注点有所不同，但都突出了红色文化资源在增进文化认同、推动现代化发展及促进学术创新方面的独特价值。

第二组平行论坛以"红色文化资源与中国式现代化"为主题。红色文化资源在中国式现代化进程中展现出广泛的应用潜力和现实价值。延安大学贾翠玲强调，延安时期红色文献的数字化保护与开发利用至关重要，应加强文献整理，建设权威收藏和研究平台，支持党史教学和科研，推动红色文化和旅游产业的发展。通过数字人文、虚拟仿真等技术，让红色文化更具生动性，创新思想政治教育模式。北京大学黄志妍聚焦中央苏区活报剧在马克思主义大众化中的作用，认为中央苏区的活报剧通过扎根广大农村革命根据地，适应革命常识普及、革命意识形态建构的需要，成为革命宣传的有效工具，推动了苏区的文化普及和意识形态建设，同时为马克思主义大众化和解放区文艺的发展奠定了基础。巢湖学院董颖鑫则研究了革命根据地的乡村治理模式，指出其对现代化建设的借鉴意义。中共龙岩市委党校俞如先以闽西苏区的土地分配政策为切入点，指出闽西作为土地革命的重要发源地，其"抽多补少""抽肥补瘦"的土地分配原则为革命作出历史性贡献，并探讨了其对当今社会治理的启示。阜阳师范大学苏世奇分析了三线建设歌曲在不同时期的文本特征与价值功能，指出这些歌曲在词、曲的"共情"下激发音乐审美、鼓舞人心、彰显英雄主义精神，成为延续三线建设记忆的声音载体，具有深远的时代意义。厦门市委党校石东坡强调，闽西苏区的法治建设展现了党在政法队伍建设中对革命性、纯洁性和政治性的重视，揭示了这一历史经验对现代政法工作的重要启迪，具有深远的学术价值与实践意义。中山大学周干兵指出，新时代领导干部家庭建设应从毛泽东的家庭文明观中吸取经验，树立理想信念和组织观念，传承优秀历史文化与革命文化，推动中国式现代化家庭文明建设。总体来看，以上学者从多个层面深入挖掘红色文化资源的现代化价值，不仅在历史传承上提升了红色文化资源的影响力，还为中国式现代化的不同领域提供了具有现实意义的启示。

第三组平行论坛以"红色文化资源与中国共产党人精神谱系"为主题。红色文化资源在中国共产党人精神谱系建设中起到了不可或缺的支撑作用，推动了革命精神的继承和创新。牡丹江师范学院李洪光探讨了东北抗联精神在思想政治教育中的应用，提出在教学中融入实践课程，发挥"东北抗联精神在高校立德树人中的作用和功能"，推动理论与实践的结合。东北烈士纪念馆编辑部衣利巍指出，革命纪念馆作为重要的文化传播机构，应积极探索信息数字化传播路径，通过数字化技术，打破信息壁垒，推动了展示方式的跨越式发展，使红色文化传播方式更加灵活多样。国防大学朱纯辉则强调弘扬英烈精神在新时代的价值，主张通过褒扬与教育推动其在社会中的传承，要健全英烈褒扬制度，并通过纪念设施、宣传活动等手段，在全社会形成浓厚的英烈精神传承氛围。浙江商业职业技术学院应金萍教授认为可通过"场馆育人"方式来加强中国共产党人精神谱系教育，她以浙江商业职业技术学院建立的"精神的力量——中国共产党人的精神谱系展示馆"为例，指出展示馆在思政课教学、党性教育等方面发挥了综合功能，综合推进了中国共产党人精神谱系教育。江西省社会科学院李建华探讨了苏区精神的历史渊源，提出其对加强党员党性建设的现实意义。清华大学齐晓天认为白求恩精神与共产党员的修养品质有高度契合之处，新时代医院党建要以白求恩精神为引领，加强医德医风建设，推动医疗事业高质量发展。黑龙江大学郭思元指出北大荒精神是中国共产党人精神谱系的重要组成部分，继承了延安精神和南泥湾精神。弘扬北大荒精神对于实现第二个百年奋斗目标具有深远意义，并将为黑龙江的中国式现代化提供重要的思想保障和精神动力。江西瑞金干部学院王毅在《以长征精神为内涵的红色文化资源在党员干部教育中的应用研究》中强调"长征精神是中国共产党领导下的工农红军在长征途中展现出的伟大精神"，将长征精神融入党员干部教育对于提升其思想政治素质和领导能力至关重要。总体来看，以上学者通过不同红色精神的应用与传播，进一步完善了中国共产党人精神谱系的传承路径，同时也为新时代党员干部的思想建设提供了精神资源和实践路径，推动红色文化在当代社会的活力发展。

第四组平行论坛以"红色文化资源与思想政治教育"为主题。在红色文化资源与思想政治教育的研究中，多位学者提出了有效的观点和策略，以增强思想政治教育的实效性和文化自信。中国计量大学王涛认为，高校思政课是传播中国故事的主阵地，建议从优化内容、讲授方式和提高教师能力等方面着重改进，以提升思政教育实效。中共广东省委党校魏法谱则提出了革命旧址保护与红色文化宣传相结合的新视角，以留法勤工俭学生归国来粤参与大革命的相关旧址为例，探讨多维路径的宣教作用。井冈山大学黄惠运教授指出，井冈山时期党和红军高度重视干部培训工作，采取多种形式进行教育和培训，这些成功经验为当前干部培训提供了重要的启示和教育意义。闽南师范大学廖利明教授强调，闽南革命精神具有丰富的优良传统和革命风范，能强化大学生的理想信念和社会主义核心价值观。为加强思想政治教育，地方高校需挖掘和传承闽南革命精神，通过师资队伍建设和资料库完善，结合课程教学、实践活动及校园文化，发挥其教育引领作用，提升转化应用效果。西华师范大学郭亚军指出，红色文化资源不仅具备经济功能，还能提供思想导向和文化熏陶，将其融入思政课教学是提升教学效果、坚定文化自信及深入学习习近平文化思想的重要途径。创新教学内容、手段和保障措施，可以有效促进红色文化资源的转化，推动思想政治教育的深入发展。中共吉安市委党校谢乾丰强调，利用红色文化资源进行新时代人才培养，既符合马克思主义理论基础，也源于党的革命历史和现实需求。这一系统工程要求包括完善教材与教学体系、加强红色文化资源建设、拓展资源利用渠道，以及丰富包括干部教育培训在内的多样化的培育资源和渠道。重庆红岩革命历史博物馆郑亮探讨了如何结合重庆的红色文化资源，构建"1458N"红岩思政育人体系，并探究其在该体系中的路径与价值，进而推动红岩思政育人体系的发展与完善。南阳理工学院王伟指出，革命戏剧是重要的红色文化资源，将革命戏剧融入高校思政课教学，有助于落实立德树人根本任务。应采取针对性措施，做足课程准备，创新教学方式，并坚持历史与现实相结合，以提升教学效果，实现思想政治教育目标。综上所述，这些研究为红色文化资源在思想政治教育中的运用提供了丰富的理论支持和实践指导，强调了其在培养新时代人才、传播文化自信及增强社会凝聚力方面的重要作用。

　　大会闭幕式由井冈山大学马克思主义学院院长、井冈山研究中心主任肖发生教授主持。在四个平行论坛小组代表汇报总结之后，张泰城教授发表了热情洋溢、高瞻远瞩的闭幕词。他总结了近年来红色文化资源研究的显著进展，强调了这一领域的快速发展和学术成果的丰富性。自2008年以来，红色文化资源的研究从最初的少数参与者发展到如今的两万多名作者，不仅吸引了越来越多的学者，也促进了跨学科的交流与合作。研究者们不仅运用马克思主义理论，还结合教育学、文学、经济学等多种视角，探讨乡村振兴和红色旅游等重要主题，显示出研究方法的多样性和研究领域的广泛性。与此同时，研究内容的深度和学术性也得到了提升，创新观点层出不穷，使得红色文化资源的研究更加系统和全面。张教授指出，研究的学科归属愈加清晰，主要集中于中共党史党建学科，标志着这一领域的学术化进程不断深化。此外，红色文化资源融入高校思政课程，帮助教育工作者更好地把握育人规律，实现了理论与实践的有效结合。

展望未来，红色文化资源的研究将继续深化，学术界的交流与合作将进一步加强，为中华民族的文化自信和精神传承作出更大的贡献。对红色文化的深入挖掘与研究，必将为推动思想政治教育发展、促进社会发展以及实现中华民族伟大复兴提供源源不断的动力与智慧。

专家们一致认为，红色文化资源研究历经 20 多年的发展，呈现四个鲜明的特点：红色文化资源研究领域更加宽广、学科背景和研究方法更具多样性；红色文化资源的研究内容更加深入，研究观点更具学术性和创新性；红色文化资源研究的学科归属更为明确；对红色文化资源融入高校思政教育的规律把握达到了新的高度。

全国红色文化资源研究理论研讨会是井冈山大学多年打造的红色文化资源高端学术交流平台，每年围绕红色文化资源研究的重大理论问题开展研讨。

【责任编辑：张玉莲】

传承红色基因，坚定文化自信

——《文化自信视域下红色基因的传承研究》评介

剧永乐[*]

习近平在党的二十大报告中指出："传承红色基因，赓续红色血脉。"[①] 红色基因作为一种先进文化基因，是我们党领导人民在革命、建设、改革各个历史时期孕育、积淀、淬炼形成的思想路线、理想追求、光荣传统和优良作风，是党和国家宝贵的精神财富，也是我们守正创新、砥砺前行、继往开来的强劲动力。当前，在中华民族伟大复兴战略全局和世界百年未有之大变局中，如何应对红色基因传承实践中所面临的各种问题挑战？在全面建设社会主义现代化国家新征程上，如何更好地传承红色基因，坚定文化自信？当此之际，中南大学马克思主义学院王昕伟博士的专著《文化自信视域下红色基因的传承研究》（中南大学出版社，2023 年 3 月）出版，为我们回答和解决这些问题提供了有益思考。

《文化自信视域下红色基因的传承研究》一书共有六章。第一章，作者厘清了红色基因的科学内涵及相关概念，深度剖析了文化自信与红色基因的内在关系。第二章，作者通过史论结合的叙事方式，梳理了红色基因传承发展的三个主要阶段的基本概况、主要内容及阶段特征。第三章，作者全面把握红色基因传承发展的内在逻辑，阐明红色基因的传承发展离不开马克思主义理论的科学指导，离不开实现中华民族伟大复兴这一现实起点，离不开马克思主义中国化大众化时代化的重要保障，更离不开我们党团结带领全国各族人民所进行的伟大实践创造。第四章，作者认为红色基因传承一般遵循系统性、原真性、时代性、形象化、知行合一等原则，主要包括各类教育传承、借助红色文化传承、凭借社会制度传承、融入社会实践传承、依托代际互动传承等传承方式，体现着内核吸引规律、内力

* 作者简介：剧永乐，湘潭大学博士研究生，主要研究方向为马克思主义中国化。

① 习近平：《高举中国特色社会主义伟大旗帜　为全面建设社会主义现代化国家而团结奋斗——在中国共产党第二十次全国代表大会上的报告》，人民出版社，2022，第 65 页。

推进规律、优势扩散规律、同振共鸣规律、媒介传递规律等传承规律。第五章，作者深度剖析了推动新时代红色基因传承发展的重要意义及面临的挑战。第六章，作者提出要明确红色基因传承的基本要求、落实红色基因传承的基础工作、构建红色基因传承的科学体系、丰富红色基因传承的文化路径、推动红色基因的传承创新发展，旨在更好地传承红色基因，坚定文化自信。全书视角独特、内容丰富、见解独到、逻辑清晰，全面系统地研究了文化自信视域下红色基因的传承问题。

全新的视角，聚焦传承红色基因与坚定文化自信。《文化自信视域下红色基因的传承研究》一书将"传承红色基因"与"文化自信"结合起来研究，具有很强的针对性。该书深刻洞悉了坚定文化自信与红色基因传承的双向互动关系，指出传承红色基因与坚定文化自信二者有机统一于实现中华民族伟大复兴的目标、统一于始终坚持中国共产党的领导、统一于实现好人民群众的根本利益，就进一步坚定文化自信以促进红色基因传承，进行了若干大有裨益的思考。特别是深刻揭示了红色基因是坚定文化自信的价值航标、实践导向和底气根基。坚定文化自信、传承红色基因是中国特色社会主义文化建设的重要课题，也是增强我国文化软实力的重要课题。习近平总书记指出："文化自信是一个国家、一个民族发展中更基本、更深沉、更持久的力量。"[1] 从文化自觉走向文化自信的过程其实就是红色基因与当代中国文化相适应、与现代社会相协调的过程，红色基因为文化自信系统化构建打下牢固的基础。毋庸置疑，该书为当前我们探究红色基因传承问题提供了新视角。

丰富的内容，深刻剖析红色基因传承的内在机理。《文化自信视域下红色基因的传承研究》一书内容丰富、结构严谨，遵循史论结合、论从史出的原则，环环相扣、层层递进，逐步深化、浑然一体，具有很强的理论性。既对红色基因的基本概念、科学内涵、精神内核、形式载体等进行了理论探讨，又对红色基因的传承历程、传承机理等进行了较为系统的梳理和探究。同时，从新时代坚定文化自信、实现中华民族伟大复兴的战略高度，探寻传承红色基因的有效举措。既有对红色基因基础理论和发展脉络的深刻阐释，又有对新时代红色基因传承发展现实问题的实践探索；既有对红色基因的多方面研究，又有对坚定文化自信的有益思考。作者认为，正是在红色基因的传承实践中，中国共产党领导人民成功实现了从站起来、富起来到强起来的伟大历史性飞跃，创造了震惊世界的发展奇迹，迎

---

[1] 《习近平著作选读》第 2 卷，人民出版社，2023，第 19 页。

来了实现中华民族伟大复兴的光明前景。该书充分体现了理论与实践、历史与现实、传承与创新的有机统一，为红色基因传承研究的深入开展提供了新参考。

独到的见解，有助于推动红色基因传承创新发展。《文化自信视域下红色基因的传承研究》一书在红色基因的概念内涵、传承历程、内在机理等方面形成了一些新的见解。该书认为，红色基因作为一种先进文化基因，是承载中华优秀传统文化、革命文化和社会主义先进文化等思想精髓的功能单位，是中华文化的遗传信息密码，具有极其丰富的内涵。比照文化基因的分类构成，该书提出，红色基因主要由指导思想基因、传统作风基因、革命精神基因等构成，涵盖了近代以来中华民族实现从站起来、富起来到强起来的伟大飞跃的无尽思想智慧和实践智慧；红色基因不是凭空产生或一成不变的，而是在传承中发展、在发展中传承，根植于中国共产党领导人民的伟大实践活动之中；红色基因的传承先后经历了三个阶段，每个阶段红色基因的具体内涵、表现形式、时代特征都有所不同，但红色基因的精神实质、价值内核、主要特质始终如一。该书立意明确，见解独到，书中的一些观点都是经过长期思考研究所得，具有一定的原创性、创新性、合理性，为红色基因传承研究的进一步推进提供了新启迪。

清晰的逻辑，有助于把握红色基因的百年发展传承。《文化自信视域下红色基因的传承研究》一书按照"是什么""为什么""怎么做"的逻辑思维，围绕文化自信视域下红色基因的传承问题逐步展开。该书将红色基因的传承发展置于5000多年中华民族发展史、100多年中国共产党党史、70多年新中国史、40多年改革开放史之中，以马克思主义的立场、观点、方法为指引，采用了文献分析法、案例研究法、社会矛盾研究法、逻辑与历史相统一的方法，在部分章节还采用跨学科研究法、比较研究法、口述历史法等作为补充，对红色基因的概念内涵、传承脉络、传承机理等问题进行了阐释。尤其是结合新时代红色基因传承面临的挑战，提出了一系列颇具可行性、针对性的重要举措，巧妙地将红色基因各方面的零散研究与红色基因传承研究有效结合起来，形成系统化、科学化的理论成果，为切实推动新时代红色基因的传承研究与实践提供了新思路，打开了读者通向坚定文化自信和传承红色基因的理解之路。

总之，《文化自信视域下红色基因的传承研究》一书学理性与现实性并重，具有较高学术品位，给人以深刻启迪，对于我们在新时代切实传承红色基因、赓续红色血脉，具有十分重要的理论价值和实践意义。一方面，该书有助于深化红色基因和文化自信的理论研究，丰富马克思主义文化理论及精神动力理论，开拓中国精神和中国力量的研究视域；另一方面，该书有利于红色基因的传承和创新发展，坚定文化自信，建设文化强国，助力实现中华民族伟大复兴。新时代新征程，我们"务必不忘初心、牢记使命，务必谦虚谨慎、艰苦奋斗，务必敢于斗争、善于斗争"①，"传承红色基因，赓续红色血脉"，永远在路上。

【责任编辑：张玉莲】

---

① 习近平：《在学习贯彻习近平新时代中国特色社会主义思想主题教育工作会议上的讲话》，人民出版社，2023，第10页。

English Abstracts and Keywords of Main Articles

Research on the Ontology of Red Cultural Resources

The Essence and Path of Revitalizing the Dabie Mountains Old Revolutionary Base Area

Ding Junping, Yang Yating / 1

Abstract: Xi Jinping has visited the Dabie Mountains old revolutionary base area four times and delivered a series of important speeches, providing fundamental guidance and practical pathways for its revitalization and development. To revitalize this area, it is essential to adhere to the principle of "holding high the red banner and firmly following the path of socialism with Chinese characteristics"; take "the pursuit of a better life as an eternal theme and ongoing mission" as the goal; and use "solving the most urgent, worrying, and pressing issues for the people" as the action guide. This requires integrating the storytelling of red history with red education, coordinating red cultural resources with green ecological resources, combining industrial poverty alleviation with educational poverty alleviation, and linking major tasks of the Central Committee with grassroots work. On the new journey of comprehensively deepening reform and advancing Chinese-style modernization, studying Xi Jinping's important speeches during his inspections of the Dabie Mountains aims to integrate these discourses to inspire the future development of numerous old revolutionary base areas, leverage their alerting power for sustained health, and deepen research on the Dabie Mountains spirit through these resources.

Keywords: Dabie Mountains old Revolutionary Base Area; Revitalization and Development; Red Gene; Better Life

Mao Zedong's Unique Contributions to the Chinese Revolutionary Path During the Jinggangshan Period

Chang Sheng, Yan Wanrong / 13

Abstract: The establishment of the Jinggangshan revolutionary base was the first rural revolutionary base founded under the theory of "encircling cities from rural areas and seizing power by armed force. " This theory, proposed by Chinese Communists with Comrade Mao Zedong as the main representative, emerged from summing up the lessons of the failed Great Revolution and based on the realities of "mountainous areas. " During the Jinggangshan period, Mao Zedong made pioneering contributions in theoretical innovation, Party building, military construction, economic development, and political power building, accumulating valuable spiritual wealth for upholding and developing the revolutionary path of socialism with Chinese characteristics.

Keywords: Jinggangshan Period; Mao Zedong; China Revolution

Research on Red Cultural Resources and Governance

Promoting Red Culture: An Important Aspect of Xi Jinping Thought on Cultare

Qu Changgen, Jiang Yuqing / 24

Abstract: General Secretary Xi Jinping's important discourses on promoting red culture originate from the great practice of the Party leading the Chinese people in innovating and developing socialism with Chinese characteristics in the new era. Embodied in his red-themed inspection tours across the country, these discourses confirm that the people are the main creators and promoters of red culture. As a new cultural form growing alongside the Communist Party of China, red culture connects fine traditional Chinese culture with advanced socialist culture. Today, promoting red culture constitutes a key component of Xi Jinping Thought on Cultare. In particular, the ideas embedded in these discourses will continuously advance the construction of Chinese civilization and provide strong momentum for realizing the grand ideal of communism.

Keywords: Red Culture; Xi Jinping Thought on Cultare; Fine Traditional Chinese Culture

Research on Red Cultural Resources and Cultural Power

Spatial Symbiosis and Modern Promotion of Red Cultural Relics: A Case Study of Ordos, Inner Mongolia Autonomous Regio

Han Dong, Huang Yaling / 39

Abstract: Based on field survey data, this paper analyzes the spatial distribution characteristics of red cultural relics in Ordos and discusses their activation and utilization. The results show: 1) Ordos has rich and diverse red cultural relics, mainly consisting of exhibition halls and historical sites, with unbalanced regional distribution forming a "core-periphery" circular pattern centered on Kangbashi District and Dongsheng District. 2) The spatial distribution of red cultural relics tends to agglomerate, with a high overall concentration. 3) The spatial density presents a "south-high, north-low" pattern, with the highest nuclear density in the junction area of Otog Front Banner and Uxin Banner. 4) Hotspots are mainly concentrated in the southwest, while cold spots lie in the northeast. 5) The numerical distribution features dense south, sparse east, and scattered west/north, largely influenced by historical events such as the Anti-Japanese War and Liberation War. Based on this, the paper reviews the current status of protection and development, identifies shortcomings, and proposes suggestions to provide theoretical support for research and practice.

Keywords: Ordos; Red Cultural Relics; Spatial Symbiosis; Modern Promotion

Research on Red Cultural Resources and Cultural Soft Power

Chinese Red Drama: A Century of Inheritance, Aesthetic Features, and Contemporary Expression

Jia Jichuan, Wu Wenge / 50

Abstract: Red drama, born under the leadership of the Communist Party of China, has spanned a century through stages including Soviet-area red drama, left-wing drama, liberated-area drama, 17-year socialist drama, new-era main-theme drama, and new-century main-theme drama. It has established aesthetic features such as people-centeredness, timeliness, nationality, and classicism. In recent years, red drama creations across the country have adapted to new eras, responded to people's emotional and practical concerns, and explored innovations in creative concepts, stage forms, and narrative styles.

Keywords: Chinese Red Drama; Century-long Inheritance; Aesthetic Features

On the Film Narrative of 'Red Jiangxi' and Cultural Confidence

Wang Wenyong, Wang Qinglan / 59

Abstract: "Red Jiangxi" films demonstrate cultural confidence with Chinese characteristics in their inheritance and development in the new era. Cultural confidence involves people's historical actions, cognitions, and emotions, affirming historical culture while showcasing strong confidence in the present and future. The cultural confidence of "Red Jiangxi" originates from authentic historical stories and their witness value, as well as the political stance, ethical orientation, and value pursuit of story observers/narrators. Narrative, rooted in the present, connects past and future, with its displayed cultural confidence growing stronger and deeper over time.

Keywords: "Red Jiangxi"; Film Narrative; Cultural Confidence

Research on Red Cultural Resources and Talent Cultivation

Three Rationales for Integrating "Red Script Murder" into Ideological and Political Curriculum Teaching in Colleges

Yang Liyan, Zhang Yanliang / 69

Abstract: "Red Script Murder" is an immersive activity integrating red culture into script-based scenarios. Relying on mainstream values, historical events, and patriotic themes, its innovative form strengthens emotional guidance in college ideological and political courses. As an auxiliary form, it promotes the innovative development of these courses. This paper explores the necessity, feasibility, and practical paths of this integration to provide references for teaching practice.

Keywords: "Red Script Murder"; Ideological and Political Teaching; College Ideological and Political Courses

The Realistic Patterns and Optimization Paths of Integrating Red Resources into Curriculum Ideology and Politics in Colleges

Chen Gang, Zhang Xukun and Zhang Taicheng / 85

Abstract: Red resources are high-quality materials for curriculum ideology and politics in colleges, forming practical patterns such as labeling, mixing, combining, and integrating. However, challenges exist, including insufficient awareness/capacity among implementers, fragmented excavation/integration of red resources, and unsound guarantee mechanisms. To enhance effectiveness, it is necessary to strengthen teachers' capabilities, advance classification according to disciplinary characteristics, and construct scientific evaluation/incentive mechanisms based on laws of scientific knowledge learning, ideological and political work, education, and student growth.

Keywords: Red Cultural Resources; Curriculum Ideology and Politics; Ideological and Political Education

Research on the Development of Local Red Cultural Resources for Patriotic Education: Taking the "Dachen Island Pioneering Spirit" as an Example

Liu Chuanlei, Xu Peilin / 96

Abstract: The Dachen Island Pioneering Spirit is an important component of fine traditional Chinese culture, red revolutionary culture, socialist core values, and the spiritual lineage of the Communist Party of China. It embodies the material and spiritual achievements created by pioneering youth through diligence and wisdom under harsh conditions, containing rich patriotic connotations. During the pioneering process, young volunteers not only contributed to Dachen Island's development but also demonstrated deep love and responsibility for the motherland. This spirit inspires patriotic enthusiasm and guides efforts for national prosperity, embodying the core of self-reliance and hard work and showcasing the power of national unity. In the new era, it is crucial to deeply excavate its patriotic connotations, integrate them into national education, spiritual civilization construction, and laws, and enhance educational pertinence and effectiveness to contribute to the Chinese Dream of national rejuvenation.

Keywords: LDachen Island Pioneering Spirit; Patriotism; National Rejuvenation

Research on the Industrialization of Red Cultural Resources

Technology-Enabled New Business Forms and Scenarios in Red Tourism

Huang Xijia, Wu Haibin / 108

Abstract: Red tourism, with its profound spiritual connotations and contemporary values, is a key driver for building the socialist core value system and enhancing cultural confidence in the new era. Technology serves as an important means to disseminate and inherit red culture, restoring historical contexts and bridging reality with the past. Technology-enabled innovation in red tourism is significant for strengthening cultural perception, awakening historical memories, and sublimating tourist experiences, representing a vital path for its high-quality development.

Keywords: Red Tourism; Technology Empowerment; New Business Forms; New Scenarios

Research on the Protection and Development of Guizhou's Long March Cultural Resources Based on a Fuzzy Causal Analysis Model

Dong Zhipeng, Ao Haihua / 122

Abstract: Guizhou possesses abundant Long March red cultural resources, whose protection and development hold great significance for the province's high-quality development. Current challenges in this regard include various difficulties. Taking 114 Long March cultural sites across the province as samples and setting seven indicators (hardware facilities, connotative development, management systems, etc.), this paper investigates existing problems through field research. Using Pareto charts based on problem frequency, it identifies major constraints, interviews four stakeholder groups (experts, officials, site workers, residents), and employs a fuzzy causal analysis model to calculate key influencing factors. Finally, problem-oriented countermeasures are proposed to optimize protection and development.

Keywords: Long March Cultural Resources; Protection; Development; Problem Factors; Countermeasures

Exploring Paths for High-Quality Development and Utilization of Revolutionary Cultural Relics

Cao Kaihua, Chen Qiaoling / 141

Abstract: Revolutionary cultural relics, as historical witnesses of the Communist Party of China's struggles, are important carriers of revolutionary culture with significant development value. In the new era, revolutionary relic work should be guided by Xi Jinping's cultural thought, focus on high-quality development, adhere to principles of political guidance, people-centeredness, and innovation, aim to enhance political value, economic benefits, and cultural strength, and leverage cross-regional, cross-level, and cross-disciplinary collaboration to build a new development pattern. Analyzing practical paths from the dimensions of principles, goals, and drivers helps implement Xi Jinping's cultural thought and maximize the role of revolutionary relics in serving the overall situation, educating the people, and promoting development.

Keywords: Xi Jinping Thought on Cultural; Revolutionary Cultural Relics; High-quality Development; "Grand Ideological and Political Courses"

Research on Red Literature and Art and Newspapers

Textual Criticism and Semantic Interpretation of the Red Classic *Smoke over the Great Wall*

Gong Kuilin, Zhang Qi / 154

Abstract: Liu Qi's revolutionary historical novel ＊Smoke over the Great Wall＊ mainly depicts stories of the Jin-Cha-Ji Military Region during the Anti-Japanese War. First published by the PLA Literature and Art Press in 1962, it was revised and republished in 1978. The revised version not only improves content accuracy but also refines emotional expressions, especially in portraying richer and more vivid characters, making it a carrier of red genes for narrating revolutionary wars and military-civilian unity.

Keywords: Liu Qi; *Smoke Over the Great Wall*; Textual Criticism

Research on the Political Mobilization Discourse Strategies of *The Labor World*

Liao Tongzhen, Mo Fengmei / 165

Abstract: The weekly journal *The Labor World*, a representative of early Communist Party popular newspapers, contained unique discursive strategies and played a significant role in the Party's early political mobilization. By situating domestic and international socio-political contexts as the logical starting point of its rhetorical actions, it linked workers' miserable realities with rhetorical contexts to shape a collective memory of shared suffering—key to awakening workers' class consciousness and driving social change. On this basis, it proposed specific methods for social transformation and addressed emerging issues, effectively channeling workers' revolutionary enthusiasm into practical actions. The technical approaches in its discourse strategies offer positive insights for contemporary ideological work.

Keywords: *The Labor World*; Rhetorical Strategies; Ideology

A Study of the Title Language in *Red China*

Liu Bingcheng / 175

Abstract: The title language in *Red China* demonstrates grammatical marking, including prefixes, infixes, and suffixes (with suffixes being dominant), categorized into seven types. Pragmatically and cognitively, it exhibits titleization, stylization, metaphorization, and evaluativization, divided into argumentative, miscellany, and informative types. Through synchronic and diachronic comparisons, this study reveals its official, high-profile, and popular characteristics, shaped by the newspaper's positioning and functions. Finally, it argues that contemporary Chinese title language inherits and develops from the late Qing and Republican periods, with its formation often undergoing a lexicalization process.

Keywords: *Red China*; Title Language; Marking; Stylization

The Dissemination and Inheritance of the Taihang Spirit: On the Artistic Features and Contemporary Concerns of *Selected Taihang Red Literary and Artistic Works*

Peng Cui, Xu Lanying / 195

Abstract: In the historical journey of the Chinese nation's rejuvenation, red spirit dissemination has achieved remarkable effects. Red literary works and their inherited red genes, as records and spiritual beliefs of the Communist Party in different eras, have rejuvenated in the new era. The Taihang Spirit— "fearless of sacrifice and hardship; persevering through struggles; united in victory; and dedicated heroism" —has been directly protected and effectively inherited in the Yanzhao region. *Selected Taihang Red Literary and Artistic Works* focuses on typical works from Shexian and Wuan (Hebei) during 1939–1949, presenting real scenes of anti-Japanese activities and rural reforms through thematic introductions and text reproductions. With accurate positioning, authentic content, vivid imagery, and touching details, it serves as an important medium for spreading the Taihang Spirit. Looking forward, its typical figures, events, and the spirit of old revolutionary areas provide original red genes for inheriting the Taihang Spirit in the new era, embodying contemporary values and spiritual cores.

Keywords: Taihang Spirit; *Selected Taihang Red Literary and Artistic Works*; Artistic Features

Research Trends in Red Cultural Resources

Origins, Evolution, and Prospects of Red Archive Research in the Past 40 Years

Feng Juncheng, Liu Zhao / 206

Abstract: Red archive research is a key subject in archival science. Tracing its development over 40 years is necessary for constructing theoretical systems, excavating spiritual genes, and utilizing material resources. Academic focus has centered on red archives' scientific connotations, protection methods, communication strategies, utilization tactics, contemporary values, and development trends. Research achievements integrate personal and collective memories, disciplinary development and national needs, static and dynamic studies, and regional and systematic analyses. Future directions include strengthening basic theory, developing cultural products, cultivating versatile talent, organizing regular activities, safeguarding communication platforms, and improving support mechanisms to enhance scientificity, uniqueness, competitiveness, influence, cohesion, and service capacity.

Keywords: Red Archives; Origin; Evolution; Prospects

Conference Summary: Celebrating the 75th Anniversary of the Founding of the People's Republic of China and the 10th National Theoretical Symposium on Red Cultural Resources Research

Chen Ling, Dong Jiahui / 218

Abstract: This paper summarizes the main contents of the "Symposium on Celebrating the 75th Anniversary of the PRC and the 10th National Theoretical Symposium on Red Cultural Resources Research," held in Jinggangshan from October 26−28, 2024. Focused on the inheritance and innovation of red cultural resources, the symposium covered key topics such as "red cultural resources and building China's independent knowledge system," "red cultural resources and Chinese-style modernization," "red cultural resources and the spiritual lineage of the Communist Party of China," and "red cultural resources and ideological and political education." Through systematic summaries of the opening ceremony, keynote speeches, and panel discussions, this paper demonstrates the critical role of red cultural resources in socialist construction with Chinese characteristics in the new era.

Keywords: Red Cultural Resources; China's Independent Knowledge System; Chinese-style Modernization; Spiritual Lineage; Ideological and Political Education

投稿须知

　　《红色文化资源研究》是由教育部人文社会科学重点研究基地井冈山大学中国共产党革命精神与文化资源研究中心、江西省 2011 协同创新中心井冈山大学红色文化研究与传承应用协同创新中心、江西省高等学校人文社会科学重点研究基地井冈山大学井冈山研究中心联合主办的学术集刊，旨在反映红色文化资源研究的最新成果，促进红色文化资源的研究。集刊创刊于 2015 年，国内外公开发行，并加入中国知网，入选 2024 年度高影响力学术集刊，每年出版 2 期。

一　征稿范围

　　本刊的主要栏目有：红色文化资源本体研究；红色文化资源与治国理政研究；红色文化资源与文化软实力研究；红色文化资源与人才培养研究；红色文化资源与科学技术研究；红色文化资源与文学艺术研究；红色文化资源与文化产业研究；红色文化资源与红色文博研究；红色文化资源与红色旅游研究；等等。

二　来稿要求

　　1. 来稿须是符合国家法律法规、未曾公开发表的原创作品，篇幅以 10000 字左右为宜。

　　2. 来稿请附上作者单位及单位所在省市、邮政编码、摘要（300 字以内）、关键词（3~5 个）、基金项目名称（包括批准号）、全部作者的简介［出生年、性别、籍贯、职称（包括学术头衔如学部委员、博士生导师等）、学位、研究方向等］，并将文章标题、摘要、关键词译成英文。

　　3. 正确标示注释和参考文献。

　　注释是对论文正文中某一特定内容的进一步解释或补充说明。在正文中加圆圈的数字（如①②）按先后顺序标注，置于当页页脚。

　　参考文献是写作论文时所引用的文献书目。统一采用"页下注"格式，每页单独编号。

参考文献著录格式为：

（1）中文著作

盛洪：《为什么制度重要》，郑州大学出版社，2004，第25页。

（2）中文期刊论文

高秉雄、胡云：《国家治理能力变量体系研究：基于国家能力变量研究的思考》，《社会主义研究》2017年第2期。

（3）中文文集（或辑刊等）析出文章

郑礼肖：《收入分配与国家治理体系的双向传导关系探析》，载陆丹主编《中国治理评论》2021年第1期，社会科学文献出版社，2021，第103页。

（4）译著

〔法〕布迪厄：《实践与反思——反思社会学导论》，李猛等译，中央编译出版社，1998，第9页。

（5）中文报纸文章

吴兢、黄庆畅：《市县依法行政瞄准"三突破口"，告别"拍脑袋"决策》，《人民日报》2007年8月25日。

（6）网络文章

江耘：《全国首个绿色技术交易中心揭牌》，人民网，http://finance. people. com. cn/n1/2021/0610/c1004-32127140. html。

（7）外文著作

Stewart Banner, *How the Indians Lost Their Land：Law and Power on the Frontier* (Cambridge：Harvard University Press, 2005), p. 89.

（8）外文期刊论文

Walter Blair, "Americanized Comic Braggarts", Critical Inquiry, Vol. 4, No. 2 (1977)：331-332.

（9）学位论文

刘心蕊：《新时代乡村治理体系现代化研究》，吉林大学博士学位论文，2023。

三　注意事项

1. 来稿文责自负，本刊在不改变作者观点和写作风格的前提下，对拟用来稿有删改权。

2. 来稿一律不退，作者在稿件投出 3 个月后未得到录用通知可自行处理。

3. 来稿一经录用即付作者稿酬（含作者著作使用费）及样刊两本。

4. 作者请将电话号码及电子信箱地址附于文末，以便联系。

本刊地址：江西吉安市青原区学苑路 28 号　邮编：343009

电子信箱：hswhzy1921@163.com　　　联系电话：0796-8110672

《红色文化资源研究》编辑部

图书在版编目(CIP)数据

红色文化资源研究 . 第 16 辑 / 肖发生主编 . --北京:
社会科学文献出版社, 2025.6. --ISBN 978-7-5228
-5590-5

Ⅰ . F592.3

中国国家版本馆 CIP 数据核字第 2025ZV3260 号

红色文化资源研究 第 16 辑

主　　编 / 肖发生

出 版 人 / 冀祥德
责任编辑 / 吕霞云　茹佳宁
责任印制 / 岳　阳

出　　版 / 社会科学文献出版社·马克思主义分社 (010) 59367126
　　　　　　地址:北京市北三环中路甲 29 号院华龙大厦　邮编:100029
　　　　　　网址:www.ssap.com.cn
发　　行 / 社会科学文献出版社 (010) 59367028
印　　装 / 三河市东方印刷有限公司

规　　格 / 开　本:787mm×1092mm　1/16
　　　　　　印　张:15.5　字　数:276 千字
版　　次 / 2025 年 6 月第 1 版　2025 年 6 月第 1 次印刷
书　　号 / ISBN 978-7-5228-5590-5
定　　价 / 98.00 元